Kaleidoskop

Übungsbuch

Moeller • Adolph • Mabee • Berger

Kaleidoskop

Kultur, Literatur und Grammatik

SEVENTH EDITION

Übungsbuch
Student Activities Manual

Simone Berger
Rösrath, Germany

Jack Moeller
Oakland University

Houghton Mifflin Company   Boston   New York

Publisher: Rolando Hernández
Development Editor: Judith Bach
Project Editor: Harriet C. Dishman
Associate Manufacturing Buyer: Brian Pieragostini
Executive Marketing Director: Eileen Bernadette Moran

Permissions and Credits

The authors and editors would like to thank the following authors and publishers for granting permission to use copyrighted material.

Page 5:   Courtesy: Hotel Econtel Berlin/Der Tour GmbH, Frankfurt a.M.; Grand Hotel Esplanade Berlin/Der Tour GmbH, Frankfurt a.M.; InterCity Hotel Berlin/Der Tour GmbH, Frankfurt a.M.; Das Berliner Filmhotel/Der Tour GmbH, Frankfurt a.M.

Page 9:   Map of Hamburg. Source: *www.hamburg-highlights.de/de/citytourmap.php3.*

Page 11: Logo: *www.stern.de;* Photos: Steffen Unger/action press/ZUMA.

Page 17: Source: *Deutschland,* August/September 2000, from article "Generation @ und die Einheit."

Page 21: Source: *Geo,* Nr. 1, 1/2001, p. 167.

Page 25: Sources: *www.e-werk-koeln.de; www.boncity.de.*

Page 28: Niemann, Kai. "Im Osten." Reprinted by permission of KUKA music & project GmbH.

Page 30: Oper Köln.

Page 32: iSt Internationale Sprach- und Studienreise GmbH.

Page 34: From *Freundin,* Heft 3/2004, October 1, 2004.

Page 37: Courtesy: Al-Andalus; Osho's Place; Restaurant Karawane; Daitokai Restaurant.

Page 40: Jiri Kral, "Supermarkt," is taken from *In zwei Sprachen leben: Berichte, Erzählungen, Gedichte von Ausländern,* Irmgard Ackermann (Herausgeberin), 3. Auflage, © 1992, Deutscher Taschenbuch Verlag, Munich, Germany.

Page 42: Kinokult e.V.; foto pollex/action press/ZUMA.

Page 49: As viewed on *www.unicum.de.*

Page 53: © Erich Rauschenbach, from *Spiegelbilder,* Hrsg. Walther Keim/Hans Dollinger, 1992, List Verlag.

Page 56: Reprinted by permission of Naturschutzbund Deutschland (NABU), Bonn.

Page 65: Bremer Touristik-Zentrale.

Page 72: Illustration: Vera Solyosi-Thuró; from *Der Große Polyglott-Deutschland: Das aktuelle Reisehandbuch.* © Polyglott-Verlag Dr. Bolte KG, München.

Page 75: Illustration: Tim Jones.

Page 89: Austrian National Tourist Office.

Page 90: Source: *(left)* 222.kollwitzapo.de.

Page 135: Illustration: Tim Jones.

Page 145: C.F. Peters Musikverlag.

Page 185: Map: Patti Isaacs/Parrot Graphics.

Printed in the U.S.A.

ISBN 13: 978-0-618-71015-7
ISBN 10: 0-618-71015-9

23456789–POO–10 09 08 07 06

Contents

Video Workbook

The *Übungsbuch* (Student Activities Manual) accompanying *Kaleidoskop: Kultur, Literatur und Grammatik, Seventh Edition,* is designed to develop your writing and listening comprehension skills and to reinforce your knowledge of basic grammar in German. The *Übungsbuch* consists of three main components: (1) the Workbook, containing writing activities and written grammar exercises; (2) the Lab Manual, containing listening comprehension activities and oral grammar exercises, as well as a Pronunciation Guide coordinated with the Pronunciation section of the Audio Program; and (3) the Video Workbook. Four different icons are incorporated into the chapter headings to help students locate the various sections easily.

Workbook

The writing exercises (*Übungen zum schriftlichen Ausdruck*) provide you with practice in written expression and writing strategies. All activities are related to the topics of the corresponding *Thema* and reinforce the content and vocabulary of the *Thema*. Activities include controlled exercises as well as more loosely structured situations. You may be asked to complete sentences or passages, or work with active vocabulary. In the more independent activities you are expected to provide appropriate responses to stimulus questions or situations. You can also engage in creative writing such as objective descriptions, letters, personal opinions and impressions. The *Besondere Ausdrücke* exercises provide further practice of the active vocabulary. Some activities are based on authentic texts such as ads or articles from German newspapers and magazines. In other instances the texts have been especially designed for the Workbook. For example, you are asked to select an ethnic restaurant on the basis of several ads or find out what several advertised hotels have to offer for a vacation. Meanings of less familiar terms are glossed in the margins to facilitate your comprehension of the texts.

The written grammar exercises (*Übungen zur Grammatik*) in the Workbook complement those in your textbook. This section also includes a number of exercises with personalized questions that enable you to practice, in more creative fashion, the central grammar principles covered in each chapter. The written grammar exercises in the Workbook, like those in the textbook, are situation-based, reinforcing and often amplifying the topics of the corresponding *Thema*. Most of the words used are drawn from the basic vocabulary of the 1,200 high-frequency word list (words marked with an asterisk) at the end of your textbook or from the active vocabulary lists in the Wortschatzübungen of the *Themen*.

Lab Manual

The listening comprehension exercises (*Übungen zum Hörverständnis*) of the Lab Manual are based on dialogues or short passages recorded in the Audio Program. You are expected to listen for key ideas and content. Each *Thema,* correlated to the student text, contains one or more exercises asking you to complete activities such as multiple-choice, true/false, or fill-in-the-blank. The final activity is either a true/false or a multiple-choice exercise based on the literary selection in the *Thema*.

A series of oral grammar exercises on the Audio Program (*Mündliche Übungen*) furnish additional practice of the grammar points you have reviewed in the *Kapitel* of the textbook. In these activities you are asked to respond orally to a variety of questions and statements you hear on the tape. To aid you in your understanding, direction lines and models are printed in your Lab Manual.

The last section of the *Mündliche Übungen* is a Pronunciation Guide. Audio icons in the Pronunciation Guide indicate which sections are recorded for repetition.

Video Workbook

The Video Workbook contains activities designed to be used in conjunction with *Kaleidoskop: Das Video.*

Kaleidoskop: Das Video consists of 13 segments from recent broadcasts of the German TV network, the ZDF (*Zweites Deutsches Fernsehen*). At the start of certain segments you will see the lead-in graphics from the various news programs that provided the material: *ML Mona Lisa, heute nacht, heute-journal, Morgenmagazin, drehscheibe Deutschland*. The segments shown in *Kaleidoskop: Das Video* have been chosen because they offer images and texts of interest to you as learners of German. They each deal with some element of German culture and let you see German-speaking people and places from a new perspective. You will hear and see the diversity of German culture, observe the everyday problems of German-speaking people, and confront vital issues of interest to both North Americans and Europeans.

The Video Workbook is divided into ten units, each containing one or two video segments, that correspond to the ten *Themen* of *Kaleidoskop*. The video material in each *Thema* runs from 1½ to 5 minutes, while the total viewing time of *Kaleidoskop: Das Video* is 40 minutes.

Kaleidoskop: Das Video consists of real television programs made by German speakers for viewing by other German speakers. The producers of these video segments did not have learners of German in mind when they created the programs you will be watching. That means that sometimes you will not understand everything that is said. The goal of *Kaleidoskop: Das Video* is to prepare you to understand authentic German-language video programs without feeling that you must know or understand every word.

The Video Workbook helps your understanding by taking you through a series of steps.

Step one consists of two parts. The first part, *Worum geht es hier?* provides a preview of the content of the segment, that is, what is it about? The second part is a type of brainstorming activity entitled *Einstieg* and attempts to aid your understanding of the video by focusing your attention on experiences and ideas you are already familiar with.

In step two you are asked to watch the video segment without sound. At this first viewing you should try to get an overall impression. One or more activities will be based on what you have seen. You may be asked to check off a list of things you have seen. Or you may be asked to put the things you have seen in the order in which they appeared.

In step three you will be asked to view the video with sound. On the first viewing with sound, it is generally useful to concentrate on what the people are doing and on the setting and get just a general idea of what the people are saying. Generally there will be words and even sentences you don't understand. Don't worry about it. You will find you can obtain a very good idea of what the segment is about without having to understand every single word. This step consists of several activities, all designed to aid a more detailed understanding of the segment and to help you understand more of what is said. As part of this step you may be asked to view a certain part of the segment again and answer simple questions or multiple-choice or true/false questions, do a matching exercise, order the events chronologically, or identify which persons said what. The cumulative effect of these various exercises is that you will have a large part of the spoken text before you, part of the actual transcript. It is often useful to read over the sentences in the activities before viewing the segment. In fact, in the direction line we will often remind you to do that very thing. At the end of each segment is a list of the important words in that segment, both from the video and from the activities themselves. You can look in this list for words you don't know. You will discover very soon that with each viewing you understand more and more of the video, so that in the end you are working at a level equal to that of native speakers of German, for whom the video was produced in the first place.

Step four provides culminating activities such as discussion questions and role-playing. In these activities you are encouraged to expand on what you have seen in the video by calling upon your own experiences and imagination. You may be asked to give your impression of a person, action, or idea, to discuss related ideas and concepts, or to work with a partner in a simulated situation.

While playing a video clip you will notice a small time counter in the upper left-hand corner of your TV screen. The counter is visible during each video clip, but turned off during the titles and credits. The time on the counter in the video corresponds to the time next to the ▶ icon at the beginning of those exercises in the Video Workbook that are based upon a simultaneous viewing of the video.

Answer Keys

Answer Keys to the Workbook, Lab Manual, and Video Workbook are included in the Instructor ClassPrep CD-ROM.

Workbook

Übungen zum schriftlichen Ausdruck

Name _____ Datum _____

Thema 1 Freizeit

A. Bei der Touristen-Information in Berlin. Hier bekommen Sie Tipps, wo Sie in Berlin übernachten können. Lesen Sie die Anzeigen der verschiedenen Hotels und ergänzen° Sie die Gespräche der Touristinnen und Touristen mit den Angestellten der Touristen-Information.

complete

★★ HOTEL ECONTEL

Hotel Econtel Berlin
Sömmeringstr. 24-26
10589 Berlin
Tel: ++49 (0)30 / 346 81-0
Fax: ++49 (0)30 / 346 81-163

ECONTEL BERLIN

Familienfreundliches Hotel, in ruhiger Lage, nahe Spreeufer und Schloss Charlottenburg. Für Familien gibt es die kinderfreundlichen im „*Mickey for Kids*" Stil eingerichteten 4-Bett-Zimmer.

Willkommen in der Welt
welcome to the world of **des**

Esplanade
Hotels

GRAND HOTEL ESPLANADE BERLIN

LÜTZOWUFER 15, 10785 BERLIN
(BERLIN-TIERGARTEN)
TEL.: 254780   FAX: 254788222

Designer-Hotel, mitten im Kulturzentrum, nahe Kurfürstendamm und Potsdamer Platz. Gourmet-Restaurant, Harry's New York Bar, Berliner Eck-Kneipe, Fitnesscenter mit Hallenbad, Saunen, Solarien, Massage.

— indoor swimming pool!

InterCityHotel   **Berlin**

*InterCity*Hotel *Berlin*
Am Ostbahnhof 5
D-10243 Berlin
Telefon (0 30) 29 36 8 0
Telefax (0 30) 29 36 85 99

Neu eröffnetes Mittelklassehotel, direkt am Ostbahnhof. Restaurant, Bar, Lift, Garage. Zimmerausweis gilt als Fahrausweis für alle öffentlichen Verkehrslinien.

ticket

HOLLYWOOD MEDIA HOTEL BERLIN

Das Berliner Filmhotel Kurfürstendamm 202

*Kurfürstendamm 202
10719 Berlin
(Berlin-Charlottenburg)
Tel.: 889100
Fax: 88910280*

Erstes Film-Hotel Deutschlands, mit außergewöhnlichem Kinofilm-Ambiente, direkt am Kurfürstendamm, nahe Zoo

---

1. TOURISTIN: Wir haben drei Kinder von fünf bis zwölf. Können Sie uns ein familienfreundliches Hotel empfehlen?

   ANGESTELLTER: Da ist das _Hotel Econtel Berlin_ genau das richtige Hotel für Sie. Dort gibt es sogar Zimmer extra für Kinder.

2. TOURIST: Meine Frau ist Architektin und sie möchte gern in einem schicken Hotel mit besonderem Flair übernachten. Außerdem suchen wir etwas, wo wir auch Sport treiben können.

   ANGESTELLTE: Dann rufe ich für Sie gern im _Esplanade Hotels_ an, ob dort noch Zimmer frei sind.

3. ZWEI JUNGE MÄNNER: Wir wollen Berlin mit Bus und U-Bahn kennen lernen und das Hotel sollte auch nicht so teuer sein.

   ANGESTELLTER: Das _Inter City Hotel Berlin_ hat neu eröffnet. Dort bekommen Sie sogar inklusive einen Fahrausweis für alle Verkehrslinien.

4. EINE DAME: Ich bin zur Berlinale° hier und suche ein Zimmer für drei Tage.   *annual film festival*

   ANGESTELLTE: Dann würde Ihnen das _Berliner Film Hotel_ sicher gut gefallen. Ich hoffe, dass noch Zimmer frei sind. Gerade jetzt, wenn so viele Kinofans in der Stadt sind, wollen sicher viele dort wohnen.

5. EIN HERR: Das Hotel sollte ruhig liegen. Bei Straßenlärm schlafe ich so schlecht.

   ANGESTELLTE: Das _Hotel Econtel Berlin_ liegt sehr idyllisch in der Nähe des Spreeufers.

6. EINE DAME: Ich habe beruflich in Berlin zu tun und suche ein komfortables Hotel. Ich habe zwar wenig Zeit, aber ich gehe gern gut essen und möchte auch abends etwas für meine Gesundheit tun.

   ANGESTELLTER: Im _Esplanade Hotels_ gibt es ein ausgezeichnetes Restaurant und außerdem einen schönen Fitnessbereich mit Sauna und Massageraum.

B.   Noch eine Anzeige. Wie sieht Ihr Idealhotel aus? Schreiben Sie eine Anzeige dafür.

NÜTZLICHE INFORMATIONEN: Name, Adresse, Telefon, wichtige/interessante Details.

C. Besondere Ausdrücke.[1] Michael hat Nancy kennen gelernt, als sie als Austauschschülerin in München war. Ergänzen Sie Michaels Brief an Nancy mit passenden Ausdrücken aus der folgenden Liste. Die Paraphrasierungen für die Ausdrücke stehen im Brief in kursiver Schrift° in Klammern. Achten Sie darauf, dass Sie die Ausdrücke in manchen Fällen umformen müssen, so dass sie von ihrer Wortstellung° her in den Satz passen.

italics

word order

Ich unternehme etwas mit anderen Leuten.	[etwas unternehmen mit]
Ich habe Spaß an sportlichen Aktivitäten.	[Spaß haben an (+ *dat.*)]
Ich beschäftige mich viel mit dem Thema meiner Diplomarbeit.	[sich beschäftigen mit]
Ich bin gespannt darauf, was du zu erzählen hast.	[gespannt sein auf (+ *acc.*)]
Du hast schon Pläne für die Zeit nach dem Studium gemacht.	[Pläne machen für]

Liebe Nancy,

wie geht es dir? Du bist jetzt bald fertig mit dem College, nicht? _____

_____?

(Hast du dir schon überlegt, was du danach machst?)

Du willst doch erstmal arbeiten, bevor du weiterstudierst, nicht? Ich muss zur Zeit viel lernen und

_____.

(denke sehr intensiv über meine Arbeit nach)

Leider habe ich kaum Freizeit und es ist selten, dass _____

(ich mit meinen Freunden ausgehe)

_____. Aber du wirst es kaum glauben. Seit ein paar Monaten

_____.

... Tag eine Stunde Rollschuhlaufen. Und du hattest Recht,

... s ist übrigens inzwischen auch hier ein richtiger

... end fahren – junge Leute, aber auch ältere. Und der

... ler aus Aluminium. Die sieht man jetzt ziemlich oft.

_____

(ich bin neugierig zu erfahren, was du so machst.)

Viele liebe Grüße

von deinem *Michael*

[handwritten Post-it note:] Word order! How are these supposed to be changed? I don't fell there is anything wrong with the text in the brackets. What am I missing?

... es you with expressions, rather than isolated words, that you ... language. The expressions are taken from the *Einstieg in das Thema* and the *Texte*. In the list that follows the direction line, the specific forms you will need to complete the exercise sentences grammatically and logically are given first. In some instances sentences may need to be modified, e.g., the word order may need to be changed or subjects may need to be dropped. The more general "dictionary entry" forms of the expressions are given in brackets.

D. Jetzt sind Sie dran. Schreiben Sie nun ein paar Sätze von Nancys Antwortbrief. Benutzen Sie drei der Ausdrücke aus **Übung C.**

_____

_____

_____

_____

_____

E. Trendsportarten – eine Umfrage°. Eine Sportartikelfirma macht eine Umfrage über Trendsportarten bei jungen Leuten. Machen Sie auch mit und beantworten Sie die folgenden Fragen in ganzen Sätzen.   *poll*

1. Wie alt sind Sie?

   Ich bin zwanzig Jahre alt.

2. Welchen Sport treiben Sie in Ihrer Freizeit?

   In meiner Freizeit spiele ich gerne Badminton und laufe ich.

3. Wie oft machen Sie diesen Sport? Wie viele Stunden pro Woche/pro Tag?

   Ich spiele Badminton nicht oft, aber ich laufe ungefähr eine Stunde pro Tag.

4. Was gefällt Ihnen an dieser Sportart?

   Laufen gefällt mir, weil kann ich dieser Sportart allein treiben.

5. Was finden Sie wichtig am Sporttreiben – die Stimmung, die Fitness, die Gesundheit? Warum?

   Ich finde wichtig an Sporttreiben die Gesundheit; das heißt, ich habe mehr Energie wenn treibe ich Sport.

6. Treiben Sie allein Sport? Oder mit Freunden?

   Am merstens treibe ich Sport allein aber es ist möglich, mit Freunden laufen.

7. Welches dieser Sportgeräte haben Sie schon? Rollschuhe, Skateboard, Snowboard, Kickboard?

   Ich habe keine Sportgeräte außer meinen Schläger und meine Schuhe.

8. Welches davon möchten Sie gerne haben? Warum?

   Ich

9. Wie viel Geld geben Sie pro Monat/pro Jahr für Sport aus?

   _____

10. Wollen Sie eher mehr oder weniger ausgeben?

   _____

F. Hamburg – eine Weltstadt mit Flair. Sie wollen im Sommer nach Deutschland reisen und Sie finden in einem Reiseführer diese Beschreibung von Hamburg. Lesen Sie den Text und beantworten Sie die folgenden Fragen mit ganzen Sätzen.

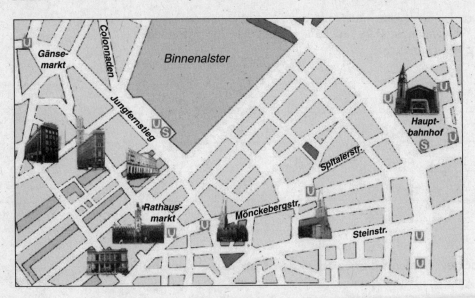

Hamburg – Weltstadt mit vielen Attraktionen

Mit seinen über 2000 Brücken liegt Hamburg vor Venedig und man nennt es auch das „Venedig des Nordens". Lernen Sie diese charmante Weltstadt zu Fuß kennen. Spazieren Sie entlang der Binnenalster° zum Jungfernstieg° und zur Mönckebergstraße. Hier laden exklusive Geschäfte und elegante Boutiquen zum Shopping ein. Sie finden vom Designerladen bis hin zum Hamburger Traditionsgeschäft alles, was Sie sich nur wünschen. Erholen Sie sich danach in einem der vielen Cafés.

Inner Alster Lake
tree-lined avenue along the Alster

Kunstfreunden bietet Hamburg eine große Zahl an Galerien und Museen. Lassen Sie sich mit berühmten Kunstwerken durch die Kunst der Jahrhunderte führen. Auch für den Abend gibt es volles Programm. Wie wäre es mit einem Theaterstück, einer Oper oder einem Musical? Wählen Sie zwischen „Hamlet", „Carmen" oder „Das Phantom der Oper". Oder lassen Sie sich von dem märchenhaften Musical „Die Schöne und das Biest" verzaubern°. Genießen Sie danach ein ausgezeichnetes Essen in einem der vielen Restaurants. Und für die richtigen Nachtschwärmer° ist die Reeperbahn° in St. Pauli ein absolutes Muss. Feiern Sie in einer der Diskotheken oder Bars die Nacht durch. Hamburg – eine Stadt, die nie schläft.

enchanted
night owls
amusement and red light district

1. Wie nennt man Hamburg? Warum?

_____

2. Was können Kunstliebhaber hier machen?

_____

3. Welche Einkaufsmöglichkeiten gibt es in Hamburg?

_____

4. Welche Veranstaltung würden Sie gerne besuchen?

_____

5. Was kann man sonst noch am Abend unternehmen?

_____

G. Schreiben Sie. Beschreiben Sie jetzt eine Stadt, die Sie gut kennen und interessant finden. Verwenden Sie dabei auch manchmal den Imperativ wie in der Beschreibung von Hamburg.

_____

_____

_____

_____

_____

_____

H. Schreiben Sie: Gedichte. Wählen Sie eines der beiden Themen und schreiben Sie ein Gedicht auf ein extra Blatt Papier.

1. Konkrete Gedichte verbinden Wort, Laut° und Bild. Schreiben Sie Ihr eigenes konkretes Gedicht zum Thema Freizeit. Lesen Sie zuerst das Gedicht „die zeit vergeht" des bekannten Dichters Ernst Jandl (siehe *Kaleidoskop* Seite 29) und danach das folgende Beispiel zum Thema Freizeit.

sound

> **Freizeit**
>
> fitnesstraining joggen inlineskaten snowboarden einkaufen
> computerspiele internetsurfen fernsehen skateboarden aerobics
> fitnesstraining joggen inlineskaten snowboarden einkaufen
> computerspiele internetsurfen fernsehen skateboarden aerobics
> freie Zeit? Nein!

2. Lesen Sie das Gedicht „Vergnügungen" von Bertolt Brecht (siehe *Kaleidoskop* Seite 24). Was macht Ihnen Spaß? Schreiben Sie Ihr eigenes Gedicht zum Thema Freizeit, Spaß und Vergnügen. Vergessen Sie nicht den Titel!

Name _____ Datum _____

Thema 2 Kommunikation

A. Mimik°. Neben Sprache ist die Körpersprache – Haltung, Gestik° und Mimik – ein wichtiger Teil der Kommunikation. Hier sehen Sie ein Beispiel der so genannten „Berliner Luftblasen°" aus dem Wochenmagazin *Stern*. In dieser Rubrik werden immer Fotos von Politikerinnen oder Politikern gezeigt, denen man in Sprechblasen° passende Worte „in den Mund legt". Hier sehen Sie drei Nahaufnahmen° von Bundeskanzlerin° Angela Merkel vor ihrer Regierungszeit°, als sie noch Vorsitzende° der damaligen° Oppositionspartei CDU° war. Beschreiben Sie Frau Merkels Gesichtsausdruck auf jedem der drei Fotos. Überlegen Sie sich dann, was sie auf jedem einzelnen Bild wohl sagt oder denkt und schreiben Sie diesen Text in die leeren Sprechblasen.

facial expressions / gestures

air bubbles

speech bubbles
close-ups / chancellor
governing period / chairwoman
at that time / Christian
  Democratic Union

Nützliche Vokabeln

abgehoben aloof	**listig** cunning
angeekelt disgusted	**nachdenklich** pensive
angewidert revolted	**selbstzufrieden** self-satisfied
arrogant arrogant	**skeptisch** sceptical
gelangweilt bored	**unberührt** untouched
genervt annoyed	**unbeteiligt** indifferent, uninterested

✦ BERLINER LUFTBLASEN

B. Internetnutzer° und ihre Freizeit. Der folgende Text von der Homepage der Zeitschrift *Brigitte* berichtet über die Ergebnisse° einer Studie zu den Auswirkungen° des Internets auf das Freizeitverhalten° der Nutzer. Lesen Sie den Text und beantworten Sie die Fragen.

Internet users

results

impact / spending of leisure time

SURFEN MACHT NICHT EINSAM

Von wegen° Computer Nerds: Internetnutzer pflegen° mehr soziale Kontakte, lesen mehr Bücher und schauen weniger fern als Nicht-User. Dies zumindest° ist das Ergebnis der ersten weltweiten Studie zu den sozialen Auswirkungen des WWW.

talking about / keep up

at least

Kritiker der Neuen Medien argumentieren gern, dass das Internet wichtige soziale Kontakte ersetze° und die Menschen vereinsamen° lasse. Doch das „World Internet Project", für das die Universität Los Angeles drei Jahre lang Daten in 14 Ländern gesammelt hat, spricht eine ganz andere Sprache.

replaces / become isolated

Laut° Studie leben Internetnutzer rund um den Globus aktiver als Leute ohne Anschluss°. Sie schauen weniger fern und verbringen mehr Zeit mit Freunden und sportlichen Aktivitäten als Menschen ohne Internet. „Die Nutzung des Internets reduziert auf der ganzen Welt die Zeit, die vor dem Fernseher verbracht wird, während es kaum Einfluss° auf die positiven Aspekte des Soziallebens hat", fasst Jeffrey I. Cole, Direktor des Centers für Kommunikationspolitik an der UCLA, zusammen°.

According to
Internet connection

impact

fasst zusammen: summarizes

In fast allen Ländern nehmen sich Internetnutzer auch mehr Zeit für Bücher. Mit zwei Ausnahmen°: Ausgerechnet° in Deutschland, der Nation der „Dichter und Denker", und in den USA geht der Internetkonsum auf Kosten des Bücherlesens.

exceptions / of all places

---

1. Welche Argumente hört man häufig von Kritikern der Neuen Medien?

   _____

2. Wer machte die Studie und was wurde untersucht?

   _____

3. Welche Ergebnisse hat die Studie über die sozialen Kontakte der Nutzer?

   _____

4. Wie sieht der Studie nach das Freizeitverhalten° von Internetnutzern aus?

   _____

   leisure time behavior

5. Welchen Einfluss hat das Internet in den meisten Ländern auf das Leseverhalten der Nutzer?

   _____

6. Wie ist das Verhältnis° von Internetnutzung und Leseverhalten in Deutschland und den USA?

   _____

   relationship

7. Was denken Sie, welche Konsequenzen das Internet auf Ihre sozialen Kontakte und auf Ihre Freizeitaktivitäten hat?

   _____

C. Besondere Ausdrücke: Warum ich E-Mails so toll finde. Sarah, 18, berichtet, warum sie viel lieber E-Mails schreibt als Briefe. Ergänzen Sie Sarahs Bericht mit passenden Ausdrücken aus der folgenden Liste. Die Paraphrasierungen für die Ausdrücke stehen im Text in kursiver Schrift in Klammern. Achten Sie darauf, dass Sie die Ausdrücke in manchen Fällen umformen müssen, so dass sie von ihrer Wortstellung° her in den Satz passen.   *word order*

Ich kann meine Emotionen besser ausdrücken.	[etwas ausdrücken]
In meinem Alltag spielen E-Mails eine besondere Rolle.	[eine besondere Rolle spielen]
Ich freue mich darüber.	[sich freuen über (+ *acc.*)]
Ich habe es satt.	[etwas satt haben]
Ich kann mir ihre Stimmung genau vorstellen.	[sich etwas vorstellen]

_____, dass manche Leute
(Es ärgert mich)

meine Generation, die so genannte Generation @, für egozentrisch und kon-

taktarm halten. Doch gerade durch das Internet kann ich mit vielen Leuten

Kontakt halten. _____
  (E-Mails sind für mich sehr wichtig.)

_____. Wenn ich E-Mails von meinen

Freunden bekomme, _____.
      (bin ich darüber sehr froh)

E-Mails finde ich oft viel ehrlicher° und direkter als Briefe. Wenn ich einen   *more honest*

Brief schreibe, meine ich immer, es muss alles plausibel klingen°. Dabei muss   *sound*

ich dann oft etwas erfinden, so dass alles zusammenpasst. Eine E-Mail

schreibe ich ganz spontan und sie ist wahr für diesen Moment. Sie ist ein

bisschen wie ein Gespräch. Oder anders gesagt, wie ein Schnappschuss° von   *snapshot*

mir – ein Brief ist eher wie ein Foto, auf dem ich posiere. In einer E-Mail

_____.

(kann ich von meinen Gefühlen ganz offen erzählen)

Und wenn zum Beispiel meine Freundin Tanja mir eine E-Mail schreibt,

_____.

(weiß ich ganz genau, wie ihre Laune ist)

Jemand hat einmal gesagt, „eine E-Mail ist, wie wenn man einem Freund,

der 1000 km weit weg wohnt, etwas ins Ohr flüstert°". Ich finde, das ist ein   *whispers*

guter Vergleich.

D. Der Vermieter. Sie wollen das Zimmer von Herrn Altenkirch mieten. Bevor Sie das Zimmer mieten, möchten Sie noch einiges von Herrn Altenkirch wissen. Da er inzwischen ein Telefon hat, können Sie ihn anrufen. Welche Fragen stellen Sie ihm? Formulieren° Sie die logischen Fragen zu den Antworten, die Herr Altenkirch Ihnen gibt.

give

1.   SIE: _____?
   HERR ALTENKIRCH: Die Wohnung ist nur fünf Minuten vom Stadtzentrum entfernt.

2.   SIE: _____?
   HERR ALTENKIRCH: Es ist ein großes, helles Zimmer.

3.   SIE: _____?
   HERR ALTENKIRCH: Ja, es ist möbliert°! Es hat ein Bett, einen Tisch, einen Schrank, einen Stuhl, ein Bücherregal und einen Sessel.

furnished

4.   SIE: _____?
   HERR ALTENKIRCH: Die Miete ist 230 Euro im Monat.

5.   SIE: _____?
   HERR ALTENKIRCH: Nein, leider keine Haustiere. Ich bin allergisch gegen Katzen und Hunde.

6.   SIE: _____?
   HERR ALTENKIRCH: Das Zimmer ist im Moment nicht vermietet. Sie könnten sofort einziehen°.

move in

7.   SIE: _____?
   HERR ALTENKIRCH: Besuch ist bei mir immer willkommen!

E. Postkarte an Herrn Altenkirch. Nach ein paar Jahren treffen Sie zufällig° eine Dame aus Brandenburg, die Herrn Altenkirch kennt. Sie erzählt Ihnen, dass Herr Altenkirch sehr deprimiert und einsam ist. Sie hatten immer ein schlechtes Gewissen°, dass Sie ihm nie eine Postkarte geschickt haben. Jetzt schreiben Sie ihm und erzählen ihm von Ihrem neuen Wohnort und Ihrer Arbeit dort. Entschuldigen Sie sich auch, dass Sie so lange nicht geschrieben haben. Verwenden Sie dabei auch Modalverben im Präteritum.

by accident

bad conscience

Lieber Herr Altenkirch,

An Herrn Altenkirch
Hauptstraße 7
14776 Brandenburg

F. Eine Meinungsverschiedenheit. Heute findet beim Fernsehsender „Pro 7" ein Meeting statt über das Thema „Gewalt in Filmen". Die verschiedenen Mitarbeiterinnen und Mitarbeiter haben unterschiedliche Meinungen. Formulieren Sie für drei der Argumente ein passendes Gegenargument.

FRAU ÖTTINGER: Wenn wir keine Actionfilme mehr anbieten, werden unsere Zuschauerzahlen zurückgehen°. *decrease*

SIE: _____

_____

HERR TEURER: Ich glaube schon, dass auch Kinder zwischen Film und Realität unterscheiden können. Das heißt, ich glaube nicht, dass sie auch selbst aggressiver und gewalttätiger° werden, wenn sie Gewalt im Film sehen. *more violent*

SIE: _____

_____

HERR OHLMANN: Wir können die Kritik an unserem Filmprogramm nicht ignorieren. Filme, die Gewalt zeigen, dürfen wir nur am späten Abend senden.

SIE: _____

_____

FRAU WOLLENWEBER: Ich finde, die Eltern sind selbst verantwortlich° dafür, dass ihre Kinder keine Filme mit zu viel Gewalt anschauen. Wir zwingen ja niemanden unser Programm zu sehen. *responsible*

SIE: _____

_____

G. Schreiben Sie: Das Internet. Wählen Sie eines der beiden Themen und schreiben Sie einen kurzen Aufsatz auf ein extra Blatt Papier.

1. Es wird immer häufiger diskutiert, wie störend° es sein kann, wenn Leute dauernd ihr Handy benutzen. In welchen Situationen sollte man Ihrer Meinung nach sein Handy ausschalten? Erzählen Sie von Momenten, in denen Sie sich darüber geärgert haben, dass jemand sein Handy zum Telefonieren benutzt hat. *irritating*

2. Sie möchten Ihr Deutsch verbessern und suchen internationale E-Mail-Partner im Internet. Schreiben Sie ein kurzes Selbstporträt. Vergessen Sie nicht Ihre E-Mail-Adresse anzugeben.

Thema 3   Deutschland im 21. Jahrhundert

A. Das vereinigte Deutschland. Sehen sich „Ossis" und „Wessis" inzwischen als eine Nation? Vergleichen Sie die folgenden Aussagen aus verschiedenen Umfragen im Jahre 1999 mit dem *Spiegel*-Interview von 1999 „Bei den Wessis ist jeder für sich" (siehe *Kaleidoskop* Seite 56 bis 59). Markieren Sie den Satz mit **a**, wenn der Inhalt der Aussage aus dem *Spiegel*-Interview ist. Markieren Sie die Aussagen mit **b**, wenn Sie den Inhalt nicht im *Spiegel*-Interview finden.

_____ 1. Die Ostdeutschen sind insgesamt pessimistischer als die Westdeutschen.

_____ 2. Das Zusammengehörigkeitsgefühl° ist bei den Ostdeutschen stärker.   *communal spirit*

_____ 3. Für die medizinische Versorgung° mussten die DDR-Bürger nichts bezahlen.   *care*

_____ 4. Die Westdeutschen sind mit ihrer Arbeit und ihrer finanziellen und gesundheitlichen Situation zufriedener als die Ostdeutschen.

_____ 5. In der DDR gab es Noten in Fleiß° und Betragen°.   *effort / conduct*

_____ 6. 42 Prozent der Ostdeutschen haben sich im Gesellschaftssystem der DDR wohler gefühlt als in der Bundesrepublik.

_____ 7. 88 Prozent der Ostdeutschen sind aber der Ansicht, dass die Wiedervereinigung richtig war.

_____ 8. Die meisten Lehrbücher, die an ostdeutschen Schulen benutzt werden, sind von westlichem Denken geprägt°.   *molded*

B. Ein Ostdeutscher berichtet. Lesen Sie, was Etienne Runow, ein 22-Jähriger aus Leipzig, über sein Leben im vereinigten Deutschland sagt: Was für ihn die Einheit bedeutet und wie er seine Zukunft sieht. Schreiben Sie seine Aussagen über das Leben in der DDR und das Leben in der Bundesrepublik in die folgende Tabelle.

Ich war 12 Jahre alt, als die Wende kam. Durch meine kommunistische Erziehung war die Zeit etwas beängstigend°, aber rückblickend° auch eindrucksvoll, sie zumindest halb bewusst miterlebt zu haben. Heute habe ich wesentlich mehr Freiheiten. Es gibt mehr Möglichkeiten, sich selbst zu verwirklichen°. Man kann etwas Eigenes aufbauen. Das ist positiv. Nicht so schön finde ich die zwischenmenschliche Entwicklung. Viele sind zu egoistisch. Aber das überwiegt° nicht. In der Familie hat sich nicht viel geändert, außer dass meine Mutter jetzt arbeitslos ist. Sagen wir, ich vermisse die DDR nicht.   *frightening* *looking back* *fulfill oneself* *predominate*

Leben in der DDR	Leben in der Bundesrepublik
bessere zwischenmenschliche Kontakte	mehr Freiheiten

C. Was meinen Sie? In manchen Bundesländern wird überlegt, ob man an den Schulen wieder Noten für Fleiß und Betragen einführen sollte. Was sind Ihrer Meinung nach die Vorteile? Was sind die Nachteile?

_____

_____

_____

_____

D. Besondere Ausdrücke. Philipp möchte am College of Europe in Brügge°   *Bruges*
weiterstudieren, doch seine Eltern sind dagegen. Er schreibt ihnen einen Brief.
Ergänzen Sie Philipps Brief mit passenden Ausdrücken aus der folgenden
Liste. Die Paraphrasierungen für die Ausdrücke stehen im Text in kursiver
Schrift in Klammern. Achten Sie darauf, dass Sie die Ausdrücke in manchen
Fällen umformen müssen, so dass sie von ihrer Wortstellung her in den
Satz passen.

Ich war ärgerlich darüber.   [über etwas ärgerlich sein]
Ich interessiere mich schon seit mehreren Jahren   [sich für etwas interessieren]
    dafür.
Vielleicht können wir am Wochenende noch   [über etwas sprechen]
    einmal in aller Ruhe darüber sprechen.
Ihr wollt doch sicher nicht verantwortlich dafür   [verantwortlich sein für]
    sein.
Ihr könnt euch das leisten.   [sich etwas leisten können]
Überlegt es euch bitte noch einmal.   [sich etwas überlegen]

Liebe Mutti, lieber Papa,

da es bei meinem letzten Besuch leider zum Streit kam, möchte ich euch heute

schreiben. _____,
        (Ich fand es gar nicht nett)

dass Papa mir nicht einmal zuhören wollte. Deshalb schreibe ich hier noch ein-

mal meine genauen Gründe, warum ich in Brügge EU-Recht weiterstudieren

möchte. _____
        (Schon seit längerer Zeit habe ich großes Interesse daran)

_____ und meine Uni ist nicht darauf spezialisiert.

Das College of Europe ist bekannt und es ist dort auch möglich schon

Kontakte zu EU-Mitarbeitern zu bekommen. Ich möchte später gern für die

Europäische Union arbeiten, deshalb muss ich schon heute etwas dafür tun.

Wenn ich nicht in Brügge studieren kann, wird es schwieriger sein mein Ziel

zu realisieren. _____
           (Ihr wollt doch sicher nicht schuld daran sein.)

_____.

    Natürlich sind die Kosten dafür ein wichtiges Thema, weil die Studien-

gebühren° hoch sind. Ich denke eigentlich, dass _____   *tuition*

_____. Trotzdem möchte ich euch
(ihr genug Geld habt, um das zu bezahlen)

das Geld zurückzahlen, wenn ich mit dem Studium fertig bin. Wenn ich dann

in meinem Traumberuf arbeite, wird das sicher nicht so schwierig sein.

_____.

(Denkt bitte noch einmal darüber nach)

Es geht um meine Zukunft und es ist mir sehr ernst mit meinem Berufsziel.

_____

(Wir können uns doch sicher am Sonntag noch einmal ganz ruhig darüber unterhalten.)

_____.

    Viele liebe Grüße

    euer   *Philipp*

E. Jetzt sind Sie dran. Schreiben Sie nun Ihre eigenen Sätze oder einen Absatz
über einen Konflikt, den Sie mit jemandem hatten. Benutzen Sie drei der
Ausdrücke aus **Übung D.**

_____

_____

_____

_____

F. Die EU – ein kleines Quiz. Hier finden Sie einige Fakten über die Europäische Union. Setzen Sie die richtige Information ein, um die Aussage zu ergänzen.

_____ 1. Die Europäische Union hat _____ Staaten als Mitglieder.
  a. 11   b. 13   c. 20   d. 25

_____ 2. _____ gehört nicht zur Europäischen Union.
  a. Großbritannien   b. Griechenland
  c. Die Schweiz   d. Irland

_____ 3. Der Sitz des Europäischen Parlaments ist in _____.
  a. Straßburg   b. Brüssel   c. Amsterdam   d. Wien

_____ 4. Die EU hatte im Jahre 2006 _____ Millionen Einwohner.
  a. 180   b. 300   c. 450   d. 600

_____ 5. Seit dem Jahr 2002 bezahlt man in Österreich mit _____.
  a. Mark   b. Schilling   c. Euro   d. Franken

_____ 6. Manche Mitgliedsländer der EU gehören nicht zur
  Währungsunion°. Eins davon ist _____.   _currency union_
  a. Österreich   b. Schweden   c. Luxemburg   d. Frankreich

_____ 7. Ein Euro ist 100 _____.
  a. Pfennige   b. Rappen   c. Schillinge   d. Cents

G. Schreiben Sie. Wählen° Sie eines der drei Themen und schreiben Sie auf ein   _choose_
extra Blatt Papier.

1. Denken Sie an das Drehbuch zu dem Film „Das Versprechen". Stellen Sie
   sich vor, dass Sie Konrad oder Sophie sind. Nach 38 Jahren ist die Grenze
   zwischen Ost- und Westdeutschland wieder geöffnet. Würden Sie jetzt
   versuchen wieder zusammen zu leben? Warum (nicht)?

2. Der Film „Das Versprechen" endet in dem Moment, als Konrad und Sophie
   sich nach der Öffnung der Grenze wieder sehen. Stellen Sie sich vor, was
   sie zueinander sagen. Schreiben Sie einen kurzen Dialog.

3. Haben Sie eine Freundin oder einen Freund nach vielen Jahren wieder
   gesehen? Erklären Sie, woher Sie diese Freundin oder diesen Freund
   kennen. Wie lange haben Sie sich nicht gesehen? Wie waren die ersten
   Momente des Wiedersehens? Hat sich Ihre Freundschaft verändert oder
   fühlten Sie sich nach kurzer Zeit wieder so vertraut° wie früher?   _close_

Thema 4   Familie

A. Väter. Heute sind es nicht unbedingt die Mütter, die in den ersten Jahren
ihre Kinder versorgen°. Immer mehr Väter nehmen Erziehungsurlaub – das   *look after*
offizielle Wort dafür ist jetzt „Elternzeit" –, um sich um ihre kleinen Kinder
zu kümmern. Lesen Sie hier einen Bericht über einen solchen Vater und
beantworten Sie die folgenden Fragen.

Guido Drüke wollte sich „ganz auf
das Kind einlassen°, etwas von ihm   *devote himself*
haben". So nahm er im Sommer
2000 eine einjährige Babypause.
Dem 37-jährigen Lehrer aus Bielefeld
ist bewusst, dass er besonders gute
Bedingungen° hat: Sein Arbeitgeber   *conditions*
hat mitgespielt, und seine Partnerin,
eine Ärztin, kann den Einkommens-
verlust° kompensieren – „da haben   *loss in income*
es die meisten Männer, vor allem in
der freien Wirtschaft, viel schwerer".
Am engen Kontakt zu seinem Sohn
Paul beglückt ihn vor allem „die
Unmittelbarkeit°: Man bekommt   *immediacy*
eine Reaktion, ein Lächeln oder
einen Wutanfall°." Um nicht immer   *tantrum*
der „männliche Außenseiter°"   *outsider*
zu sein, trifft sich Guido Drüke
regelmäßig mit anderen Vätern,
etwa zum Schwimmen. Und er
empfiehlt° allen Männern, die   *recommends*
Erfahrung als „Vollzeit-Daddy"
auf keinen Fall zu verpassen.

Der Erziehungs-Urlauber

1. Was ist Guido Drüke von Beruf? Für wie lange nahm er Elternzeit?

    _____

2. Warum ist Herrn Drükes Situation besonders gut? Nennen Sie zwei Gründe, warum es für ihn
   relativ einfach ist Elternzeit zu nehmen.

    _____

    _____

3. Was findet Guido Drüke an seiner Aufgabe besonders schön?

    _____

4. Wie sieht sein Alltag aus? Hat er Kontakte zu anderen Eltern?

_____

5. Was empfiehlt Herr Drüke anderen Vätern?

_____

6. Wie ist Ihre Meinung? Wären Sie dafür, dass Ihre Partnerin/Ihr Partner sich um das Baby kümmert? Warum (nicht)?

_____

_____

_____

B. Besondere Ausdrücke: Zukunftspläne. Sara und Katharina studieren zusammen Wirtschaft und machen im Sommer Examen. Beim Lernen unterhalten sich die beiden über ihre Zukunftspläne. Ergänzen Sie das Gespräch mit passenden Ausdrücken aus der folgenden Liste. Die Paraphrasierungen für die Ausdrücke stehen in kursiver Schrift in Klammern. Achten Sie darauf, dass Sie die Ausdrücke in manchen Fällen umformen müssen, so dass sie von ihrer Wortstellung her in den Satz passen.

Sie sind sicher auch schuld daran.	[schuld sein an etwas]
Es geht mich ja nichts an.	[jemanden etwas/nichts angehen]
Es ist wahrscheinlich Schluss damit ...	[Schluss sein mit etwas]
Ihr habt es so eilig.	[es eilig haben]
Im Gegensatz zu dir ...	[im Gegensatz zu jemandem]

KATHARINA: Gestern haben Paul und ich darüber gesprochen, dass wir nach meinem Examen heiraten

wollen. Und auch darüber, dass es schön wäre, in ein, zwei Jahren ein Kind zu bekommen.

SARA: Ach, das ist ja toll! Du und Paul, ihr seid für mich das perfekte Paar. Aber warum

_____ mit dem Kinderkriegen? Willst du nicht erst

(soll es bei euch denn so schnell gehen)

ein paar Jahre an deiner Karriere arbeiten und dann an Kinder denken? Viele Frauen bekommen

doch erst mit Mitte 30 ihr erstes Kind.

KATHARINA: Ja, ich weiß. Aber ich möchte nicht erst so spät Mutter werden. Und natürlich hoffe ich,

dass ich trotzdem arbeiten kann. Was ist mit dir? Willst du denn keine Kinder?

SARA: Hmm, nein, eigentlich nicht. _____ möchte ich

(Ganz anders als du)

keine Familie haben. Aber ich habe natürlich auch noch nicht wie du „die große Liebe" gefunden.

KATHARINA: _____, aber vielleicht liegt das auch

(Ich sollte das ja besser nicht sagen)

daran, dass deine Eltern so oft gestritten haben? _____

(Sie sind sicher auch verantwortlich dafür)

_____, dass Familienleben für dich etwas Problematisches ist.

SARA: Ja, das kann gut sein. Aber ich möchte wirklich einen guten Job haben, bei dem ich viel reisen und andere Länder kennen lernen kann. Und ich möchte auch flexibel sein und an verschiedenen Orten leben.

KATHARINA: Hmmm, ja, das ist natürlich ein ganz anderes Lebenskonzept. Denn wenn man Kinder hat,

_____, dass man alle zwei

(hat es wohl ein Ende)

Jahre den Job und die Stadt wechselt und tolle Reisen macht. Ach, wir werden ja sehen, was

kommt. Jetzt müssen wir erst mal unser Examen gut machen!

C. Jetzt sind Sie dran. Schreiben Sie nun ein paar Sätze oder einen Absatz darüber, was Katharina abends ihrem Freund Paul über das Gespräch mit Sara erzählt. Benutzen Sie drei Ausdrücke aus **Übung B.**

_____

_____

_____

_____

D. Musik und Märchen. Ein bekanntes Volkslied aus dem 19. Jahrhundert, das Kinder auch heute noch singen, erzählt das Märchen von „Hänsel und Gretel" in drei Strophen. Hier lesen Sie die neun Doppelzeilen des Liedes, die allerdings nicht in der richtigen Reihenfolge° sind. Erzählen Sie die Geschichte der beiden Kinder, indem Sie die Doppelzeilen ordnen°. Drei Doppelzeilen sind schon von 1. bis 3. nummeriert.

sequence
arrange

_____ Die Hexe° muss jetzt braten,
        wir Kinder gehn nach Haus.

witch

___2___ Sie kamen an ein Häuschen
        von Pfefferkuchen° fein:

gingerbread

_____ Und als die Hexe ins Feuer schaut hinein[1],
        wird sie gestoßen von unserm Gretelein.

___1___ Hänsel und Gretel verirrten sich° im Wald,
        es war schon finster° und draußen bitter kalt.

verirrten sich: lost their way / dark

_____ Sie stellet sich° so freundlich,
        o Hänsel, welche Not°!

stellet sich: pretends to be / serious problem

_____ Sie will dich braten
        und backt dazwischen° Brot!

in the meantime

_____ Hu, hu, da schaut eine garst'ge° Hexe 'raus°,
        sie lockt° die Kinder ins kleine Zuckerhaus.

= garstig: ugly, nasty / schaut heraus: looks out / entices

___3___ Wer mag der Herr° wohl
        von diesem Häuschen sein°?

master
mag sein: might be

_____ Nun ist das Märchen
        von Hänsel, Gretel aus°.

ist aus: is over

---

[1] For reasons of rhyme and rhythm some rules of German are violated, e.g., **Und als die Hexe ... schaut hinein** should be **... hineinschaut.**

E.   Märchenmotive. Eine beliebte Briefmarkenserie° der Deutschen Bundespost° *postage stamp series /*
reduziert den Inhalt des Märchens noch weiter – nämlich auf vier Bilder. *Federal Postal Office*
Schreiben Sie anhand der° Briefmarken eine ganz kurze Version des Märchens **anhand der:** *guided by*
in Ihren eigenen Worten.

Nützliche Vokabeln

SUBSTANTIVE	VERBEN	ANDERE WÖRTER
der Wald	sich verlaufen (äu; ie, au) to lose one's way	ängstlich
die Brotkrümel bread crumbs	werfen (i; a, o); auf den Weg werfen	garstig
die Vögel (*pl.*)	auffressen (frisst; fraß, e) to eat up (*used for animals and creatures*)	blass
das Pfefferkuchenhaus gingerbread house		erschrocken
die Hexe	locken to entice	tapfer brave
der Käfig cage	einsperren to lock up	
	erschrecken	
	retten	
	zurückkehren	
	umarmen	

\
\
\
\
\
\
\

F.   Schreiben Sie. Wählen Sie eines der vier Themen und schreiben Sie auf ein
extra Blatt Papier.

1. Wie sieht Ihrer Meinung nach die Familie im Jahr 2030 aus? Was wird
   bleiben wie heute, was wird wohl anders sein?

2. Wie stellen Sie sich Ihr Familienleben später vor? Wer soll was machen?

3. Was war Ihr Lieblingsmärchen, als Sie ein Kind waren? Erzählen Sie es
   kurz nach.

4. Seien Sie kreativ. Denken Sie sich ein kurzes Märchen aus. Denken Sie
   daran, dass viele Märchen mit „Es war einmal ..." beginnen.

Thema 5   Musik

A. Söhne Mannheims in Köln. Schauen Sie sich die Anzeige für ein Konzert im Kölner E-Werk an und beantworten Sie die folgenden Fragen.

ZION-TOUR

EINLASS: 19 UHR - BEGINN:
20 UHR - VVK: 18 EURO ZZGL.
GEB. - AK: 20 EURO

20. MÄRZ

söhne mannheims

Wir haben Euch noch nichts getan

"Getragen von ihrer Liebe zu Mannheim und dem Willen zu einer positiven Veränderung" treten die Söhne Mannheims an. In dem Fall ist das Ereignis ein Stilmix aus Soul, Hip-Hop, Reggae, Rock und Pop, mit dem das 17-köpfige Ensemble die Bühne des E-Werks belagert. Star des Ganzen ist und bleibt Xavier Naidoo.

E-Werk heißt Entertainment.
Seit 1991 ist Köln-Mülheim das Mekka moderner Unterhaltungskultur. Die Liste der Stars, die im E-Werk zu Gast waren, liest sich wie ein "Who's Who" des Rock und Showbizz: ob legendäre Bands, aktuelle Chart-Topper oder Comedians. Mehr als 400.000 Besucher jährlich machen das E-Werk zu einer Top-Adresse.

Einlass admission   *VVK = Vorverkauf* tickets bought in advance   *zzgl. = zuzüglich* plus   *Geb. = Gebühren* fees
AK = Abendkasse box office   *getragen* carried by; motivated by   *antreten* assemble   *belagern* besiege   *E-Werk = Elektrizitätswerk* power plant   *sich lesen wie* read like a

1. Welche Band spielt am 20. März?

_____

2. Wie heißt die Tour?

_____

3. Was kosten die Karten an der Abendkasse?

_____

4. Wann beginnt das Konzert?

_____

5. Was für einen Musikstil haben die „Söhne Mannheims"?

_____

6. Wer ist ihr Topsänger?

_____

7. Das Konzert findet im E-Werk statt. Warum ist das E-Werk bekannt?

_____

8. Wie viele Leute besuchen jedes Jahr das E-Werk?

_____

9. In der Musikszene in Deutschland werden viele englische Ausdrücke benutzt. Welche Ausdrücke finden Sie hier in der Anzeige?

_____

10. Würden Sie das Konzert gern besuchen? Warum (nicht)?

_____

B. Besondere Ausdrücke. Nach dem Konzert gibt der Pianist Karl Eschenhausen der Reporterin einer Klatschzeitschrift° ein Interview. Ergänzen Sie das folgende Gespräch mit passenden Ausdrücken aus der folgenden Liste. Die Paraphrasierungen für die Ausdrücke stehen in kursiver Schrift in Klammern. Achten Sie darauf, dass Sie die Ausdrücke in manchen Fällen umformen müssen, so dass sie von ihrer Wortstellung her in den Satz passen.

tabloid

Herzlichen Glückwunsch zu Ihrem wunderbaren Konzert.	[herzlichen Glückwunsch]
Macht es Ihnen etwas aus?	[jemandem etwas ausmachen]
Sie haben sich heute Abend mit mir verabredet.	[sich verabreden]
Sie sorgen für meine zwei Töchter und meinen Sohn.	[sorgen für]
Sie sind bekannt geworden.	[bekannt werden]

REPORTERIN: _____
   (Zuerst möchte ich Ihnen zu Ihrem heutigen Erfolg gratulieren.)

_____ .

KARL ESCHENHAUSEN: Danke schön.

REPORTERIN: Und ich danke Ihnen sehr, dass _____
                                       (Sie sich heute Abend mit mir treffen)

_____ .

KARL ESCHENHAUSEN: Das mache ich doch gern. Nach meinen Konzerten bin

ich meistens in so angeregter Stimmung°, dass ich mich gern unterhalte.

in angeregter Stim-
mung: stimulated

REPORTERIN: Sie sind zurzeit auf einer Europatournee, die noch etwa vier

Monate dauern wird. _____ ,
                    (Ist es schwierig für Sie)

so lange von Ihrer Familie getrennt zu sein?

KARL ESCHENHAUSEN: Ja, es ist nicht einfach, vor allem weil auch meine Frau

zurzeit in Amerika auf Tournee ist. Doch unsere Kinder sind in guten

Händen. Meine Eltern sind noch recht aktiv und wenn meine Frau und ich

weg sind, _____
(kümmern sie sich um unsere drei Kinder)

_____ .

REPORTERIN: Wie hat sich Ihr Leben verändert, seit _____
(Sie ein berühmter Künstler sind)

_____ ?

KARL ESCHENHAUSEN: Außer in den Zeiten, wenn ich auf Tournee bin, nehme

ich gar nicht so viel am öffentlichen Leben teil. So ist es auch kein Problem

für mich, dass die Menschen mich kennen.

REPORTERIN: Ich danke Ihnen für das Gespräch, Herr Eschenhausen. Dürfte

unser Fotograf nun noch ein paar Fotos von Ihnen machen?

C. Jetzt sind Sie dran. Schreiben Sie ein paar Sätze des Artikels, den die
Reporterin über den Pianisten Karl Eschenhausen schreibt. Benutzen Sie
dabei drei Ausdrücke aus **Übung B.**

_____

_____

_____

_____

_____

_____

D. Im Osten – ein Spaßhit für die ganze Nation. Mehr als 10 Jahre nach der Vereinigung kam ein Hit auf den Markt mit dem Titel „Im Osten": Hier singt eine ostdeutsche Band in humorvoller Weise davon, was Millionen Deutsche denken und fühlen: Dass man nämlich im Osten auf die westdeutsche Art immer noch viel zu bescheiden° reagiert. Innerhalb von wenigen Wochen war der Song auf Platz 2 der deutschen Charts. Lesen Sie zuerst den Text des Liedes und beantworten Sie dann die Fragen.

modestly

Im Osten

Die eingefleischten° Kenner° wissen,
daß[1] die Männer im Osten besser küssen.
Daß die Mädchen im Osten schöner sind,
weiß heutzutage° jedes Kind.

confirmed / experts

nowadays

Daß die Mauern im Osten besser halten,
daß die meisten hier meistens etwas schneller schalten°.
Daß eigentlich fast alles etwas besser ist,
als im Westen.

to catch on

Jeder wird mal die Erfahrung machen,
daß die Kinder im Osten öfter lachen.
Daß sie sich auch über kleine Sachen freuen
und, wenn sie böse war'n, das später auch bereuen°.

regret

Daß die Omis im Osten viel lieber sind
und jeder Spinner° hier eigentlich nur halb so viel spinnt°.
Daß eigentlich fast alles etwas besser ist,
als im Westen.

nut / is nutty

REFRAIN:
  Trotzdem sind wir viel zu bescheiden°.
  Trotzdem kann uns immer noch nicht jeder leiden°.
  Wir sind viel zu bescheiden.
  Daß wir irgendwann die Sieger° sind, läßt[1] sich nicht vermeiden°.

modest
***leiden können:** like*

winners / avoid

Jeder weiß, daß wir hier immer unser Bestes gaben,
und daß die Ossis den Golf° erfunden haben.
Daß die Zeit hier nicht so schnell vergeht°,
weil sich die Erde etwas langsamer dreht°.

German name for VW Rabbit / passes
turns

Daß die Butter hier mehr nach Butter schmeckt
und der Sekt° auch etwas mehr nach Sekt.
Daß eigentlich fast alles etwas besser ist,
als im Westen.

champagne

REFRAIN

Jeder weiß, daß die Sonne im Osten erwacht
und um den Westen meistens einen großen Bogen macht°.
Und daß der Wind von Osten meistens etwas frischer weht°,
und daß die Semperoper° nicht in Düsseldorf steht.

***um ... Bogen macht:** makes a wide circle around the West / blows / famous opera house in Dresden*

Daß selbst Martin Luther auch ein Ossi war
und daß im Osten überhaupt alles wunderbar
und eigentlich auch alles etwas besser ist,
als im Westen.

REFRAIN

Musik und Text: Kai Niemann

---

[1] "Im Osten" was published before the spelling reform. Since the reform, **daß** is spelled **dass** and **läßt** is spelled **lässt**.

1. Das Lied ist humoristisch, aber die ostdeutsche Band meint es halbernst. Inwiefern sind die Ostdeutschen nach Meinung der Sänger besser als die Westdeutschen?

   _____

2. Was machen die Ostdeutschen besser?

   _____

3. Was ist im ostdeutschen Alltag „besser"?

   _____

4. Welche Erfindung° soll aus Ostdeutschland kommen?   *invention*

   _____

5. Welche historische Persönlichkeit war „Ostdeutscher"?

   _____

6. Im Refrain liegt eine gewisse Selbstironie. Was sind die selbstironischen Elemente?

   _____

   _____

E. Clara Schumann. Lesen Sie den Text „Clara Schumann (1819–1896)" und den Teil „Vor dem Lesen" im Buch auf den Seiten 110–111 noch einmal durch. Schreiben Sie für jeden folgenden Satz **R,** wenn die Aussage richtig, und **F,** wenn die Aussage falsch ist.

_____ 1. Clara Schumann gab insgesamt nur drei Konzerte.

_____ 2. Robert Schumann lernte Clara kennen, als sie 13 Jahre alt war.

_____ 3. Robert Schumann beschloss Musiker zu werden, als er Clara Klavier spielen hörte.

_____ 4. Clara Schumanns Vater war zuerst gegen eine Heirat zwischen Robert und Clara, weil er dagegen war, dass Robert Schumann Recht studierte.

_____ 5. Die Ehe von Clara und Robert Schumann blieb kinderlos.

_____ 6. Clara Schumann spielte nie die Kompositionen ihres Mannes.

_____ 7. Clara Schumanns Kompositionen wurden schon zu ihren Lebzeiten gespielt.

_____ 8. Mit Clara Schumanns Hilfe bekam der Komponist Brahms eine Stelle am Hofe zu Detmold.

F. Schreiben Sie. Wählen Sie eines der Themen und schreiben Sie auf ein extra Blatt Papier.

1. Welche Rolle spielt Musik in Ihrem Leben? Welche Art von Musik gefällt Ihnen besonders? Warum?

2. Finden Sie es wichtig, dass Kinder lernen sollen ein Musikinstrument zu spielen? Warum (nicht)?

3. Schreiben Sie einen Fanbrief an eine Musikerin/einen Musiker. Erklären Sie, was Ihnen an der Musik, an der Person und an den Auftritten° *stage appearances* besonders gefällt. Wenn Sie wollen, können Sie der Musikerin/dem Musiker auch Vorschläge machen.

4. Verschiedene Leute haben oft einen unterschiedlichen Musikgeschmack°. *taste in music* Denken Sie an Leute, denen eine andere Art von Musik gefällt als Ihnen. Was halten Sie von dieser Musik?

Engelbert Humperdinck **HÄNSEL UND GRETEL**

Thema 6   Die Welt der Arbeit

A. Was meinen Sie? Aus Umfragen weiß man, dass Arzt/Ärztin, Ingenieur/
Ingenieurin, Professor/Professorin, Apotheker/Apothekerin und Rechtsanwalt/
Rechtsanwältin die Berufe sind, die in Deutschland das höchste Ansehen°   *prestige*
haben. Welche Vorteile und Nachteile haben diese Berufe Ihrer Meinung nach?
Benutzen Sie die folgende Skala, um die Berufe zu bewerten°.   *evaluate*

SKALA

1 = ja, fast immer
2 = manchmal
3 = selten
4 = nie

	Arzt/Ärztin	Ingenieur/Ingenieurin	Professor/Professorin	Apotheker/Apothekerin	Rechtsanwalt/Rechtsanwältin	
a. Die Arbeit ist eine Herausforderung°.						*challenge*
b. Die Arbeit bietet Abwechslung°.						*variety*
c. Der Beruf kann viel Freude bringen.						
d. Der Arbeitsplatz ist sicher.						
e. Man hat viel Freizeit.						
f. Man kann gut verdienen.						
g. Man kann unabhängig° arbeiten.						*independently*
h. Man kann beruflich aufsteigen.						

B. Der ideale Job? Würden Sie sich dafür interessieren, Professorin/Professor
zu werden? Geben Sie an, welche Vorteile und welche Nachteile für Sie bei
Ihrer Entscheidung° wichtig sind.   *decision*

Ihre Entscheidung: _____

Vorteile: _____

_____

Nachteile: _____

_____

C. Sprachreisen. Lesen Sie die folgende Anzeige aus der Wochenzeitung *Die Zeit* und beantworten Sie die folgenden Fragen.

ferien mal ganz anders

Wie wär's mit Ferien in Antibes, Eastbourne oder Los Angeles? Gemeinsam mit Jugendlichen die Sprachreise aktiv selbst gestalten° und dabei viel Spaß haben? Für die Leitung° einer der Schülersprachkurse in den Oster-, Pfingst-, Sommer- oder Herbstferien suchen wir

arrange
leadership

Junge engagierte° Englisch- und Französisch-Lehrer/innen (1. und 2. Staatsexamen)

committed

Zusammen mit einheimischen° Kollegen unterrichten und betreuen° Sie die Schüler und gestalten das Freizeitprogramm. Sie möchten in den nächsten Ferien mit dabei sein? Dann schreiben Sie uns oder rufen einfach an:

local / be in charge of

iSt

iSt Internationale Sprach- und Studienreisen GmbH

Stiftsmühle • 69080 Heidelberg
Telefon: 0 62 21/89 00 0
Telefax: 0 62 21/89 00 200
E-Mail: iSt@sprachreisen.de
www.sprachreisen.de

1. Für welche Fremdsprachen sucht die Organisation **iSt** Lehrerinnen und Lehrer?

_____

2. Welche Aufgaben werden die Lehrerinnen und Lehrer haben?

_____

_____

3. Wann finden die Sprachkurse statt?

_____

4. Welche Qualifikation sollen die Lehrerinnen und Lehrer haben und wie sollen sie sein?

_____

5. Wie sollen die Interessenten° mit der Sprachschule in Kontakt treten?

the people who are interested

_____

6. Würde Ihnen so eine Mischung aus Arbeit und Ferien gefallen? Warum (nicht)?

_____

_____

7. Wie sollte Ihrer Meinung nach eine Lehrerin oder ein Lehrer sein? Welche Eigenschaften finden Sie wichtig?

_____

_____

D. Besondere Ausdrücke. Daniel Haffner hat die Anzeige in der *Zeit* gelesen und er interessiert sich für die Stelle. Ergänzen Sie seine Bewerbung mit passenden Ausdrücken aus der folgenden Liste. Die Paraphrasierungen für die Ausdrücke stehen in kursiver Schrift in Klammern. Achten Sie darauf, dass Sie die Ausdrücke in manchen Fällen umformen müssen, so dass sie von ihrer Wortstellung her in den Satz passen.

Ich möchte mich hiermit um diese Stelle bewerben.   [sich bewerben um]

Doch ich konnte während der letzten Jahre bei   [Berufserfahrung sammeln]
   mehreren Sprachschulen Berufserfahrung sammeln.

Ich habe mein Studium mit der Note 2 abgeschlossen.   [Studium abschließen]

Denn ich war bereit dazu auf sie einzugehen°.   [bereit sein zu]   *to give time and attention to someone*

Zurzeit bin ich damit beschäftigt zu lernen, ...   [beschäftigt sein mit]

Daniel Haffner
Gartenstraße 121a
72074 Tübingen

iSt Sprach- und Studienreisen GmbH
Stiftsmühle
69080 Heidelberg

19. März 2006

Sehr geehrte Damen und Herren,

in der *Zeit* vom 15. März habe ich gelesen, dass Sie Englischlehrer suchen und

_____.

(ich schicke Ihnen hiermit meine Bewerbung für diese Stelle zu)

Ich habe an der Universität Tübingen Englisch und Geschichte studiert und im

Sommer 2005 _____

        (habe ich meine Studienzeit erfolgreich beendet)

_____

Leider habe ich noch keine Stelle als Lehrer an einer staatlichen Schule gefunden.

_____

(Doch ich hatte in den letzten Jahren oft die Gelegenheit Fremdsprachenunterricht zu geben.)

_____

Während meines Studienaufenthalts in den USA gab ich amerikanischen

Studenten Deutschunterricht und während der Semesterferien in Tübingen

habe ich immer an einer Sprachschule Deutsch als Fremdsprache unterrichtet.

Seit einem halben Jahr gebe ich zwei Englisch-Konversationskurse an der

Volkshochschule° hier in Tübingen. Auch für die Gestaltung° des Freizeit-   *center for adult education / creation*

programms halte ich mich für qualifiziert, weil ich in meiner Jugend

Skifreizeiten° für Kinder und Jugendliche organisiert habe. Ich hatte immer   *skiing holidays* eine gute Beziehung zu den jungen Leuten, _____

(weil es mir wichtig war ihre Art zu verstehen)

_____

_____,

(Im Moment lese ich viel über das Thema)

wie man Computerprogramme im Sprachunterricht nutzen° kann. Ich denke,   *use*

dass auch dieses Wissen für eine Stelle als Englischlehrer nützlich° wäre.   *useful*

    Meinen Lebenslauf° und Kopien meiner Zeugnisse° lege ich bei und ich   *curriculum vitae / grades*

würde mich freuen bald von Ihnen zu hören.

    Mit freundlichen Grüßen

Daniel Haffner

    (Daniel Haffner)

E.   **Jetzt sind Sie dran.** Schreiben Sie nun ein paar Sätze für eine eigene
Bewerbung. Benutzen Sie drei Ausdrücke aus **Übung D.**

_____

_____

_____

_____

F.   **Arbeiten in Kanada.** Es wird beruflich immer wichtiger, dass deutsche
Studenten Auslandserfahrung° haben. Hier berichtet die Jurastudentin°   *experience in a foreign*
Nina Lüssmann über ihre Zeit in Montreal im Diplomatischen Dienst°.   *country / law student /*
Lesen Sie den Bericht und beantworten Sie die folgenden Fragen.   *Diplomatic Service*

Partys und Paragraphen: Referendarin° in Montreal   *intern*

Auf Nina Lüssmanns Wunschzettel für Weihnachten standen fettreiche°   *rich in oil*
Ringelblumensalbe° und kälteabweisende° Cold Cream ganz oben. „Ich   *marigold salve / guarding*
musste mich doch auf den Winter in Kanada vorbereiten", erzählt die heutige   *against effects of the cold*
Juristin. „Schließlich sind minus 20 Grad doch ziemlich gewöhnungbedürftig°."   *hard to get used to*
Von Hamburg nach Montreal – drei Monate ihrer Referendarzeit° verbrachte   *internship*
sie in der kanadischen Metropole und schnupperte° in den Diplomatischen   *spent time learning the*
Dienst. „Montreal war für mich ideal, weil man dort zweisprachig lebt." Ihr   *ropes*
Plus: Sie konnte nicht nur den TOEFL-Test° für Englisch vorweisen°, sondern   *Test of English as a Foreign*
auch gute Französischkenntnisse°, die sie als au pair in Paris erworben°   *Language / show / facility*
hatte. Die Zusage° kam prompt. In Montreal betreute° sie – für 950 Euro im   *in French / acquired /*
Monat – am deutschen Generalkonsulat Touristen, die ihre Ausweise° verloren   *acceptance / looked*
hatten, beriet° Auslandsdeutsche° in Rechtsfragen°, kümmerte sich° um Visa.   *after / IDs, papers /*
Ausgleich° zum Job: das Leben auf dem Campus. „Vier Unis, das heißt auch   *counseled / German*
massenweise° Unikinos, Studentenpartys, Kultur ... Für Vorlesungen fehlte mir   *immigrants / legal issues /*
die Zeit, ich konnte aber abends Events besuchen, neue Kontakte knüpfen°."   *took care of / to make up*
Auch zu jungen Deutschen, denn für die ist Kanada ein Traumziel°. Man   *for / plenty of / make*
kann an Unis oder berufsorientierten Colleges studieren, es gibt über 180   *dream destination*
Kooperationen mit unseren Hochschulen. So bietet z.B. die FU Berlin ein
Stipendium an der Université de Montreal an.

Nett fand Nina vor allem die Manieren°. „Die Kanadier waren auf altmodische° Art sehr gentlemanlike, zahlten die Rechnung, halfen in den Mantel, hielten die Tür auf° – ganz anders als bei uns ...“ Sie hätte sich trotzdem nicht so schnell heimisch° gefühlt, wenn nicht ihre WG-Mitbewohnerin Isabelle gewesen wäre. „Sie nahm mich überallhin mit, lud mich sogar zu ihren Eltern nach Ottawa ein – wir haben bis heute Kontakt.“ Inzwischen steckt° die Juristin im zweiten Staatsexamen – und hat keine Angst vor der Jobsuche. „So kurz meine Zeit in Montreal war: Ich weiß, dass sich das beruflich auszahlt°.“

manners
old-fashioned
held open
at home

is in the middle of

pays off

1. Woher kommt Nina Lüssmann und was studiert sie?

   _____

2. Wie lange war Nina in Montreal und in welchem Bereich° arbeitete sie? *area*

   _____

3. Warum war gerade Montreal der ideale Ort für sie?

   _____

4. Welche Aufgaben hatte Nina bei ihrem Job?

   _____

5. Was erzählt Nina über das Unileben in Montreal?

   _____

6. Was erfahren Sie über Ninas soziale Kontakte in Montreal?

   _____

7. Wie verbrachte sie ihre Freizeit?

   _____

8. Wie findet Nina die Kanadier?

   _____

9. Was macht Nina jetzt und welche beruflichen Pläne hat sie? Wie sieht sie ihre Berufschancen?

   _____

   _____

10. Welche Austauschmöglichkeiten gibt es für kanadische und deutsche Studenten?

    _____

11. Vor ihrem Aufenthalt° in Kanada wünschte sich Nina Ringelblumensalbe und Cold Cream. Was würden Sie mitnehmen, wenn Sie für drei Monate nach Deutschland kommen würden? *stay*

    _____

    _____

G. Schreiben Sie: Berufe. Wählen Sie eines der drei folgenden Themen und schreiben Sie auf ein extra Blatt Papier. Wenn Sie möchten, können Sie für die ersten beiden Themen die Tabelle von **Übung A** bei der Formulierung° Ihrer Argumente zu Hilfe nehmen.

bei der Formulierung: in formulating

1. Welcher Beruf interessiert Sie besonders? Geben Sie an, welche Vorteile und Nachteile für Sie bei Ihrer Entscheidung wichtig sind.

2. Ihre Tochter oder Ihr Sohn möchte Pilotin/Pilot bei einer Fluggesellschaft werden. Finden Sie diese Berufswahl° gut oder nicht gut? Warum?

choice

3. Auch in Deutschland nimmt die berufliche Mobilität immer mehr zu, das heißt die Leute ziehen wegen ihrer Arbeit immer häufiger um. Was sind mögliche Konsequenzen dieser Mobilität?

Thema 7   Multikulturelle Gesellschaft

A. Essen gehen. Stefan, Mohammed und Anna sind für ein Wochenende in
Köln und sie wollen essen gehen. Sie blättern in einem Kölner Stadtführer°   *city guide*
und finden ein paar Anzeigen von Restaurants. Lesen Sie die Anzeigen und
ergänzen Sie den folgenden Dialog.

AL-ANDALUS

GLADBACHER STR. 16
50672 Köln

Inh. F.Antonio Navarro   Tel.: 02 21/5 10 50 10

Spanische
Spezialitäten
Tapas
Fisch
Steaks
Paella

oshos PLACE

Vegetarisches Restaurant   **Bar-Cafe**
Selfservice mit Stil

Täglich wechselnde internationale Gerichte
Frische Salate an der Salatbar
Hausgemachte Cookies
Kuchen und Desserts   *Partyservice*
Italienische Kaffees

Sonntags Brunchbuffet
Große Nichtraucherzone

Täglich von 8 bis 24 Uhr geöffnet

Venloer Str. 5 - 7 / Köln, Nähe Friesenplatz
Tel.: 0221-574 07 45

Neu!
ab März auch in Köln

Restaurant

Karawane

Arabische
Spezialitäten

täglich ab 12 h • Schwertnergasse 1
gegenüber Oper, neben 4711-Haus
50667 Köln • Tel. 0170 - 28 678 25
www.restaurant-karawane.de

Preiswerte Mittagsmenüs

NATÜRLICH

Wie wär's denn mal zur Abwechslung mit ein paar frischen Sushis?

Wir bieten Ihnen Sushi stets frisch in Spitzenqualität von unseren Köchen für Sie zubereitet. Die Verwendung feinster Zutaten ist für uns selbstverständlich. Natürlich können Sie auch in gewohnter Qualität unsere **Teppan-Spezialitäten** genießen. Es ist ein unvergeßliches Erlebnis, wenn der Koch vor Ihren Augen mit artistischem Geschick Ihre Speisen zubereitet. Ob **Sushi** oder Teppan-Küche, genießen Sie einen unvergeßlichen Abend bei uns!

Wir freuen uns auf Ihren Besuch!

DAITOKAI

Daitokai Restaurant
Kattenburg 2 • am Zeughaus
50667 Köln-Mitte
Tel. 02 21/12 00 48-49
Fax 02 21/13 75 03

JAPANISCH

MOHAMMED: Toll, hier gibt es ja sogar ein Restaurant mit _____

Spezialitäten. Und dann noch gleich hier um die Ecke – gegenüber der Oper.

Das erinnert mich an das tolle Essen bei meinen Großeltern in Tunesien.

ANNA: Ich würde eigentlich gern Fisch essen. Bei dem _____

Restaurant in der Gladbacherstraße gibt es auch noch Steaks, Paella und Tapas.

STEFAN: Ich habe eigentlich noch keinen großen Hunger. Ich möchte eigentlich

lieber etwas Leichtes essen. Im _____ gibt es

_____ Sushi°. Darauf hätte ich große Lust. Und   *das Sushi*

_____ Essen ist meistens nicht so schwer.

MOHAMMED: Rohen Fisch möchtest du essen? Ich weiß nicht so recht. Da ist

mir gekochter oder gebratener Fisch viel lieber.

ANNA: Das wird ja immer komplizierter! Ich schlage vor, wir gehen ins

_____. Dort gibt es verschiedene internationale

Gerichte° und _____ Salate. Da findet jeder von   *dishes*

uns etwas. Außerdem gibt es dort warmes Essen bis

_____. Dann könnten wir vorher noch ins Kino gehen.

STEFAN: Ja gut, das können wir machen. Der Vorteil dort ist, dass es eine große

Nichtraucherzone gibt.

Was meinen Sie? Wo würden Sie essen gehen, wenn Sie Anna, Mohammed
und Stefan wären? Warum?

_____

_____

_____

_____

5. Noch eine Anzeige. Schreiben Sie nun eine Anzeige für ein Restaurant in
Ihrem Wohnort.

┌───┐
│ **Brauchbare Informationen**   │
│ Name • Adresse • Telefon • Öffnungszeiten • Spezialitäten │
│ (z.B. chinesische, deutsche, französische, griechische, italienische, türkische, │
│ vietnamesische, ungarische Küche°)   │   *cuisine*
└───┘

┌───┐
│   │
│   │
│   │
│   │
│   │
│   │
│   │
│   │
└───┘

Name _____   Datum _____

C. Besondere Ausdrücke.
Charlotte arbeitet seit zwei Monaten in Athen und sie schreibt ihrem Freund Stavros in München eine Postkarte. Ergänzen Sie die Postkarte mit passenden Ausdrücken aus der folgenden Liste. Die Paraphrasierungen für die Ausdrücke stehen in kursiver Schrift in Klammern. Achten Sie darauf, dass Sie die Ausdrücke in manchen Fällen umformen müssen, so dass sie von ihrer Wortstellung her in den Satz passen.

Da kommt mir dann oft in den Sinn.   [in den Sinn kommen]
Doch oft bin ich neidisch auf die Touristen.   [neidisch sein auf jemanden]
Ich gewöhne mich so langsam an das heiße Klima. [sich gewöhnen an]
Ich bin begeistert von den Menschen hier.   [begeistert sein von]
Die Leute hier haben viel Geduld.   [Geduld haben mit]
Ich mache mich auf die Suche nach deiner Familie. [sich auf die Suche machen nach
                        jemandem oder etwas]

Lieber Stavros,

viele Grüße aus Athen. Ich arbeite jetzt schon seit zwei Monaten hier und

_____ .
(endlich machen mir die hohen Temperaturen hier nichts mehr aus)

_____ ,
(Manchmal beneide ich allerdings die Besucher)

die hier die Stadt anschauen, während ich in meinem heißen Büro sitze. Die

Stadt ist wunderschön und _____
              (ich finde die Leute sehr nett)

_____ . Auch bei der Arbeit fühle ich mich wohl, nur habe ich

manchmal große Probleme mit der Sprache. Mein Griechisch ist immer noch

nicht sehr gut, doch zum Glück _____
                (sind die Leute sehr geduldig)

_____ . Sie hören mir zu und versuchen zu verstehen,

was ich sage. _____ ,
       (Da denke ich dann oft daran)

dass die Ausländer in Deutschland nicht immer so viel Freundlichkeit

erfahren. Ausländer zu sein ist nämlich wirklich nicht einfach. Da sollte man

dann wenigstens das Gefühl haben, integriert zu sein.

    Übrigens, du wolltest doch, dass _____
                  (ich versuche, deine Verwandten hier zu finden)

_____

Weißt du denn den Vornamen deines Großonkels°? Es gibt nämlich etwa 2000   *great-uncle*

Leute hier in Athen, die mit Nachnamen Theodorakis heißen.

    Viele liebe Grüße und bis bald

    Charlotte

D. Jetzt sind Sie dran. Stellen Sie sich vor, Sie arbeiten in einem anderen Land. Schreiben Sie einer Freundin/einem Freund eine Postkarte. Benutzen Sie drei Ausdrücke aus **Übung C.**

_____

_____

_____

_____

E. „Du nix lesen, du arbeiten, putzen, putzen!" In seiner Kurzgeschichte „Supermarkt" erzählt der tschechische Schriftsteller Jiri Kral in humorigem Ton von den Vorurteilen, auf die Ausländer in Deutschland manchmal treffen. Jiri Kral lebt in Deutschland und er schreibt auch auf Deutsch. Lesen Sie die Geschichte und entscheiden Sie dann, ob die folgenden Aussagen richtig **(R)** oder falsch **(F)** sind.

Supermarkt

Jiri Kral

Es ist 17 Uhr. Unsere Schicht° fängt an. Eigentlich würde es reichen, wenn wir eine halbe Stunde später kämen – wir würden auch so alles schaffen. Na ja, aber wir sind nach Stundenlohn° bezahlt, und so müssen wir hier zwei Stunden verbringen. Unsere Arbeit ist nicht schwer; erst kehren° wir das ganze Geschäft mit Besen, dann putze ich mit der Maschine den Boden zwischen den Regalen, und Hedvika macht den Kassenraum° sauber. Die Maschine ist wirklich gut für so ein Geschäft wie dieses. Wenn man mit ihr richtig arbeitet, geht alles ziemlich schnell. Wir würden das ganze Geschäft sogar in einer Stunde schaffen, wenn es nicht die Wurst- und Obstabteilung° gäbe. Beide Abteilungen können wir aber erst dann anfangen zu putzen, wenn das Geschäft geschlossen ist. Also um halb sieben. Deshalb haben wir noch, bevor wir anfangen, Zeit ein Eis zu essen. Ganz überflüssig° ist meine Frage, ob Hedvika eine Portion will. Natürlich, sogar eine Doppelportion. Ich wähle Zitronen-°, Hedvika Erdbeereis°; wir gehen zur Kasse, um zu zahlen. Dort sitzt Frau Hoffmann, eine wirklich nette Frau. Sie lacht gleich, als sie uns sieht. „Gott sei Dank°, Sie sind schon hier", sagt sie, „immer wenn ich Sie sehe weiß ich, dass es schon zu Ende geht." Ich lache und frage: „Sind Sie heute den ganzen Tag hier gewesen?" Sie nickt wortlos°. „Das kann ich mir beim besten Willen° nicht vorstellen", fahre ich fort°, „dass ich mal in diesem Irrenhaus° den ganzen Tag verbringen müßte." Sie lacht sorglos° und rechnet blitzschnell° den Einkauf einer hinter uns stehenden Kundin° zusammen°.

Sie mag uns, das fühlt man, aber nicht nur sie, glaube ich, alle Verkäuferinnen hier, die übrigens einstimmig° behaupten, dass das Geschäft noch nie so sauber war wie jetzt. Wir genießen langsam unser Eis, und danach gehen wir zurück ins Geschäft und fangen an zu arbeiten. Der Boden ist heute ziemlich sauber, und alles läuft so schnell, dass wir Viertel nach sechs fast fertig sind. Jetzt haben wir eine Viertelstunde Zeit, bevor wir die beiden restlichen° Abteilungen erledigen können.

Wir gehen deshalb in die Zeitungsabteilung, um Magazine anzuschauen und vertiefen° uns in die vielen Hefte. Zuletzt lese ich den letzten Spiegel°, und Hedvika hat irgendein Frauenmagazin. Plötzlich höre ich eine laute Stimme:

„Nix° lesen, putzen, putzen!"

shift

hourly wages

sweep

check-out area

fruit department

unnecessary
lemon
strawberry ice cream

Thank goodness

without saying a word
beim besten Willen: *for the life of me /* **fortfahren:** *to continue / madhouse / carefree / quick as lightning / customer /* **zusammenrechnen:** *to total up*

unanimously

remaining

sich vertiefen: *to become absorbed /* **Spiegel:** *weekly political magazine*

colloquial for **nichts**

Es ist der Leiter° des Geschäfts, ein unbeliebter° Mann, der allen hier das Leben schwer macht. Besonders uns. Er benutzt nur Infinitive, wenn er mit uns spricht – es beleidigt° mich jedesmal, genau so wie sein Benehmen° uns gegenüber. Bis heute habe ich mich immer beherrscht°, aber jetzt weiß ich, dass es zu einem Krach° kommt. Ich frage ihn höflich: „Bitte?", als ob ich nicht gehört hätte.

manager / unpopular

offends / behavior
controlled
fight

„Du nix lesen, du arbeiten, putzen, putzen", wiederholt er. Ich fühle, wie mein Blut tobt°, beiße die Zähne zusammen° und suche in meinem Gedächtnis° nach den besten Worten. Gleichzeitig sehe ich in seinem Gesicht Triumph, man kann seine Gedanken fast lesen: „Jetzt hab ich euch erwischt°." Es vergeht° ein kleiner Moment, und ich sage voll konzentriert und so deutlich° wie ich es kann: „Entschuldigen Sie, aber wie Sie selbst sehen können, sind wir mit allem außer der Wurst- und Obstabteilung fertig. Jetzt warten wir, bis das Geschäft zugeschlossen° wird. Früher können wir dort nicht putzen!"

boils / beiße ...
  zusammen: I clench
  my teeth / memory
caught / goes by
clearly

closed

Überraschung° in seinem Gesicht.

surprise

Dann fällt mir noch etwas ein°, und ich sage ohne nachzudenken: „By the way, if you don't speak German, you can speak English. I understand English."

fällt mir ein: occurs
  to me

_____ 1. Der Ich-Erzähler und Hedvika kommen wahrscheinlich aus Osteuropa und leben in Deutschland.

_____ 2. Die Arbeit im Supermarkt ist für Hedvika und den Ich-Erzähler sehr anstrengend, weil die Putzmaschine nicht gut funktioniert.

_____ 3. Hedvika und der Ich-Erzähler müssen zwei Stunden bleiben, weil sie nach Stunden bezahlt werden.

_____ 4. Weil sie manche Abteilungen erst putzen können, wenn das Geschäft geschlossen ist, haben sie noch Zeit Eis zu essen und Zeitschriften zu lesen.

_____ 5. Frau Hoffmann und die Verkäuferinnen sind ziemlich unfreundlich zu Hedvika und dem Ich-Erzähler und kritisieren, dass die beiden nicht sauber putzen.

_____ 6. Frau Hoffmann möchte bald kündigen°, weil sie die Arbeit an der Kasse schrecklich findet und es kaum aushält, den ganzen Tag da zu sein.

give notice

_____ 7. Den Leiter des Geschäfts findet niemand nett, weil er zu allen Leuten unfreundlich ist und ihnen das Leben schwer macht.

_____ 8. Zwischen dem Ich-Erzähler und dem Leiter des Geschäfts hat es schon häufig° Streit gegeben und der Ich-Erzähler versucht, dieses Mal den Streit zu vermeiden°.

frequently
avoid

_____ 9. Weil der Leiter des Supermarkts automatisch annimmt, dass Ausländer nur wenig Deutsch können, spricht er mit lauter Stimme und in Infinitiven mit dem Ich-Erzähler und Hedvika.

_____ 10. Zum Schluss triumphiert der Ich-Erzähler, weil er dem Geschäftsleiter gezeigt hat, dass er als Ausländer nicht nur perfekt Deutsch, sondern auch noch andere Fremdsprachen spricht.

F. Gegen die Wand. Lesen Sie hier die Zusammenfassung° einer Kritik über Fatih Akins erfolgreichen Film „Gegen die Wand" und beantworten Sie dann die folgenden Fragen.

summary

GEGEN DIE WAND

ORIGINALTITEL:
Gegen die Wand
(D, 2004)

REGIE:
Fatih Akin

DARSTELLER:
Birol Ünel
Sibel Kekilli
Catrin Striebeck

LÄNGE:
121 Min.

Fatih Akin, türkischstämmiger° Regisseur° aus Hamburg-Altona erzählt in seinem vierten Spielfilm die Liebesgeschichte von zwei Deutschtürken. Auf der Berlinale[1] 2004 bekam der Jungregisseur für seinen Film den Goldenen Bären. Der Film trägt den Titel „Gegen die Wand" und so beginnt die Geschichte auch: Cahit (Birol Ünel), häufiger° Gast in den Bars von Hamburg, versucht Selbstmord zu begehen°, indem er betrunken° mit seinem Auto gegen eine Wand fährt. Er kommt in eine psychiatrische Klinik, wo er die 10 Jahre jüngere Deutschtürkin Sibel kennen lernt, die auch versucht hatte, sich das Leben zu nehmen°. Sibel lebt noch bei ihrer türkischen Familie, was nach deren Tradition auch bis zu ihrer Heirat so sein soll. Da Sibel den Fesseln° ihrer Familie entkommen° will, macht sie Cahit einen Vorschlag: Er soll sie heiraten, damit sie ohne ihre Familie ein freies Leben führen kann. Es kommt, wie es kommen muss – die beiden verlieben° sich ineinander.

In „Gegen die Wand" erzählt Fatih Akin eine wahre Geschichte, sozusagen eine Geschichte aus der Nachbarschaft, doch eigentlich benutzt er sie als initiales Moment: Es ist die Liebe zwischen einer, die alles will, und einem, der mit seinem Leben schon abgeschlossen° hatte.

of Turkish origin / director

frequent
Selbstmord begehen: *to commit suicide / drunk*

sich das Leben nehmen: *to take one's own life*
ties
escape

fall in love

had given up

Fr bis Mi 20.00
Fr bis So auch 22.30
S.4

Goldener Bär
54. Internationale
Filmfestspiele
Berlin

GEGEN DIE WAND

Sibel Kekilli und „Gegen die Wand"-Regisseur Fatih Akin.

---

[1] **Berlinale:** Internationales Filmfestival, das jedes Jahr in Berlin stattfindet.

1. Wer ist Fatih Akin? Wo lebt er und wie viele Spielfilme hat er vor „Gegen die Wand" schon gemacht?

   _____

2. Welchen wichtigen Preis hat Akin für diesen Film bekommen?

   _____

3. Wie heißen die beiden Protagonisten?

   _____

4. Was wissen wir über das Leben von Cahit? Von Sibel?

   _____

5. Wo treffen sie sich?

   _____

6. Welchen Vorschlag macht Sibel Cahit?

   _____

7. Was erhofft° sich Sibel davon?   *hopes for*

   _____

8. Was für eine Geschichte erzählt Fatih Akin in „Gegen die Wand"?

   _____

G. Schreiben Sie: Ausländer. Wählen Sie eines der beiden Themen und schreiben Sie auf ein extra Blatt Papier.

   1. Amerika und Kanada sind Einwanderungsländer. Was sollten Emigrantinnen und Emigranten Ihrer Meinung nach tun oder nicht tun, wenn sie nach Amerika oder Kanada kommen?

   2. In manchen amerikanischen Bundesstaaten überlegt man, Englisch zur offiziellen Landessprache zu ernennen°. Finden Sie diese Idee gut oder schlecht? Warum (nicht)?   *announce, appoint*

Thema 8 Jung und Alt

A. Eine Umfrage. Eine deutsche Radiostation hat kürzlich eine Meinungs-
umfrage zum Thema Ausbildung und Arbeitsplätze heute gemacht. Bewerten
Sie die Aussagen der Befragten° mit den folgenden Buchstaben.   *interviewees*

A = Das ist auch meine Meinung.
B = Ich habe keine Meinung zu dieser Aussage.
C = Das ist überhaupt nicht meine Meinung.

_____ 1. Die Menschen müssen sich gegenseitig mehr helfen, der Staat
 kann nicht alle sozialen Probleme lösen°.   *solve*

_____ 2. Ich mache mir oft Sorgen, dass ich später einmal arbeitslos sein
 werde.

_____ 3. Wenn es bessere Ausbildungsplätze und Arbeitsmöglichkeiten für
 junge Leute gäbe, hätten wir nicht so viel Jugendkriminalität.

_____ 4. Ich möchte vor allem viel Geld verdienen, alles andere ist mir bei
 einem Job nicht so wichtig.

_____ 5. Der Staat sollte weniger Arbeitslosengeld geben und die Leute
 zwingen schnell wieder eine neue Arbeit zu finden.

_____ 6. Es gibt zu viele Ausländer, die uns die Jobs wegnehmen.

_____ 7. Ältere Leute sollten früher in den Ruhestand gehen, damit junge
 Leute bessere Berufschancen haben.

_____ 8. Mehr Freizeit ist wichtiger als mehr Geld.

_____ 9. Mein Beruf muss mir Spaß machen. Geld und Freizeit sind nicht
 das Wichtigste im Leben.

_____ 10. Wenn man mal über 60 ist, kann man nichts Neues mehr lernen.

B. Schreiben Sie Ihre eigene Meinung. Nehmen Sie eine Aussage aus **Übung A,**
die Sie mit **A** bewertet haben, und eine, die Sie mit **C** bewertet haben. Erklären
Sie Ihre Meinung und geben Sie Beispiele.

1. Ich habe Aussage Nummer _____ mit A bewertet, weil _____

 _____

 _____

2. Ich habe Aussage Nummer _____ mit C bewertet, weil _____

 _____

 _____

C. Eine Anzeige. Lesen Sie die folgende Anzeige und beantworten Sie die Fragen dazu.

IM RUHESTAND UND FIT?
REISEN SIE GERN?
LERNEN SIE GERN NEUE LEUTE KENNEN?
DANN SIND SIE DIE PERSON, DIE WIR SUCHEN!

ARBEITSMÖGLICHKEITEN FÜR AKTIVE RENTNER°:

❖ Auf kurzen Busreisen nach Prag und Wien Reiseleiter° sein

❖ Bei Spaziergängen hier in Nürnberg Fremdenführer° sein

❖ Am Informationsschalter° am Hauptbahnhof arbeiten

Nachfragen bei: Globetrotter Reisen, Obere Krämersgasse 29, 90403 Nürnberg, (0911) 22 34 79

retirees

travel guide

tourist guide

information booth

---

1. Wer soll auf diese Anzeige antworten? _____

_____

2. Wie sollen die Personen sein, die sich bewerben? _____

_____

3. Was für Jobs können sie machen? _____

_____

4. Wer bietet diese Stellen an? _____

_____

5. Finden Sie, dass solche Jobs eine gute Sache für Rentner sind?

Warum (nicht)? _____

_____

_____

D. Besondere Ausdrücke. Herr Neumann ist 78 Jahre alt und er lebt in einem Altersheim°. Er erzählt einem Bekannten, welches Hobby er im Alter noch entdeckt hat. Ergänzen Sie seinen Bericht mit passenden Ausdrücken aus der folgenden Liste. Die Paraphrasierungen für die Ausdrücke stehen in kursiver Schrift in Klammern. Achten Sie darauf, dass Sie die Ausdrücke in manchen Fällen umformen müssen, so dass sie von ihrer Wortstellung her in den Satz passen.

retirement home

Ich kümmere mich darum.   [sich kümmern um]
Ich bin stolz darauf.   [stolz sein auf]
Ich hatte fast ein bisschen Angst vor diesen   [Angst haben vor]
     neuen Technologien.
Ich schämte mich ein bisschen.   [sich schämen]
Als ich kurz vor meiner Pensionierung°   [vor etwas – z.B. Pensionierung/   *retirement*
     stand ...   Examen ... – stehen]

_____ ,

(In den Jahren, bevor ich in den Ruhestand kam)

wurden Computer und das Internet immer wichtiger. _____

_____

(Ich fürchtete mich beinahe ein bisschen vor diesen Neuerungen)

und ich war froh, dass dieser Bereich° für meine Arbeit nicht so wichtig war.   *area*

Als ich dann aber vor ein paar Jahren sah, wie selbstverständlich° und   *naturally*

souverän mein 10-jähriger Enkel mit dem Computer arbeitete und im Internet

surfte, _____ ,

    (war es mir fast ein bisschen peinlich°)   *embarrassing*

dass ich so gar nichts davon verstand.

    Also begann ich mich damit zu beschäftigen und ich hatte großen Spaß

daran. Nach ein paar Monaten schon konnte ich auch das Internet benutzen

und bekam dadurch Informationen, die ich sonst nicht bekommen hätte.

Inzwischen gibt es im Heim einen Computerraum, wo wir auch Internet-

anschluss haben. _____ ,

    (Meine Aufgabe ist es dafür zu sorgen)

dass wir die passenden Computerprogramme haben und dass die Bewohner

auch lernen sie richtig zu benutzen.

    Viele Bewohnerinnen und Bewohner unseres Heims haben inzwischen

große Freude daran mit Computern zu arbeiten und _____

        (ich bin glücklich darüber)

_____ , dass dieses Interesse und die Möglichkeiten durch

meine Initiative entstanden° sind.   *came about*

E. Jetzt sind Sie dran. Schreiben Sie nun Ihre eigenen Sätze oder einen Absatz über ein Hobby oder eine Tätigkeit, die Ihnen wichtig ist. Benutzen Sie drei Ausdrücke aus **Übung D**.

_____

_____

_____

_____

F. Schreiben Sie: Verschiedene Generationen. Wählen Sie eines der folgenden Themen und schreiben Sie auf ein extra Blatt Papier.

1. Beschreiben Sie eine ältere Person, die in Ihrem Leben eine wichtige Rolle spielt/gespielt hat. Erklären Sie, warum diese Person für Sie wichtig ist/war.

2. Wie möchten Sie Ihr Leben führen, wenn Sie mit dem Studium fertig sind? Würden Sie später gern so leben wie Ihre Eltern? Was würden Sie gleich/anders machen?

3. Manche Leute meinen, dass das Leben früher in Großfamilien auch viele Vorteile hatte. Wie fänden Sie es, wenn in Ihrer Familie drei Generationen unter einem Dach leben würden?

4. Haben Sie schon einmal ehrenamtlich gearbeitet? Wenn nicht, gibt es eine ehrenamtliche Tätigkeit, die Sie interessieren würde?

Thema 9   Stereotypen

A. Ein Amerikaner in Deutschland. Lesen Sie den folgenden Bericht eines amerikanischen Kunststudenten über seine Erfahrungen in Deutschland. Tragen Sie dann in die folgende Tabelle ein, was er zu bestimmten Themen über die Unterschiede zwischen den USA und Deutschland erzählt.

Geschlossene Türen und geselliges° Abhängen°

sociable / hanging out

Philip Simmons (32) aus Pennsylvania studiert Bildhauerei° an der Hochschule der Künste° in Berlin.

sculpture
Art Academy

Schon seit über einem Jahr lebe ich nun in Deutschland. Erst habe ich an der Fachhochschule° Hannover als Meisterschüler° Bildhauerei studiert. Seit zwei Monaten bin ich Gaststudent an der Hochschule der Künste in Berlin. Die meiste Zeit verbringe ich dort im Atelier° meines Professors, wo ich an abstrakten Skulpturen aus Stahl, Aluminium oder Ton° arbeite. Zu Hause, an der Academy of Fine Arts in Pennsylvania standen die Türen der Ateliers immer offen. Viele Professoren und Kommilitonen kamen spontan vorbei, kritisierten meine Arbeit, gaben mir Tipps. So bekam ich immer wieder neue Ideen. Hier werde ich leider nur von einem einzigen Professor betreut°. Und natürlich machen es die geschlossenen Türen und diese förmliche° Siezerei° auch ziemlich schwer, die anderen Leute näher kennen zu lernen.

professional school /
student in a master class
studio
clay

mentored
formal / addressing someone formally

Aber zum Glück wohne ich in einer Wohngemeinschaft° im Prenzlauer Berg°. Da kommt keine Einsamkeit° auf. Denn die Deutschen sind sehr gesellig. Ihre Lieblingsfreizeitbeschäftigung scheint° es zu sein zusammenzusitzen, gemeinsam Kaffee zu trinken oder zu kochen. „Hanging out" heißt das bei uns zu Hause und ist ziemlich selten. Amerikanische Studenten treffen sich meistens, um etwas Konkretes zu unternehmen°: Sport, Kino, Ausflüge. Oder sie sind in verschiedenen Studentenclubs organisiert, in denen sie sich zum Beispiel für wohltätige° Zwecke° einsetzen°, aber auch viel feiern.

people sharing an apartment / trendy area in former East-Berlin / loneliness / scheint ... sein: seems to be

undertake

charitable / purposes / sich einsetzen für: to support somebody's cause

Die deutschen Studenten-Partys gefallen mir. Ich habe schon lange nicht mehr so viel getanzt wie hier. Wären da nur nicht immer wieder Leute, die sich dauernd über die Schrecken der kulturellen Invasion der Vereinigten Staaten auslassen°. Tatsächlich sieht vieles aus wie in den USA: Überall stehen McDonald's, BurgerKing oder Pizza Hut-Restaurants. In den Kinos laufen fast nur amerikanische Actionfilme. Viele tragen GAP-Klamotten° oder Baseball-Kappen. Aber wenn diese Dinge so schrecklich sind, warum kaufen die Deutschen sie dann? Vielleicht beklagen° sich die Deutschen nur, weil sie generell gerne kritisieren. Dieses Bild haben zumindest° einige Amerikaner von den Deutschen im Kopf. Andere Stereotypen über die Deutschen haben sich für mich überhaupt nicht bewahrheitet°. Zum Beispiel die Pünktlichkeit. Der Ruf deutscher Züge ist in den USA legendär, eine Zugverspätung° in Deutschland scheint vollkommen° unmöglich. Ich habe da andere Erfahrungen gemacht: An Weihnachten wollte ich zum Beispiel von Hannover nach Paris fahren. Leider hatte ich über Nacht nur einen Sitzplatz, da mein reservierter Schlafwagen abgehängt° worden war. Schließlich verpasste° ich auch noch einen Anschlusszug° und kam mit zwei Stunden Verspätung an. Überhaupt scheinen die Deutschen nicht so gut organisiert zu sein, wie ich immer dachte. Denn in den Geschäften finde ich nie, was ich

sich auslassen über die Schrecken: to carp at the terrible effects

Klamotten: clothes (coll. or slang)

complain

at least

proved to be well-founded

train delay / completely

disconnected
missed / connecting train

brauche – seien es nun Blindnieten° für meine Skulptur, oder Flickzeug° für mein Fahrrad. Die Verkäufer schicken einen von Geschäft zu Geschäft. Und am Ende ist Ladenschluss°. Bei uns hingegen° ist Einkaufen sehr komfortabel. Selbst in den Läden auf dem Campus gibt es fast alles zu kaufen.

invisible bolts / repair kit

closing time / on the other hand

Thema	in Deutschland	in den USA
Arbeitsatmosphäre an der Uni	*nur ein Professor betreut die Arbeit ...*	*Professoren und andere Studenten*
		kommen spontan vorbei und geben Tipps ...
Freizeitverhalten der Studenten		
Einkaufsmöglichkeiten		
Aussagen/Stereotypen über das andere Land und seine Bewohner	**über die USA / die Amerikaner**	**über Deutschland / die Deutschen**

B. Besondere Ausdrücke. Mr. Brown ist Product Manager bei einer großen amerikanischen Computerfirma und er kommt für zwei Jahre in die deutsche Niederlassung° nach Böblingen. Dort macht er eine überraschende° Beobachtung über das Verhalten der Deutschen am Arbeitsplatz. Heute erzählt er einer Bekannten darüber. Ergänzen Sie seinen Bericht mit passenden Ausdrücken aus der folgenden Liste. Die Paraphrasierungen für die Ausdrücke stehen in kursiver Schrift in Klammern. Achten Sie darauf, dass Sie die Ausdrücke in manchen Fällen umformen müssen, so dass sie von ihrer Wortstellung her in den Satz passen.

branch / surprising

Es kam zum Beispiel vor ...   [vorkommen]

Meine Erfahrungen mit meinen Mitarbeitern   [jemandem entsprechen]
   entsprachen nicht diesem Bild.

Sie versicherte mir ...   [jemandem etwas versichern]

Manchmal zweifelte ich dann an meinen   [an etwas zweifeln]
   Führungsqualitäten°.

leadership qualities

Ich war erstaunt darüber.   [erstaunt sein über]

Ich stand natürlich besonders unter Druck.   [unter Druck stehen]

Ich verband mit Deutschen ein paar ganz   [mit etwas verbinden]
   typische Eigenschaften.

Als ich vor einem Jahr zum ersten Mal nach Deutschland kam, _____

_____ .

(erwartete ich bei den Deutschen einige ganz bestimmte Attribute)

Das waren Pünktlichkeit, Zuverlässigkeit° und ganz besonders Fleiß. Nach   *reliability*

ein paar Wochen musste ich meine Meinung jedoch korrigieren, weil

_____

(meine Erfahrungen mit den anderen Angestellten ganz anders waren)

_____

_____ , dass die Leute eigentlich
(Ich wunderte mich darüber)

selten mehr als 8 oder 9 Stunden arbeiteten. Auch am Wochenende sah ich

fast nie jemanden im Büro. _____ ,
                    (Es passierte sogar manchmal)

dass die Leute auch dann, wenn wir eine strikte Deadline hatten, trotzdem

pünktlich um 5 Uhr nachmittags nach Hause gingen. Das hätte ich mir in Palo

Alto in so einem Fall nicht vorstellen können. Als der neue Abteilungsleiter°   *head of department*

_____

(musste ich meine Sache natürlich besonders gut machen)

Auch die Mutterfirma in Palo Alto wollte gute Ergebnisse° sehen. _____   *results*

_____

(So war ich mir natürlich oft nicht sicher über meine Autorität gegenüber den Angestellten.)

        Übungen zum schriftlichen Ausdruck **Thema 9**   **51**

Also sprach ich mit einer Kollegin aus einer anderen Abteilung und

_____, dass unsere Ergebnisse gut wären.

(sie erklärte mir)

Und so ist es wirklich. Die Leute arbeiten gut und effizient, sehen aber auch

ihre Freizeit und das Wochenende mit Familie und Hobbys als sehr wichtig

an. Heute finde ich diese Einstellung° zur Arbeit eigentlich ganz gesund,   *attitude*

trotzdem war es nicht das, was ich von den Deutschen erwartet hatte.

C. **Jetzt sind Sie dran.** Schreiben Sie nun Ihre eigenen Sätze oder einen Absatz
   darüber, wie Sie die Arbeitsmoral in Ihrem Land beurteilen°. Benutzen Sie   *judge*
   drei Ausdrücke aus **Übung B.**

   _____

   _____

   _____

   _____

D. **Stereotypen über Männer und Frauen.** Lesen Sie die folgenden Stereotypen
   über Frauen und Männer, die man auch heute noch manchmal hört. Schreiben
   Sie hinter jede Aussage, was Sie von diesem Stereotyp halten.

   1. Frauen sind emotionaler als Männer.

      _____

      _____

   2. Frauen sind technisch weniger begabt°.   *talented*

      _____

      _____

   3. Männer sind ehrgeiziger°.   *more ambitious*

      _____

      _____

   4. Frauen können besser zuhören.

      _____

      _____

E. Karikatur° über die Deutschen. Schauen Sie sich die Karikatur an und
beantworten Sie die folgenden Fragen.   *cartoon*

Das war ein Urlaub, sag ich dir!

Im Hotel, in der Bar und am Strand nur Deutsche!

Die ganzen 3 Wochen nur deutsches Essen, deutsches Bier und deutsche Musik!

Sogar die Schuhputzer haben deutsch gesprochen!

Man hat überhaupt nicht gemerkt, daß man im Ausland war.

Da fahren wir nächstes Jahr auf jeden Fall wieder hin!

Erich Rauschenbach

1. Was erzählen der Herr und die Dame über ihren Urlaub?

   _____

   _____

2. Wohin fahren die Dame und der Herr nächstes Jahr in Urlaub? Überrascht
   das den linken Mann im Bild? Warum (nicht)?

   _____

   _____

3. Würde diese Karikatur auch für manche Menschen in Ihrem Land zutreffen°?   *apply*
   Warum (nicht)?

   _____

   _____

F. Sprichwörter°. Die Sprichwörter eines Landes können etwas über die Eigenschaften aussagen, die dort als wichtig gelten. Lesen Sie hier einige deutsche Sprichwörter und ordnen Sie sie den folgenden Erklärungen zu. Schreiben Sie neben jedes Sprichwort den passenden Buchstaben.

proverbs

_____ 1. Andere Länder, andere Sitten°!

customs

_____ 2. Wer im Glashaus sitzt, soll nicht mit Steinen° werfen.

stones

_____ 3. Erst die Arbeit, dann das Spiel!

_____ 4. Wo ein Wille ist, ist auch ein Weg.

_____ 5. Es ist nicht alles Gold, was glänzt°.

glitters

_____ 6. Ordnung ist das halbe Leben!

_____ 7. Wie man sich bettet°, so liegt man.

make your bed

a. Es ist sehr wichtig ordentlich zu sein.
b. Menschen aus verschiedenen Ländern verhalten sich° unterschiedlich.
c. Wenn man etwas wirklich will, kommt man auch zum Ziel.
d. Oft erscheint etwas auf den ersten Blick besser, als es wirklich ist.
e. Wer selbst Probleme hat, sollte andere nicht kritisieren.
f. Erst wenn man seine Pflichten erledigt° hat, soll man sich vergnügen.
g. Wir sind selbst dafür verantwortlich, wie es uns geht.

sich verhalten: conduct themselves

fulfilled

G. Sprichwörter und Stereotypen. Wählen Sie nun zwei Sprichwörter aus, die gängige° Stereotypen über die Deutschen zum Ausdruck bringen. Schreiben Sie die beiden Sprichwörter hier auf und erklären Sie kurz, über welche „typisch" deutsche Eigenschaft sie etwas aussagen.

common

1. _____

_____

2. _____

_____

H. Schreiben Sie. Wählen Sie eines der folgenden Themen aus und schreiben Sie auf ein extra Blatt Papier.

1. Waren Sie schon einmal in einer Situation, wo man ein bestimmtes Bild von Ihnen hatte, das nichts mit Ihnen persönlich zu tun hatte, sondern auf Ihrer Nationalität, Ihrem Geschlecht°, Ihrem sozialen Status, Ihrer Religion ... basierte? Erzählen Sie.

gender

2. Was sind die Vor- und die Nachteile, wenn man vor einem Auslandsaufenthalt° schon bestimmte Erwartungen hat?

stay abroad

3. Eine Bekannte/Ein Bekannter von Ihnen aus Deutschland möchte für ein Jahr an Ihrer Uni studieren. Schreiben Sie ihr/ihm einen Brief, in dem Sie beschreiben, wie die Studentinnen und Studenten bei Ihnen generell sind. Welche fünf typischen Eigenschaften würden Sie nennen? Belegen Sie die Eigenschaften mit Situationen aus dem Alltag, so wie es die beiden Austauschstudenten in Tübingen in ihren Berichten getan haben (siehe *Kaleidoskop* Seite 201 und 202).

Thema 10 Umwelt

A. Autoaufkleber. „Mehr grün!" „Tank bleifrei° – dem Wald zuliebe!"
„Schmetterlinge° sterben aus – Aussterben° ist für immer" „Stoppt die
Atomindustrie – kämpft für das Leben." Solche Autoaufkleber° zum Thema
Umweltschutz sieht man überall in Deutschland. Entwerfen° Sie zwei
Autoaufkleber zu diesem Problem.

Fill up with unleaded!
butterflies / extinction
bumper stickers
design

B. Was nun? Heute hört und liest man viel in deutschsprachigen Ländern über gefährdete° Vogel- und Tierarten°. Lesen Sie die folgende Anzeige aus einer deutschen Zeitung.

endangered / -arten: species

Alle Jahre wieder...

Viele Millionen Zugvögel°aus Nord-, Mittel- und Osteuropa kommen jährlich auf ihrer Reise in den Süden ums Leben!° Die Bedrohung°durch den Menschen kennt keine Grenzen. Diejenigen Vögel, die die Rückreise in den Norden überlebt°haben, finden immer weniger geeignete°Lebensräume vor.° Ihre seit jeher°aufgesuchten°Brut-° und Rastplätze sind verschwunden. Die Liste der vom Aussterben bedrohten Arten ist lang geworden. Viel zu lang!

Helfen Sie mit!
Unterstützen Sie den DBV°bei
nationalen und internationalen
Rettungsaktionen°für Zugvögel.

Bitte senden Sie mir die 16-seitige Farbbroschüre und das Plakat über Zugvögel zu (3,– Euro Rückporto° liegt bei°).

Absender°_____

_____

Naturschutzverband°Deutscher
Bund für Vogelschutz
Am Hofgarten 4
53113 Bonn

Spendenkonto°: Zugvogelschutz
44 990 Sparkasse°Bonn (BLZ 38050000)

Zugvögel migratory birds
kommen ums Leben perish
Bedrohung threat
überlebt survived
geeignet suitable
finden vor find
seit jeher from time immemorial
aufgesucht located
Brutplätze nesting sites

DBV (Deutscher Bund für Vogelschutz) German Association
  for Bird Protection
Rettungsaktionen rescue campaigns
Rückporto return postage
liegt bei is enclosed
Absender sender
Naturschutzverband association for wildlife conservation
Spendenkonto bank account for contributions
Sparkasse savings bank

Sie lesen jetzt fünf Aussagen zum Text. Schreiben Sie **R** (richtig) oder **F** (falsch).

_____ 1. Jedes Jahr sterben viele Vögel auf ihrem Zug° in den Süden.

migration

_____ 2. Es gibt in Nordeuropa immer mehr Rastplätze für Zugvögel.

_____ 3. Es besteht zurzeit keine Gefahr, dass einige Arten von Zugvögeln aussterben.

_____ 4. Es gibt nationale und internationale Organisationen, die sich um das Schicksal der Zugvögel kümmern.

_____ 5. Es ist möglich, weitere Informationen zu diesem Thema vom DBV zu bestellen.

C. Besondere Ausdrücke. Lisa und ihr Bruder Christian sitzen beim Frühstück und lesen Zeitung. Christian ärgert sich über einen Artikel in der Zeitung, der über Umweltprobleme berichtet. Lisa und Christian beginnen eine Diskussion über das Thema Umweltbewusstsein°. Ergänzen Sie das Gespräch mit passenden Ausdrücken aus der folgenden Liste. Die Paraphrasierungen für die Ausdrücke stehen in kursiver Schrift in Klammern. Achten Sie darauf, dass Sie die Ausdrücke in manchen Fällen umformen müssen, so dass sie von ihrer Wortstellung her in den Satz passen.   *environmental awareness*

Wissenschaftler warnen davor.	[vor etwas warnen]
Man muss die Leute zu mehr Umweltbewusstsein erziehen.	[jemanden zu etwas erziehen]
Man unternimmt etwas dagegen.	[etwas gegen etwas unternehmen]
Es geht niemanden etwas an.	[jemanden etwas angehen]
Man kann es doch nicht nur dem Staat überlassen.	[jemandem etwas überlassen]
Wir müssen auch an die kommenden Generationen denken.	[an etwas denken]

CHRISTIAN: Irgendwie geht es mir auf die Nerven, immer diese negativen

Artikel! Überall _____,
            (liest man pessimistische wissenschaftliche Artikel darüber)

dass das Ozonloch größer wird, dass Tierarten aussterben und so weiter.

LISA: Na ja, aber doch nur, weil es Fakten sind. Und natürlich wird darüber

berichtet, damit _____.
            (etwas dagegen getan wird)

Jeder Einzelne soll etwas für die Umwelt tun. _____

_____ etwas
(Es kann doch nicht nur die Aufgabe der Politik sein)

gegen die Umweltverschmutzung zu tun.

CHRISTIAN: _____,
            (Es ist doch aber nur meine Sache)

ob ich meinen Müll recycle oder nicht. Ich habe gehört, dass es in der

Schweiz sogar so eine Art Müllpolizei gibt, die in den Müll der Leute

schaut und prüft, ob alles im richtigen Müllcontainer ist. Wenn das nicht

der Fall ist, müssen Sie eine Strafe° bezahlen. Das ist doch absurd!   *fine*

LISA: Ja, das finde ich auch ein bisschen übertrieben°. Aber ich finde es schon   *overdone*

richtig, dass es Umweltgesetze gibt. _____

_____
(Die Menschen müssen dazu gebracht werden mehr Interesse an der Umwelt zu zeigen.)

Freiwillig° tun sie das nicht. Ich finde wirklich, _____   *voluntarily*

_____
(man sollte sich auch um die Menschen, die nach uns kommen, sorgen)

Unsere Kinder und Enkel sollen doch auch in einer halbwegs intakten Welt leben.

CHRISTIAN: Ja, ja, du hast ja Recht. Und trotzdem stört es mich überall nur diese negativen Dinge zu lesen. Man kann ja versuchen die Umwelt zu schützen und trotzdem optimistisch zu sein, findest du nicht?

D. Jetzt sind Sie dran. Schreiben Sie nun Ihre eigenen Sätze oder einen Absatz zum Thema Umweltbewusstsein. Benutzen Sie drei Ausdrücke aus **Übung C.**

_____

_____

_____

_____

_____

E. Recycling. Lesen Sie den Text über die Ideen des Projekts Zukunft der Universität Bayreuth und setzen Sie dann für jede Frage die passende Antwort ein.

Recycling: Abschied von der Wegwerfgesellschaft°? – Neue Entwicklungen im Recycling.

throw-away society

Abfall ist eine „Erfindung" der Industriegesellschaft. Denn früher wurden die Reste des täglichen Lebens kompostiert° oder wieder verwendet°. Zu einer solchen Kreislaufwirtschaft° zurückzukehren, das ist eine der großen Herausforderungen° für die moderne Industriegesellschaft. Auch Autos oder moderne Elektrogeräte wie Waschmaschinen müssen nämlich nicht weggeworfen werden: Sie lassen sich – fast vollständig° – wieder verwerten°. Forscher° testen, wie Autos und Waschmaschinen zum Teil automatisch wieder auseinander genommen werden können. Ingenieure berücksichtigen° schon bei der Entwicklung, was aus ihren Produkten werden soll und entwickeln komplette Demontageanlagen°. So wird Abfall wieder wertvoll. Gleichzeitig rückt das Ende der modernen Wegwerfgesellschaft näher°.

composted / re-used
economy based on reusing materials / challenges

completely / make use of
researchers
take into account

dismantling-facilities
***rückt näher:** is coming closer*

_____ 1. Wie wird „Abfall" im Text genannt?

_____ 2. Was wurde früher mit Abfallprodukten gemacht?

_____ 3. Was ist die Idee des „Projekts Zukunft"? Welche Produkte sollen zum Beispiel wieder verwendet werden?

_____ 4. Welche Erfindungen und Einrichtungen° sind dazu nötig?

facilities

_____ 5. Was ist die große Herausforderung der Industriegesellschaft?

a. Die Idee ist es zu einer Kreislaufwirtschaft zurückzukehren. Zum Beispiel Produkte wie Autos und Waschmaschinen sollen nicht weggeworfen, sondern wieder verwertet werden.

b. Im Text wird Abfall „eine Erfindung der Industriegesellschaft" genannt.

c. Die Ingenieure müssen schon bei der Entwicklung überlegen, was aus den Produkten werden soll und es werden komplette Demontageanlagen gebraucht.

d. Früher wurden die Reste des täglichen Lebens kompostiert oder wieder verwendet.

e. Abfall soll wieder wertvoll werden. Alle Produkte sollen so weit wie möglich wieder verwertet werden und damit soll das Ende der Wegwerfgesellschaft näher rücken.

Wie finden Sie diese Idee? Denken Sie, sie ist realistisch? Was sind die Vorteile? Was könnten die Nachteile sein?

_____

_____

_____

F. Umweltschutz. Die Bundesregierung hat eine Broschüre zum Thema Umweltschutz herausgegeben°. Hier sehen Sie eine Liste von sechs Tatsachen und Tipps aus der Broschüre und eine Liste von Kapiteltiteln. Verbinden Sie die Tatsachen und Tipps mit den passenden Kapiteltiteln, indem Sie die richtigen Nummern neben die Titel schreiben.

published

Tatsachen und Tipps

1. Alte Zeitungen, Küchenabfälle, leere Flaschen – 38 Millionen Tonnen jährlich in Deutschland. Man könnte damit eine Million Eisenbahn-waggons füllen.

2. Lassen Sie jedes Jahr Ihre Kamine° kontrollieren. Fachleute dafür sind die Schornsteinfeger°, zu deren Pflichten die regelmäßige Überprüfung° der Immissionen gehört.

   chimneys
   chimney sweeps / testing

3. In Deutschland werden jährlich etwa 45 Millionen Stück Quecksilber-batterien verbraucht. Wenn man die verbrauchten Batterien zurückgibt, dient man dem Schutz der Umwelt vor dem giftigen° Schwermetall.

   poisonous

4. Viel umweltfreundlicher ist der gute alte Handmäher°. *(Passt zu zwei Kapiteltiteln.)*

   push (lawn) mower

5. Die privaten Haushalte verbrauchen im Jahr drei Millionen Tonnen Glas.

6. Wenn wir unser Auto auf der Straße waschen, können Schmutz und Waschmittel° in den Boden eindringen°. In vielen Gemeinden° ist das Autowaschen auf der Straße deshalb verboten. *(Passt zu zwei Kapiteltiteln.)*

   cleaning compounds /
   permeate / communities

Tatsachen/Tipps	Kapiteltitel
_____ _____	a. „Wie Sie mithelfen können die Luft sauber zu halten."
_____ _____	b. „Wie Sie mithelfen können Wasser zu sparen und sauber zu halten."
_____ _____	c. „Wie Sie mithelfen können den Boden zu schützen."
_____ _____	d. „Wie Sie mithelfen können den Abfallberg kleiner zu halten."
_____ _____	e. „Wie Sie mithelfen können den Lärm einzuschränken°."

reduce

G. Sie sind Umweltexpertin/Umweltexperte. Wählen Sie drei Umweltkategorien aus der Liste von Titeln in **Übung F** (z.B. „die Luft sauber halten"), und schreiben Sie praktische Tipps für eine Umweltbroschüre.

Nützliche Vokabeln

SUBSTANTIVE	VERBEN	ANDERE WÖRTER
das Altglas	pflanzen	gefährlich
das Altmetall	sparen	umweltfreundlich
das Altpapier	verbrauchen	
das Altöl	vermeiden	
Bäume und Sträucher trees and bushes	verschwenden	
	wegwerfen	
die Fahrgemeinschaft carpool	wieder verwenden to recycle	
die Getränkedosen		
das Katalysatorauto car with catalytic converter		
die Mehrwegflasche		
die Pfandflasche bottle with deposit		
das Recycling		
die Umweltsorge		

Sehen Sie sich auch die Texte in Ihrem Buch noch einmal an.

1. Kategorie: _____

   Ihr Umwelttipp: _____

2. Kategorie: _____

   Ihr Umwelttipp: _____

3. Kategorie: _____

   Ihr Umwelttipp: _____

H. Schreiben Sie: Was machen Sie für den Umweltschutz? Wählen Sie eines der beiden folgenden Themen und schreiben Sie auf ein extra Blatt Papier.

1. Was machen Sie persönlich, um die Umwelt zu schützen?

2. Sie studieren für ein Jahr an einer Universität in Deutschland, Österreich oder der Schweiz und Sie stellen fest, dass es hier ganz ähnliche Umweltprobleme gibt wie in Ihrer Stadt zu Hause. Sie schreiben einen Leserbrief an eine Tageszeitung und erklären das Problem und was man Ihrer Meinung nach dagegen tun könnte. Für einen Leserbrief brauchen Sie keine Anrede und Sie müssen am Ende nur Ihren Namen daruntersetzen.

Übungen zur Grammatik

Kapitel 1

A. Das Basketballspiel. Herr Meier ist Sportreporter und er berichtet im Radio über ein Basketballspiel. Schreiben Sie seinen Bericht, indem Sie aus den folgenden Stichwörtern° ganze Sätze machen[1].   *cues*

▷ Das Spiel / dauern / schon fast zwei Stunden
Das Spiel dauert schon fast zwei Stunden.

1. die Spieler / werden / so langsam müde

   _____

2. jetzt / Müller / laufen / mit dem Ball zum Korb°   *basket*

   _____

3. er / wollen / werfen / aus zehn Meter Entfernung°   *distance*

   _____

4. doch / Müller / werden / nervös // und / der Ball / fallen / zu Boden

   _____

5. nun / Kühner / nehmen / den Ball

   _____

6. er / werfen

   _____

7. er / treffen / den Korb

   _____

8. jetzt / der Ball / müssen / fallen / nur noch durchs Netz

   _____

9. Ja! das Spiel / sein / vorbei. 86:84° für das Kölner Team!   *read: 86 zu 84*

   _____

---
[1] Double slash marks (//) in the cues throughout this book indicate the start of a new clause.

Übungen zur Grammatik **Kapitel 1**   63

B. Volleyball-Club. Sie studieren für ein Jahr in Köln. Da Sie ein begeisterter Volleyballspieler sind, besuchen Sie den Volleyball-Club der Universität Köln. Sie kommen mit dem Trainer – er heißt Markus und ist auch Student – ins Gespräch.

Sie fragen Markus:

1. Wie lange ___*wohnst du*___ schon in Köln? *(have you been living)*

   _____ *([for] two years)*

2. Wie lange _____ schon als Trainer im Volleyball-Club? *(have you been working)*

   _____ *(since March)*

3. Wie lange _____ schon Volleyball? *(have you been playing)*

   _____ *([for] ten years)*

Markus fragt Sie:

4. Wie lange _____ schon an der Uni? *(have you been)*

   _____

5. Wie lange _____ schon Deutsch? *(have you been studying)*

   _____

C. Beim Wildwasserrafting. Sara, Daniel und Leon machen Abenteuerurlaub° in der Schweiz. Heute wollen Sara und Daniel eine Wildwasserrafting-Tour auf dem Inn machen. Leon ist krank und kann deshalb nicht mitkommen, doch er als erfahrener° Rafter gibt den anderen Tipps. Bilden Sie aus den folgenden Sätzen Imperativsätze mit dem Wort **bitte**, wie im Beispiel.

    adventure vacation

    experienced

▷ Sara und Daniel, ihr sollt diese Rafting-Broschüre durchlesen.
   Lest bitte diese Rafting-Broschüre durch!

1. Sara, du sollst deine gute Sonnencreme mitnehmen.

   _____

2. Sara und Daniel, ihr müsst auf jeden Fall Helme aufsetzen.

   _____

3. Sara, du kannst doch statt deiner alten Schwimmweste meine neue tragen.

   _____

4. Sara und Daniel, ihr sollt heute ein gesundes und leichtes Frühstück essen.

   _____

5. Daniel und Sara, ihr sollt keine riskanten Manöver machen.

   _____

6. Daniel, du sollst deinen Camcorder mitnehmen.

   _____

D. Touristen in Bremen. Sie und Ihr Freund Jake sind für zwei Tage in Bremen, um die Stadt kennen zu lernen. Übersetzen Sie die englischen Modalverben in Klammern ins Deutsche. Vergessen Sie nicht in (8) und (10) die Negation **nicht** einzusetzen.

SIE: Was (1) _____*sollen*_____ wir zuerst machen? *(should)*

JAKE: Ich (2) _____ mir das schöne Rathaus anschauen.

(would like)

Du (3) _____ doch auch in den Ratskeller gehen,

nicht? *(want)*

SIE: Ja, klar. Und danach (4) _____ wir einen Spaziergang

durch das Schnoorviertel° machen. *(can)*   name of Bremen's oldest
                                                             quarter

Übrigens, wenn du Obsttorte (5) _____,

(6) _____ wir in die Schnoorkonditorei. *(like / must)*

Die ist bekannt für ihre tollen Kuchen und Torten.

JAKE: (7) _____ wir machen! *(can)*

Aber wir (8) _____ _____ zu lange

dort bleiben, denn ich (9) _____ unbedingt° die   absolutely

Museen und Geschäfte in der Böttcherstraße auch noch besuchen.

(mustn't / want)

SIE: Wir (10) _____ uns doch _____

beeilen! *(don't have to)*

Wir sind doch morgen noch den ganzen Tag hier.

Das Schnoorviertel in Bremen

E. Im Zug nach Oldenburg. Julia und Nadine fahren mit dem Zug von Bremen nach Oldenburg und sie unterhalten sich miteinander. Bilden Sie aus den Stichwörtern ganze Sätze, so dass daraus ein Gespräch wird.

▷ JULIA: einsteigen / schnell / ! *Steig schnell ein!*
Zug / abfahren / bald *Der Zug fährt bald ab.*

1. JULIA: und / zumachen / bitte / Tür / !

   _____

2. NADINE: Julia, / aufmachen / bitte / Fenster / !

   _____

3. JULIA: dann / ich / müssen / anziehen / meinen Mantel

   _____

4. NADINE: abholen / dein Bruder / uns / ?

   _____

5. JULIA: wir / sollen / anrufen / ihn // wenn / wir / ankommen / in Oldenburg

   _____

6. NADINE: wann / ankommen / Zug / ?

   _____

7. JULIA: ich / annehmen // in dreißig Minuten

   _____

F. Vierte Kölner Theaternacht. Julie und ihre jüngere Schwester Clara wollen heute zur Kölner Theaternacht gehen und sie überlegen sich, wie sie dorthin kommen sollen. Ergänzen Sie ihr Gespräch mit der passenden Form von **lassen**.

JULIE: Bist du endlich fertig, Clara? (1) _____lass_____ uns gehen.

CLARA: Ja, gleich, ich suche noch meine warme Jacke.

   (2) _____Lässt_____ du mich heute fahren?

JULIE: Hmmm, bei Dunkelheit möchte ich dich nicht so gern fahren

   (3) _____lassen_____. Du hast doch erst so kurz den Führerschein.

   Und Parken ist sowieso immer ein Problem. (4) _____Lasst_____

   uns doch mit der S-Bahn fahren.

CLARA: Nachts um vier, wenn die Vorstellungen° vorbei sind, fährt keine   *performances*

   S-Bahn mehr hierher. Aber wir könnten uns von deinem Freund

   Daniel abholen (5) _____lassen_____, nicht? Du sagst immer, er ist

   immer lange wach. Der (6) _____lasst_____ sich sicher gern

   überreden, wenn du ihn nett bittest.

JULIE: Na gut, (7) _____lass_____ mich ihn fragen. Gib mir bitte

   dein Handy.

G. Reise nach Deutschland. Rolf möchte von Ihnen die Details der Studentenreise nach Deutschland erfahren. Beantworten Sie seine Fragen im Futur.

▷ Fliegt die Gruppe zuerst nach Frankfurt?
Ja, die Gruppe wird zuerst nach Frankfurt fliegen.

1. Übernachten° alle im Hotel Atlantik?   *stay overnight*

_____

2. Fährt die Gruppe dann mit dem Bus nach Köln?

_____

3. Ihr besucht den Kölner Dom, nicht?

_____

4. Dann reist ihr nach München, nicht?

_____

5. Die Gruppe bleibt sicher lange in München, nicht?

_____

6. Einige fahren dann wohl weiter nach Leipzig?

_____

7. Das Wetter zu dieser Jahreszeit ist sicher schön, nicht?

_____

H. Partygäste. Michael, Andreas und Susanne geben eine Party. Andreas ist ein bisschen nervös und er stellt seinen Freunden alle möglichen Fragen. Die antworten ihm, indem sie Vermutungen anstellen°. Formulieren Sie die Antworten mit den Stichwörtern in Klammern. Benutzen Sie dabei Futur und **wohl**.

Vermutungen anstellen: *to speculate*

▷ Wann kommen die anderen Gäste? (bald)
Sie werden wohl bald kommen.

1. Mit wem kommt Claudia zur Party? (Thomas)

_____

2. Was bringt sie mit? (einen Kuchen)

_____

3. Wer macht Musik? (Paul und Anja)

_____

4. Worüber diskutieren Lena und Klaus schon wieder? (Politik)

_____

5. Wer sorgt für° Stimmung? (Toms Freunde)   *sorgt für: provides*

_____

I. Komm doch mit! Christina möchte heute Nachmittag mit ein paar Freunden
ins Freibad° gehen. Sie fragt Stefan, ob er auch mitkommen möchte. Über-   *outdoor swimming pool*
setzen Sie ihr Gespräch ins Deutsche. Benutzen Sie entweder Präsens, Futur
oder Futur und **wohl,** um eine Vermutung auszudrücken.

▷ CHRISTINA: I'll probably go to the outdoor swimming pool this afternoon.
             Ich werde heute Nachmittag wohl ins Freibad gehen.

1. CHRISTINA: Do you want to come along?

_____

2. STEFAN: Hmmm. It'll surely rain this afternoon.

_____

3. And Frank will probably visit me later.

_____

4. Besides, I am going to the gym° tonight.   *das Fitnesscenter*

_____

5. CHRISTINA: But Anja is probably at the pool already.

_____

6. She'll be disappointed° if you don't come.   *use traurig*

_____

7. STEFAN: I'll probably see her next week.

_____

8. On Thursday, we're going to play tennis together.

_____

J. Pläne. Anna und ihre Freunde sprechen über ihre Pläne fürs Wochenende. Beantworten Sie die folgenden Fragen im Präsens oder im Futur. Seien Sie kreativ. Die folgenden Verben sollen Ihnen dabei helfen. Benutzen Sie diese Verben oder auch andere Verben Ihrer Wahl.

arbeiten	fernsehen	Schach/Tennis/
besuchen	frühstücken	Volleyball spielen
bleiben	gehen	Rad fahren
einkaufen gehen	Inlineskating gehen	reparieren
einladen	laufen	schreiben
essen (gehen)	lesen	*modal verbs*
fahren	putzen	

1. Anna, was hast du denn vor?

    –_____

    _____

2. Andreas und Evi, was wollt ihr machen?

    –_____

    _____

3. Monika, weißt du, was Alexander morgen Nachmittag macht?

    –_____

    _____

4. Robert, musst du das ganze Wochenende arbeiten?

    –Nein, _____

    _____

Kapitel 2

A. Stromausfall°. Sebastian beschreibt einen Tag, als der Strom ausfiel und er   *power failure*
seine Zeit ganz anders als sonst verbringen musste. Ergänzen Sie seinen
Bericht mit den passenden Verben im Präteritum. Benutzen Sie im letzten Satz
die Präsensform **(P).** Es gibt auch Lücken für trennbare Vorsilben.

kommen	setzen	wollen
machen	surfen	
schreiben	verbringen	

Als ich einmal vor ein paar Monaten aus der Schule (1) _____*kam*_____,

(2) _____ ich mich wie jeden Nachmittag sofort vor meinen

Computer. Nachmittags (3) _____ ich eigentlich immer so

etwa drei bis vier Stunden vor dem Computer. Ich (4) _____

immer erst ein paar E-Mails, (5) _____ ein oder zwei

Computerspiele und (6) _____ dann im Internet. An diesem

Tag (7) _____ ich noch ein Computerspiel runterladen.

ausgehen	denken	sollen
bemerken	geben	wissen

Plötzlich (8) _____ der Computer _____ und

ich (9) _____ schon, dass etwas kaputt wäre. Aber dann

(10) _____ ich, dass auch das Licht ausgegangen war. Ach ja,

jetzt (11) _____ ich es wieder. Heute (12) _____

es ja von 14 bis 18 Uhr keinen Strom wegen irgendwelcher Reparaturen an den

Stromleitungen°. Was (13) _____ ich denn jetzt nur machen?   *power lines*

geneißen   lesen   sein
haben   liegen
können   nehmen

Fernsehen (14) _____ ich natürlich auch nicht. Also

(15) _____ ich den Roman zur Hand, der seit Wochen

auf meinem Nachttisch (16) _____. Und so

(17) _____ ich den ganzen Nachmittag in meinem Buch und

ich (18) _____ es sehr. Es (19) _____ so ruhig

und gemütlich und ich (20) _____ am Abend nicht diese

Unruhe in mir. Seitdem finde ich es eigentlich toll, auch immer mal wieder

etwas zu machen, das nicht mit Telefonieren, Computer oder Fernsehen zu

tun hat!

B. Fast verpasst°! Alexander, Julia und Laura haben sich seit Monaten nicht   *missed*
mehr gesehen, deshalb fahren Alexander und Julia mit dem Zug von
Hamburg nach Lübeck, um Laura zu treffen. Verbinden Sie die Sätze auf der
linken Seite mit den passenden Sätzen auf der rechten Seite. Verwenden Sie
dabei die Konjunktion **aber**. Setzen Sie die Modalverben in der linken Spalte°   *column*
ins Präteritum und die Verben in der rechten Spalte ins Plusquamperfekt so
wie im Beispiel.

▷ Wir wollen uns um zehn am Holstentor° treffen. Laura kommt nicht.   *famous archway in*
    Wir wollten uns um zehn am Holstentor treffen, aber Laura war nicht gekommen.   *Lübeck*

1. Ich will sie anrufen.   Ich nehme mein Handy nicht mit.
2. Wir wollen sie von einer Telefonzelle   Wir kaufen keine neue Telefonkarte.
    aus anrufen.
3. Wir wollen Laura zu Hause abholen.   Wir vergessen ihre genaue Adresse.
4. Ich kann mich doch wieder an Lauras   Laura geht schon aus dem Haus.
    Adresse erinnern.
5. Wir wollen schon wieder nach Hause   Der Zug nach Hamburg fuhr gerade ab.
    fahren.
    Da kam Laura den Bahnsteig entlanggerannt und rief: Da seid ihr ja endlich!
    Wurde aber auch höchste Zeit! Ich warte schon seit einer Stunde auf euch.

Das Holstentor in Lübeck

1. _____

_____

2. _____

_____

3. _____

_____

4. _____

_____

5. _____

_____

C. Als Computerexperte in Deutschland. Raj Shahivi kommt aus Indien und arbeitet als Computerexperte bei einer deutschen Firma. Nach ein paar Wochen schreibt er an seinen Freund Shamir in London. Bilden Sie aus den Stichwörtern ganze Sätze und benutzen Sie dabei die Zeiten in Klammern.

1. ich / wollen / schreiben / früher (*simple past*)

2. aber / es / passieren / so viel (*present perfect*)

3. die letzten Wochen / sein / anstrengend (*simple past*)

4. endlich / ich / finden / eine Wohnung (*present perfect*)

5. zum Glück / mein Chef / helfen / mir (*past perfect*)

6. gestern / ich / wollen / besuchen / deinen Freund Shiv (*simple past*)

7. aber / er / verlassen / schon / Deutschland (*past perfect*)

8. du / hören / von ihm? (*present perfect*)

1. *Ich wollte früher schreiben.* _____

2. _____

3. _____

4. _____

5. _____

6. _____

7. _____

8. _____

D. Gespräche beim Frühstück. Sophia, Marie, Alexander, Kathrin und Leon wohnen im Studentenwohnheim. Seit ein paar Tagen haben sie einen neuen Mitbewohner°. Als sie sich morgens beim Frühstück in der Küche treffen, sprechen sie über ihn. Ergänzen Sie die Gespräche, indem Sie aus den Stichwörtern ganze Sätze im Perfekt bilden.

fellow occupant

▷ ALEXANDER: Hallo, Marie!
ich / sehen / kommen / dich / gar nicht
Ich habe dich gar nicht kommen sehen.
(I didn't see you coming at all.)

SOPHIA: Wie heißt eigentlich unser neuer Mitbewohner? Ich habe ihn noch gar nicht getroffen!

MARIE: Er heißt Tim. Und ich glaube, er ist ein echter Nachtmensch°.

night owl

ALEXANDER: Das stimmt. (1) Ich / hören / Gitarre spielen / ihn / die ganze Nacht

_____

(I heard him playing the guitar all night.)

LEON: (2) ich / hören / duschen / ihn / gestern Nacht um vier

_____

(I heard him taking a shower last night at four o'clock.)

KATHRIN: Komisch. (3) ich / sehen / weggehen / ihn / heute Morgen um sieben

_____

(I saw him leave this morning at seven.)

SOPHIA: Der braucht wohl gar keinen Schlaf!

Es klopft an der Tür. Tim kommt herein.

TIM: Hallo, ich bin Tim. Ich wohne seit letzter Woche in Zimmer 204. (4) ich / hören / sprechen / euch. Frühstückt ihr oft zusammen?

_____

(I heard you talking.)

LEON: Ja, manchmal. Komm rein, Tim. Möchtest du mit uns frühstücken?

TIM: Ja, gern.

MARIE: Du hast doch noch keinen Briefkastenschlüssel, nicht? (5) ich / lassen / machen / einen Schlüssel / für dich

_____

(I've had a key made for you.)

TIM: Das ist aber nett von dir. Vielen Dank! Wie heißt ihr eigentlich?

E. Im Studentenwohnheim. An diesem Morgen macht Tim in der Küche ein
Foto von seinen neuen Mitbewohnern. Am Wochenende zeigt er es zu Hause
seinem Freund. Tim erzählt Lukas, wie die verschiedenen Personen heißen
und was sie gerade gemacht haben, als er sie fotografiert hat. Er benutzt die
folgenden Wörter:

das Brot	der Teller	lesen	telefonieren	
das Handy	der Tisch	schmieren° [eine Scheibe	tragen	*spread*
der Kaffee	die Zeitung	Brot schmieren/machen]	trinken	
die Schale°		sitzen		*bowl*

_____

_____

_____

_____

_____

_____

F. **So ein Ärger!** Erzählen Sie einer Freundin oder einem Freund von Ihrem Missgeschick° vor Ihrer Deutschprüfung – wie Sie Ihr Buch verloren haben, wie Sie danach gesucht haben, wer Ihnen dabei geholfen hat und was dann passierte. Die folgenden Verben sollen Ihnen eine Hilfe sein, Sie können aber auch Verben Ihrer Wahl benutzen. Verwenden Sie je nach Bedarf° Präteritum, Perfekt oder Plusquamperfekt.

mishap

as appropriate

anrufen	lassen	sprechen	werden
bemerken	laufen	suchen	zurückgehen
bitten	lernen	vergessen	*modal verbs*
fragen	liegen	verlieren	
gehen	passieren	versuchen	

_____

_____

_____

_____

_____

_____

Kapitel 3

A. Reise nach Berlin. Nancy und Patricia studieren für ein Jahr in Salzburg. Jetzt haben sie Semesterferien und sie fliegen nach Berlin, um ihren Freund Alex zu besuchen. Nachdem sie wieder abgereist sind, erzählt Alex seinem Freund Tim von ihrem Besuch. Formulieren Sie ganze Sätze im Imperfekt.

▷ am Wochenende / ich / haben / Besuch von meinen Freundinnen Nancy und Pat
Am Wochenende hatte ich Besuch von meinen Freundinnen Nancy und Pat.

1. am Freitagnachmittag / sie / ankommen / in Berlin-Tegel / um vier Uhr

   _____

2. ich / abholen / sie / mit dem Auto / am Flughafen

   _____

3. am Samstagmorgen / Nancy und Pat / einkaufen gehen

   _____

4. nachmittags / sie / besuchen / ein Museum // und / sie / spazieren gehen

   _____

5. gestern Abend / wir / sprechen / lange / über die Konflikte zwischen Ost- und Westdeutschen

   _____

6. deshalb / sie / wollen / besuchen / unbedingt / ostdeutsche Städte

   _____

7. heute Morgen / Nancy und Pat / weiterfahren / mit dem Zug / um neun / nach Dresden

   _____

B. Am Bahnhof. Nancy und Pat trinken vor ihrer Fahrt nach Dresden noch einen Kaffee im Bahnhofscafé. Dort treffen sie zufällig° ihre Bekannte Nadine aus Salzburg, die gerade mit dem Zug in Berlin angekommen ist. Nadine stellt ihnen alle möglichen Fragen. Verneinen° Sie die Fragen und setzen Sie **nicht** an die richtige Stelle.

by chance

answer in the negative

▷ Habt ihr viel Geld ausgegeben?
Nein, wir haben nicht viel Geld ausgegeben.

1. Seid ihr mit dem Zug nach Berlin gefahren?

   _____

2. Seid ihr seit Mittwoch in Berlin?

   _____

3. Habt ihr im Hotel übernachtet?

_____

4. Ist Berlin sehr teuer?

_____

5. Sind die Berliner reserviert°?   *reserved*

_____

6. Habt ihr im KaDeWe eingekauft?

_____

7. Wart ihr in der East Side Gallery?

_____

8. Seid ihr jeden Abend ausgegangen?

_____

C. **In Dresden.** Nancy erzählt von ihrem Besuch in der Semperoper in Dresden. Suchen Sie sich für jedes Satzpaar eine passende Konjunktion aus der Liste aus und machen Sie aus den zwei Sätzen einen Satz. Achten Sie dabei auf die Wortstellung. Beginnen Sie in den Sätzen 2 und 5 jeweils mit der Konjunktion.

bevor	denn	obwohl	sondern
dass	ob	sobald	während

▷ Es war toll. Wir hatten Karten für die Zauberflöte° bekommen.   *Magic Flute*
Es war toll, dass wir Karten für die Zauberflöte bekommen hatten.

1. Ich war erstaunt. Die Semperoper ist so ein prachtvolles° Gebäude.   *splendid*

_____

2. Die Oper begann. Wir sprachen mit der Frau neben uns.

_____

3. Sie fragte uns. Kommen wir aus England?

_____

4. Ich erzählte ihr. Wir kommen aus Chicago und studieren für ein Jahr in Salzburg.

_____

5. Unsere Plätze waren billig. Wir konnten gut sehen und hören.

_____

6. In der Pause trank ich ein Glas Cola. Pat trank einen Apfelsaft.

_____

7. Danach gingen wir nicht gleich ins Hotel zurück. Wir gingen in eine Kneipe°.   *pub*

_____

8. Wir blieben dort fast bis eins. Wir unterhielten uns lange mit einem Studenten am Nebentisch.

_____

Name _____   Datum _____

D. Kindheitsträume. In der Kneipe sprechen Pat und Nancy mit Jörg, der in Dresden Biologie studiert. Er erzählt ihnen von seinen früheren Plänen und Träumen. Setzen Sie in seinen Bericht **als, wenn** oder **wann** ein.

(1) _____Als_____ ich klein war, wollte ich Berufssportler werden.

Ich weiß nicht mehr, (2) _____ ich angefangen hatte zu

schwimmen. Ich war auf jeden Fall sehr jung, vielleicht drei oder vier.

(3) _____ es klar war, dass ich Talent hatte, kam ich auf eine

spezielle Schule für Kinder, die später Leistungssportler° werden sollten. Dort   *competitive athlete*

musste ich jeden Tag sechs Stunden trainieren, auch (4) _____

ich eine Erkältung hatte oder müde war. Es war sehr hart, doch es war auch

eine große Ehre°, (5) _____ man eine solche Schule besuchen   *honor*

durfte. (6) _____ dann die Mauer fiel, wurde alles anders. Die

neue Regierung gab für solche Sportprogramme nicht mehr so viel Geld aus

und ich kam auf eine ganz normale Schule. (7) _____ ich heute

daran denke, bin ich ein bisschen traurig, dass ich mit dem Training aufgehört

habe. Ich wäre sicher ein guter Leistungssportler geworden.

E. Der letzte Tag in Dresden. Morgen wollen Nancy and Pat weiterreisen. Beenden Sie die Sätze 1 bis 5 jeweils mit dem passenden Satzteil aus der folgenden Liste.

> ich kann an meine Eltern und Freunde schreiben
> die Geschäfte schließen
> es gibt hier so viel anzuschauen
> ich möchte vor dem Abendessen noch duschen
> ich möchte ein paar Souvenirs für meine Freunde kaufen

1. Ich will noch einmal in die Stadt, bevor _____

   _____

2. Obwohl ich nicht viel Geld habe, _____

   _____

3. Ich will ein paar Postkarten kaufen, damit _____

   _____

4. Wir sollten dann um fünf Uhr ins Hotel zurückgehen, denn _____

   _____

5. Ich möchte irgendwann wieder nach Dresden kommen, weil _____

   _____

F. Weiter nach Leipzig. Nancy und Pat planen ihre Weiterreise nach Leipzig. Pat telefoniert mit einem Herrn im Reisebüro. Sie gibt seine Fragen und Kommentare an Nancy weiter. Formulieren Sie die indirekten Fragen. Passen Sie auf, dass Sie dabei das richtige Personalpronomen verwenden.

▷ „Wann wollen Sie in Dresden abfahren?"
Er fragt, wann wir in Dresden abfahren wollen.

1. „Wie lange wollen Sie in Leipzig bleiben?"

   Er fragt, _____

2. „Wollen Sie im Zentrum von Leipzig wohnen?"

   Er fragt, _____

3. „Möchten Sie ein Doppelzimmer mit oder ohne Bad?"

   Er fragt, _____

4. „Ein Zimmer ohne Bad ist viel billiger."

   Er sagt, _____

5. „Soll ich Ihnen Karten für das Leipziger Gewandhausorchester° bestellen?"   *famous orchestra in Leipzig*

   Er fragt, _____

G. Zurück in Salzburg. Heute Abend wollen Nancy und ihr Freund Michael ins bekannte Salzburger Marionettentheater gehen. Verbinden Sie jeweils die beiden Sätze zu einem Satz mit einem Infinitiv wie im Beispiel.

▷ MICHAEL: Willst du ins Marionettentheater gehen? Hast du Lust?
   NANCY: Ja, ich habe Lust *ins Marionettentheater zu gehen.*

1. MICHAEL: Kannst du bitte die Karten bestellen? Wäre das möglich?

   NANCY: Ja, es wäre möglich _____

2. NANCY: Und könntest du die Karten abholen? Hast du Zeit?

   MICHAEL: Ja, ich habe Zeit _____

3. MICHAEL: Sollen wir mit den Fahrrädern fahren? Es wäre einfacher.

   NANCY: Ja, es wäre einfacher _____

4. MICHAEL: Ach, vielleicht doch nicht. Es soll heute Abend regnen. Fahren wir mit dem Bus! Das ist eigentlich bequemer.

   NANCY: Ja, es ist sicher bequemer _____

5. NANCY: Kann man nach dem Stück hinter die Bühne° gehen und die   *stage*
   Marionetten sehen? Geht das wohl?

   MICHAEL: Ja, vielleicht geht es _____

   _____

H. Probleme zwischen Ost- und Westdeutschen. Pats Freundin Nina kommt aus München und sie erklärt, warum es ihrer Meinung nach Konflikte zwischen Ostdeutschen und Westdeutschen gab und immer noch gibt. Verbinden Sie die Sätze mit **um ... zu, ohne ... zu** oder **anstatt ... zu.**

▷ Ich habe in den Semesterferien in Jena gejobbt. Ich wollte das Leben in einer ostdeutschen Stadt kennen lernen.
Ich habe in den Semesterferien in Jena gejobbt, um das Leben in einer ostdeutschen Stadt kennen zu lernen.

1. Nach der Wende kamen viele westdeutsche Führungskräfte° nach Ostdeutschland. Sie arbeiteten in ostdeutschen Betrieben.

    people in managerial positions

_____

_____

2. Sie entschieden oft alle wichtigen Fragen. Sie fragten nicht die ostdeutschen Mitarbeiterinnen und Mitarbeiter.

_____

_____

3. Die Westdeutschen änderten vieles. Sie nutzten nicht die Erfahrung ihrer ostdeutschen Kolleginnen und Kollegen.

_____

_____

4. Manche Ostdeutschen dachten sentimental an „die guten alten DDR-Zeiten". Sie nahmen die neuen Herausforderungen° nicht an.

    challenges

_____

_____

5. Viele Westdeutsche reagierten darauf ärgerlich. Sie verstanden die Situation der Ostdeutschen nicht.

_____

_____

6. Meiner Meinung nach sollten mehr Westdeutsche nach Ostdeutschland reisen. So können sie die Ostdeutschen besser kennen lernen.

_____

_____

I. Schreiben Sie. Sie wollen sich für ein Stipendium an einer Universität in Deutschland, Österreich oder der Schweiz bewerben°. Da für die Auswahl nicht nur die Noten wichtig sind, sollen Sie einen Aufsatz über sich und Ihre Interessen schreiben. Benutzen Sie die folgenden Fragen als Hilfe für Ihren Essay.

apply

> Was war schon immer Ihr Wunsch?
> Was würden Sie besonders schön oder interessant finden?
> Was finden Sie wichtig?
> Was finden Sie schwer?
> Wozu haben Sie immer/nie Zeit?
> Was macht Ihnen Spaß?

_____

_____

_____

_____

_____

_____

Kapitel 4

A. Zimmer frei in WG°. Felix, Philip, Jasmin und Verena studieren an der Uni Köln und wohnen zusammen in einer großen Wohnung in der Stadt. Felix möchte nun ausziehen und die WG sucht einen neuen Mitbewohner. Sie zeigen David, einem Medizinstudenten, die Wohnung. Ergänzen Sie das Gespräch, indem Sie den bestimmten Artikel in der richtigen Form einsetzen. In manchen Fällen steht ein anderes **der-**Wort in Klammern, das Sie einsetzen sollen.

WG = Wohngemein-schaft: people sharing an apartment

JASMIN: So, dann wollen wir dir mal (1) _____*die*_____ Wohnung

zeigen. Hier sind (2) _____ Zimmer. Bei mir sieht es

leider ein bisschen chaotisch aus.

DAVID: (3) _____*Welches*_____ Zimmer wird denn nun frei? (welch-)

FELIX: Hier ist (4) _____ Zimmer. Es ist ein bisschen größer

als die anderen und deshalb auch teurer. (5) _____

Miete ist 300 Euro.

DAVID: Na ja, das geht ja noch. Und es ist schön hell.

(6) _____ Schreibtisch ist auch toll. (Dies-)

Wie ist denn euer WG-Leben so? Kocht ihr zum Beispiel

(7) _____ Abend zusammen? (jed-)

In (8) _____ WGs ist das doch fast ein Muss. (manch-)

VERENA: Oh nein, (9) _____ Regeln° haben wir nicht. (solch-) *rules*

Meistens schaffen wir es höchstens, (10) _____

Wochenende an einem Abend zusammen zu essen. (jed-)

DAVID: Das ist gut. (11) _____ Woche ist bei mir nämlich

ziemlich stressig. Und an (12) _____ Abenden bin

ich oft lange im Labor. Da habe ich keine Lust dauernd zu kochen.

Wie sind eigentlich (13) _____ Nachbarn?

PHILIP: (14) _____ Nachbarn sind auch gleichzeitig° *at the same time*

(15) _____ Vermieter. Aber die sind sehr nett und oft

auch gar nicht da.

DAVID: Das klingt° gut. *sounds*

JASMIN: Komm, dann zeigen wir dir noch schnell (16) _____

Küche und (17) _____ Bad. Ich muss nämlich in ein

paar Minuten an (18) _____ Uni.

B. Hausarbeit. Daniel und sein Freund Alexander sind in einer Kneipe und unterhalten sich. Daniel erzählt Alexander, dass seine Frau Stefanie möchte, dass er mehr im Haushalt macht. Alexander sagt Daniel, was er davon hält. Ergänzen Sie den Dialog mit der Negation **nicht** oder der richtigen Form von **kein**.

DANIEL: Weißt du, ich will (1) _____*kein*_____ Hausmann sein. Ich

habe einfach (2) _____ Lust die Wohnung zu

putzen.

ALEXANDER: Stefanie putzt sicher auch (3) _____ gern, aber

jemand muss es doch machen.

DANIEL: Ja, das stimmt schon. Aber weißt du, ich habe wirklich

(4) _____ Zeit dafür.

ALEXANDER: Ja denkst du, Stefanie hat mehr Zeit? Sie muss genauso viel für

ihre Promotion° tun wie du. Du kochst (5) _____,   *Ph.D.*

du machst (6) _____ Betten, du spülst auch

(7) _____ das Geschirr, du gehst

(8) _____ einkaufen. Das alles macht Stefanie.

Da ist es doch (9) _____ fair, wenn du sagst,

dass du (10) _____ gern putzt! Ich bin erstaunt,

dass Stefanie (11) _____ viel wütender reagiert.

DANIEL: Hmm. Weißt du was, Alex. Am Samstag komme ich bei dir

vorbei. Du kannst mir dann zeigen, wie du das bei dir machst.

C. Wie geht's deiner Familie? Susanne und Andreas haben zusammen studiert. Nach einigen Jahren treffen sie sich wieder und Susanne fragt Andreas, was seine Eltern und Brüder machen. Ergänzen Sie ihr Gespräch mit den richtigen Possessivpronomen in Klammern.

SUSANNE: Arbeiten (1) _____*deine*_____ Eltern denn noch? *(your)*

Oder sind sie schon pensioniert°?   *retired*

ANDREAS: (2) _____ Vater hat immer noch

(3) _____ Fotogeschäft. *(my; his)*

Aber (4) _____ Mutter arbeitet nicht mehr. *(my)*

Sie fand (5) _____ Beruf als Journalistin jetzt

doch zu anstrengend. *(her)*

SUSANNE: Und was machen (6) _____ Brüder? *(your)*

ANDREAS: (7) _____ Bruder Michael hat eine

Anwaltskanzlei°. *(my)*   *law firm*

Und er ist jetzt Vater. (8) _____ Frau hat vor drei

Wochen ein Baby bekommen. *(his)*

Und Klaus hat (9) _____ Job in der Bank

aufgegeben. *(his)*

Er wohnt jetzt in Australien und hat eine kleine Farm.

SUSANNE: Wie schön! Das wollte er doch immer machen.

D. Geburtstagsvorbereitungen.

Herr Talmann feiert heute seinen 80. Geburtstag. Das Fest findet in seinem Haus statt, doch seine Kinder Sigrid, Inge und Dieter haben alles dafür organisiert. Sie sprechen darüber, ob wirklich alles vorbereitet ist. Ergänzen Sie ihr Gespräch mit den richtigen Personalpronomen.

SIGRID: Dieter, hast du den Kuchen schon abgeholt?

DIETER: Ja, ich habe (1) _____ *ihn* _____ schon heute Morgen

abgeholt. Er steht im Keller.

INGE: Onkel Karl und Tante Käthe kommen auch, nicht?

SIGRID: Ich denke schon. Ich habe (2) _____ auf jeden

Fall eingeladen. Was müssen wir noch machen? Ist das

Wohnzimmer sauber?

DIETER: Ja, aber ich muss (3) _____ noch aufräumen.

Sigrid, das Badezimmer ist deine Aufgabe, nicht?

SIGRID: Ja, ich muss (4) _____ noch putzen. Bitte

erinnere° (5) _____ daran.   *remind*

DIETER: Wir müssen noch den Tisch decken.

INGE: Wir sollten (6) _____ erst heute Nachmittag

decken, nicht? Sonst machen die Kinder wieder alles unordentlich.

DIETER: Du hast Recht. Ich gehe jetzt nochmal in die Stadt und kaufe die

Blumen.

INGE: Das ist nicht nötig. Ich habe (7) _____ schon

gekauft. Ruf du aber bitte Onkel Wilhelm an und frag, ob wir

(8) _____ abholen sollen.

Übungen zur Grammatik **Kapitel 4**   **85**

DIETER: Mach ich. Kannst du (9) _____ dann heute

Abend mitbringen?

INGE: Ja, kein Problem. Ruft (10) _____ bitte nachher

an, wann ich Onkel Wilhelm abholen soll.

SIGRID: Ja, wir rufen (11) _____ so gegen vier an.

INGE: Also, tschüss, bis später. Wir sehen uns dann heute Abend.

E. Au-pair-Stelle in Wien. Debbie ist für ein Jahr als **au pair** bei einer Familie in Wien. Sie zeigt Lukas, dem 9-jährigen Jungen der Gastfamilie, ein Foto von ihrer Familie in Arkansas. Ergänzen Sie das Gespräch mit den passenden Demonstrativpronomen.

DEBBIE: Schau mal, meine Eltern haben mir ein Foto geschickt. Das ist

mein Bruder Toni.

LUKAS: (1) _____ *Der* _____ hat aber tolle Inlineskates. Darfst du

(2) _____ auch manchmal benutzen?

DEBBIE: Nein, auf keinen Fall. Mit seinen Inlineskates würde er

niemanden fahren lassen. Und das hier ist meine Schwester Julie.

LUKAS: (3) _____ sieht ja genauso aus wie du. Wie alt ist

sie denn?

DEBBIE: Julie ist 15, aber sie sieht älter aus. Und hier auf der Bank sitzen

meine Großeltern. (4) _____ wohnen eigentlich

in Florida, aber im Sommer besuchen sie uns manchmal.

LUKAS: Euer Haus ist ganz anders als die Häuser hier. Ist

(5) _____ aus Holz?

DEBBIE: Ja, es ist ganz aus Holz.

LUKAS: (6) _____ sieht aber gemütlich aus.

F. **Führerschein°.** Oliver und Andrea wollen bald ihren Führerschein machen   *driver's license*
und sie lernen für die Theorieprüfung. Dabei schauen sie sich verschiedene
Verkehrszeichen an und erklären jeweils, was sie bedeuten. Formulieren Sie
die Erklärungen, indem Sie ein passendes Modalverb und das Pronomen **man**
verwenden.

▷ Hier muss man langsam fahren.

1. _____ (anhalten)

2. _____ (parken)

3. _____ (essen)

4. _____ (kurz halten)

5. _____ (rechts abbiegen)

G. Auf Mallorca. Die spanische Insel Mallorca ist ein sehr beliebtes Reiseziel für deutsche Familien und es gibt dort viele Hotels, die fast nur von deutschen Gästen besucht werden. An der Rezeption des Hotels „Las Arenas" sitzt Herr Manrique, um die vielen Fragen der Hotelgäste zu beantworten. Sein Deutsch ist recht gut, aber nicht perfekt, so dass er oft nachfragen muss. Ergänzen Sie die verschiedenen Dialoge mit der richtigen Form des Stichworts in Klammern und formulieren Sie Herrn Manriques Fragen mit **wer, wen** oder **was**.

▷ Ich kann ___*meinen*___ Zimmerschlüssel nicht mehr finden. (mein)

___*Was*___ können Sie nicht finden?

1. Gibt es hier _____ Bus, der nach Palma fährt? (ein)

   _____ haben Sie gefragt?

2. Meine Tochter ist krank. Wir suchen dringend° _____ Arzt. (ein)   *urgently*

   _____ suchen Sie?

3. Können wir hier _____ Liegestühle mieten? (kein)

   _____ möchten Sie mieten?

4. Die Dame im Reisebüro hat gesagt, dass es im Hotel _____ Fitnessraum gibt. (ein)

   _____ hat das gesagt?

5. Kann ich _____ Hotelmanager sprechen? (der)

   _____ wollen Sie sprechen?

H. Brief an die Freundin. Debbie ist für ein Jahr als **au pair** in Wien. Sie schreibt an ihre Freundin Cindy in Arkansas und erzählt ihr von ihrem Alltag in Wien. Ergänzen Sie die deutsche Version des Briefes, indem Sie im englischen Original die Stichwörter suchen.

Dear Cindy,

This weekend I have finally found the time to write to **you.** How are you? Have you found **an** apartment yet?

Next month I'm coming back to Little Rock and I think I'll miss **my** guest family and **my** life here a lot. Herr and Frau Hansen are very nice. I've been working for **them** now for 11 months and there was**n't a single** moment when I wasn't happy. I like **their** son Lukas especially. He's nine years old and through **him** I have learned a lot about Austria. Without **his** help my German would not have improved as much as it has. Lukas and I are alone here until **next** week. Herr and Frau Hansen are in London on a business trip and they had to travel without **their** son because he doesn't have school vacation at this time. But that's **no** problem. Lukas and I ride our bikes through **the** Prater° **every** day. And **last** week we went into town. We walked along **the** Kohlmarkt — there are great shops there. And in the afternoon we rode our bikes around **the** Danube island°. It was very nice. I do like **this** city and **the** surrounding area a lot. Only **one** more month . . .

Unfortunately I have **no** idea what I'll do when I get back to Little Rock. First I'll probably look for **a** job because I did**n't** save **any** money here. Well, I'll see.

              Fondly,
              Debbie

der Prater: a large amuse-
ment park in Vienna
die Donauinsel

Liebe Cindy,

(1) _____ *Dieses* _____ Wochenende habe ich endlich Zeit, an (2) _____ zu

schreiben. Wie geht es dir? Hast du schon (3) _____ Wohnung gefunden?

(4) _____ Monat komme ich schon wieder nach Little Rock zurück und ich

glaube, dass ich (5) _____ Gastfamilie und (6) _____ Leben hier sehr

vermissen werde. Herr und Frau Hansen sind sehr nett. Ich arbeite nun seit 11 Monaten für

(7) _____ und es gab (8) _____ Moment, wo ich nicht glücklich war.

(9) _____ Sohn Lukas mag ich ganz besonders. Er ist neun Jahre alt und durch

(10) _____ habe ich viel über Österreich gelernt. Ohne (11) _____

Hilfe wäre mein Deutsch auch nicht so viel besser geworden. Bis (12) _____ Woche

sind Lukas und ich allein hier. Herr und Frau Hansen sind auf einer Geschäftsreise in London und sie

mussten ohne (13) _____ Sohn reisen, weil er (14) _____ Ferien hat.

Doch das ist (15) _____ Problem. Lukas und ich fahren (16) _____

Tag mit unseren Fahrrädern durch (17) _____ Prater. Und (18) _____

Woche waren wir in der Stadt. Wir gingen (19) _____ Kohlmarkt entlang – dort gibt

es tolle Geschäfte. Und nachmittags fuhren wir mit den Fahrrädern um (20) _____

Donauinsel herum. Es war sehr schön. Ich mag (21) _____ Stadt und

(22) _____ Gegend sehr. Nur noch (23) _____ Monat …

Leider habe ich (24) _____ Idee, was ich mache, wenn ich zurückkomme. Zuerst

werde ich wohl (25) _____ Job suchen, weil ich hier (26) _____ Geld

gespart habe. Na ja, ich werde sehen.

Herzliche Grüße

deine Debbie

Das Riesenrad im Prater in Wien

I. Eine Führung° durch die Stadt. Sie gehen mit Roland, einem Austausch- *tour*
studenten aus der Schweiz, durch die Stadt und erklären ihm, wo es welche
Örtlichkeiten° gibt. Verwenden Sie in Ihren Erklärungen den Ausdruck **es** *places*
gibt, der- und **ein-**Wörter und Demonstrativpronomen und beschreiben Sie
vier Örtlichkeiten aus der folgenden Liste.

Nützliche Vokabeln

die Apotheke	das Fitnesscenter	das Restaurant
das Blumengeschäft	das Fotogeschäft	das Sportgeschäft
die Buchhandlung°	das Kaufhaus	die Spielhalle°
das Café	das Kino	der Supermarkt
die Drogerie	die Konditorei	der Waschsalon°
das Eiscafé	die Post	

bookstore / video arcade

laundromat

▷ *Auf dem Marktplatz gibt es eine Buchhandlung, wo wir einen Stadtplan kaufen können.*
Schau, es gibt hier sogar einen Waschsalon.
Und hier gibt es dieses Café, wo wir den besten Apfelkuchen der Stadt essen können.
Am Ende der Straße gibt es ein Kino.

_____

_____

_____

_____

_____

_____

_____

_____

Kapitel 5

A. Früh übt sich[1]... Steffi spielt in einem Sinfonieorchester und sie erzählt einem Kollegen, wie sie zur Musik kam. Ergänzen Sie ihre Erzählung mit den richtigen Endungen und den passenden Personalpronomen.

Als kleine Kinder bekamen mein Bruder und ich Musikunterricht. Meine

Tante gab (1) mein_em_____ Bruder Klavierunterricht. Ich wollte aber Geige

spielen. Meine Tante schenkte (2) _____*mir*_____ ihre alte Kindergeige.

Diese Geige hat sie von (3) ihr_____ Eltern bekommen. Meine Großmutter

schrieb (4) mein_____ Bruder, er sollte viel üben. Meine Großmutter

schrieb (5) _____, ich würde eine Geige von

(6) _____ bekommen, wenn ich älter bin. Mit 10 und 12 gaben

mein Bruder und ich unser erstes Konzert. Die Großeltern waren dabei und

brachten (7) _____ schöne Geschenke. Ich bekam von

(8) _____ eine neue wunderbare Geige. (9) Mein_____

Bruder schenkten sie eine Gitarre, weil er mit dem Klavierspielen nicht richtig

zufrieden war. Heute spiele ich in einem Sinfonieorchester und mein Bruder

spielt in einer Rockband Gitarre. Wir sind beide glücklich in unseren Berufen.

B. Ein Rockkonzert mit Folgen. Anna war am Wochenende bei einem Rockkonzert und sie erzählt ihrem Freund Jörg davon, was ihr dort passiert ist. Ergänzen Sie ihren Bericht mit den Verben aus der folgenden Liste.

befehlen	gelingen	passieren
danken	helfen	raten
folgen	Leid tun	wehtun
gefallen		

Das Konzert (1) _____*gefiel*_____ mir sehr gut und die Atmosphäre war

toll. Doch auf einmal geriet° alles außer Kontrolle. Fans aus den ersten Reihen   *went*

sprangen auf die Bühne, andere aus den hinteren Reihen (2) _____

ihnen. Die Ordner° (3) _____ den Leuten mit Megaphonen ruhig   *security officers*

zu bleiben. Doch leider (4) _____ es ihnen nicht Ordnung zu

_____
[1] **Früh übt sich, wer ein Meister werden will** = proverb: There's nothing like starting young.

schaffen. Von hinten schubste° mich jemand und ich fiel zu Boden. Einen   *pushed*

Moment lang hatte ich panische Angst, dass andere auf mich fallen würden.

Doch zum Glück kam sofort eine Frau und (5) _____ mir. Ich

(6) _____ ihr und schaute, ob ich verletzt war. Mein Fuß

(7) _____ mir ziemlich _____ und ich konnte

kaum gehen. Ich (8) _____ der Frau _____ und

sie brachte mich nach Hause. Sie (9) _____ mir, am nächsten

Tag zum Arzt zu gehen, aber am nächsten Morgen war mein Fuß wieder okay.

Doch es war ein schlimmes Erlebnis und ich hoffe, dass mir so etwas nie mehr

(10) _____ wird.

C. Straßenmusik. Martin ist der Bassist° einer bekannten Band. Heute gibt er   *double bass player*
ein Interview für eine Musikzeitschrift. Die Reporterin möchte wissen, wann
er beschlossen hatte, Musiker zu werden. Ergänzen Sie seine Antwort mit den
passenden Dativpräpositionen.

Ich komme (1) _____ aus _____ einem kleinen Ort im Schwarzwald. Als

ich acht war, bekam ich (2) _____ meinen Eltern einen Bass

geschenkt. Und mit zehn Jahren fing ich an mit ein paar Freunden Musik zu

machen. Wir übten immer (3) _____ unseren Nachbarn im

Keller. Eines Tages hatte ich eine Idee. Wir sollten endlich mal vor Leuten

spielen, leider hatte (4) _____ mir niemand Lust dazu. Also

ging ich allein nur (5) _____ meinem Bass auf den Marktplatz

und stellte mich dem Rathaus (6) _____ auf. Ich begann zu

spielen und ich war ziemlich nervös. Doch die Leute blieben stehen und war-

fen sogar Geld in den Basskasten. (7) _____ einer Stunde hatte

ich schon etwa 20 Mark [= 10 Euro] bekommen. Es machte mir auch großen

Spass. Als ich abends (8) _____ Hause beim Abendessen saß,

kam mein Vater und gratulierte mir zu meinem Mut°. Natürlich hatte er   *courage*

(9) _____ einem Freund erfahren, dass sein Sohn auf dem

Marktplatz Bass spielte. Na ja, so ist das in kleinen Orten.

(10) _____ diesem Tag wusste ich aber, dass ich auf jeden Fall

Musiker werden wollte, denn es war ein tolles Gefühl gewesen vor Publikum

zu spielen.

D. Der Brief. Herr Burger und seine Frau haben sich für sieben Uhr in einem Restaurant verabredet, doch Frau Burger ist nicht da. Als sie um acht Uhr kommt, möchte Herr Burger wissen, wo sie so lange war. Ergänzen Sie ihr Gespräch mit den passenden Dativpräpositionen und dort, wo eine Leerstelle ist, mit den richtigen Endungen.

1. HERR BURGER: Wo warst du denn so lange?

   FRAU BURGER: Ich war _____*bei*_____ unser*er*_____ Nachbarin. Weißt du, bei Frau Meier

   im Haus _____. Sie hat einen Brief _____ Amerika

   bekommen. _____ ihr_____ Sohn Klaus.

2. HERR BURGER: Wo wohnt der denn?

   FRAU BURGER: In Chicago. Er macht dort eine Gesangsausbildung _____ einem

   bekannten Sänger.

3. HERR BURGER: Wie lange ist er schon dort?

   FRAU BURGER: _____ drei Jahren. Und jetzt hat er seiner Mutter geschrieben, dass

   er _____ ihr_____ 70. Geburtstag nicht _____

   Hause kommen kann, weil er in drei Monaten sein erstes großes Konzert gibt.

4. HERR BURGER: Und wird sie _____ sein_____ Konzert gehen?

   FRAU BURGER: Mein_____ Meinung _____ wird sie _____ Hause

   bleiben. Sie hat große Angst vorm Fliegen. Doch sie ist so enttäuscht, dass sie ihren

   Sohn nicht bald sieht.

E. Persönliche Fragen. Erzählen Sie von Ihrer Familie und Ihren Freunden. Beantworten Sie die folgenden Fragen mit einem oder mehreren ganzen Sätzen.

1. Wer von Ihren Freunden gefällt Ihnen besonders gut? Erklären Sie warum.

_____

_____

2. Wem von Ihren Freunden sind Sie besonders dankbar? Erklären Sie warum.

_____

_____

3. Wem in Ihrer Familie sehen Sie besonders ähnlich? Beschreiben Sie die Ähnlichkeit.

_____

_____

4. Wem haben Sie in den letzten Wochen oder Monaten geholfen? Wie?

_____

_____

F. Schreiben Sie. Ihre Großmutter hat Ihnen zum Geburtstag einen schönen Pullover geschickt, doch leider ist er zu klein. Schreiben Sie ihr einen Dankesbrief, in dem Sie ihr alles erklären. Benutzen Sie die folgenden Verben.

antworten • danken • gefallen • Leid tun • passen

_____

_____

_____

_____

Kapitel 6

A. Hausarbeit. Daniela hat Urlaub und sie besucht ihre Studienfreundin Marina. Marina hat inzwischen drei Kinder und ist zurzeit nicht mehr berufstätig. Nach dem Frühstück hilft Daniela Marina bei der Hausarbeit. Ergänzen Sie das folgende Gespräch, indem Sie eins der Verben in Klammern einsetzen.

DANIELA: Marina, soll ich das saubere Geschirr in den Schrank

(1) ____*stellen*____? (stehen / stellen)

MARINA: Nein, lass es ruhig auf dem Tisch (2) _____.

(stehen / stellen)

Ich (3) _____ es nachher wieder fürs Mittagessen

auf den Tisch. (stehen / stellen)

Oh je, hier im Flur (4) _____ wieder alles auf dem

Boden (legen / liegen): Taschen, Jacken, Schuhe. Die Kinder waren

mal wieder viel zu spät dran° und dann sieht es überall chaotisch aus.   *waren zu spät dran: were late*

DANIELA: Die Jacken (5) _____ ich an die Garderobe°, ja?   *clothes tree*

(hängen)

Und die Schuhe (6) _____ ich in den Schuhschrank.

(stehen / stellen)

MARINA: Ja, vielen Dank. Ich gehe inzwischen in den Keller und

(7) _____ schnell die Wäsche auf. (hängen).

Und wenn ich dann das Essen gekocht habe, können wir

vielleicht noch kurz in die Stadt gehen, bevor die Kinder wieder

nach Hause kommen.

DANIELA: Und die gebügelte° Wäsche hier? Soll ich sie in den Schrank hier   *ironed*

(8) _____ (legen / liegen)?

MARINA: Nein, damit muss ich nachher die Betten frisch überziehen°.   *put fresh sheets on*

DANIELA: Hmm, ganz schön viel zu tun in einem 5-Personen-Haushalt. Bei

mir zu Hause mit nur einer Person (9) _____ nie so

viel rum. (legen / liegen)

Und ich dachte schon, dass du den halben Morgen auf dem Sofa

(10) _____ und Kaffee trinkst. (setzen / sitzen)

MARINA: Ja, das wäre natürlich schön!

B. Die Polizei bei der Arbeit. Letzte Nacht ist im Stadtmuseum eingebrochen° worden. Die Angestellten der Polizei, Frau Drescher und Herr Grabowski, versuchen herauszufinden, was passiert ist. Zuerst fragen Sie den Nachtwächter° Herrn Weber. Ergänzen Sie das Gespräch mit den Stichwörtern in Klammern.

broken in

night watchman

FRAU DRESCHER: Sie haben also den Alarm gehört. Was haben Sie dann

getan?

HERR WEBER: Ich bin sofort (1) _____ *in den Ausstellungsraum* _____

gegangen. *(into the exhibition room°)*

Ausstellungsraum

Dort stand ein Mann (2) _____

und versuchte es zu öffnen. *(at the window)*

Er sah mich und rannte hier (3) _____

_____ aus dem Raum. *(between these shelves)*

HERR GRABOWSKI: Konnten Sie ihn nicht festhalten?

HERR WEBER: Nein, es ging alles so schnell.

HERR GRABOWSKI: Und haben Sie sein Gesicht gesehen?

HERR WEBER: Nein, er hatte ein Tuch (4) _____

_____. *(in front of his face)*

FRAU DRESCHER: Hmmm, dann war der Einbrecher° aber nicht (5) _____

_____ gekommen. *(through the window)*

burglar

Sonst wäre es doch offen gewesen.

HERR GRABOWSKI: Ja, das stimmt. Aber wie soll er (6) _____

gekommen sein? *(into the museum)*

HERR WEBER: Etwa gegen 21 Uhr habe ich (7) _____

ein Geräusch° gehört. *(in the cellar)*

noise

Aber ich habe nichts gesehen. Es war alles okay. Dann saß

ich den ganzen Abend (8) _____

und habe gelesen. *(at my desk)*

FRAU DRESCHER: Wir sollten jetzt aufschreiben, was alles fehlt.

HERR WEBER: Hier (9) _____ hing ein

großes Bild. *(on the wall)*

Es war sehr wertvoll°. Und hier (10) _____

war eine Skulptur. *(in the corner)*

valuable

HERR GRABOWSKI: Frau Drescher, hier (11) _____

liegt ein Taschentuch. *(behind the door)*

HERR WEBER: Das gehört mir. Es muss mir (12) _____

gefallen sein. *(out of the pocket)*

FRAU DRESCHER: Hmmm, das ist ja alles sehr interessant …

C. Christinas Leben in der Schweiz. Christina arbeitet bei einer internationalen Firma in Zürich und sie erzählt ihrem Freund Matthias von ihrem Leben in der Schweiz. Ergänzen Sie ihre Erzählung mit den passenden Präpositionen und wenn nötig, den richtigen Artikeln.

> in (3x) • zu (4x) • ins • nach (3x)

Vor zwei Jahren bin ich (1) _____*in*_____ ___*die*___ Schweiz gezogen,

um in Zürich zu arbeiten. Zürich ist eine hübsche Stadt und ich genieße das

internationale Flair hier. Inzwischen habe ich auch gute Freunde gefunden.

Eine besonders gute Freundin ist Chantal; sie kommt aus Frankreich. Wir

treffen uns oft. Manchmal gehe ich (2) _____ ihr, denn sie

wohn in einer WG°, und da ist es immer lustig. Oder sie kommt

(3) _____ mir und wir kochen zusammen. Gestern sind wir

(4) _____ _____ Stadt gefahren und haben eingekauft.

Abends sind wir dann noch (5) _____ Kino gegangen.

Nächsten Sommer werden wir zusammen eine Reise durch Frankreich

machen. Zum Schluss wollen wir dann noch (6) _____

ihren Eltern nach Bordeaux fahren und dort ein paar Tage verbringen.

Meine Arbeit finde ich auch sehr interessant. Ich bin oft auf

Geschäftsreisen. Letzten Monat zum Beispiel bin ich (7) _____

Paris, (8) _____ New York und (9) _____ Dubai

geflogen. Geschäftsreisen sind schön, aber eigentlich bin ich schon fast zu

selten (10) _____ Hause in Zürich. Na ja, du musst mal

(11) _____ _____ Schweiz kommen und mich besuchen.

Dann zeige ich dir alles.

WG = Wohngemein-schaft: people sharing an apartment

D. Im Büro. Herr Zimmermann hat heute nicht viel zu tun. Also erzählt er seiner Kollegin Frau Weller von seinen Problemen bei der Arbeit. Da sie aber einen Brief fertig schreiben muss, hört sie ihm nur mit halbem Ohr zu. Sie fragt immer wieder nach, was Herr Zimmermann gesagt hat. Die beiden sagen „Sie" zueinander. Formulieren Sie ihre Fragen entweder mit einem **Wo**-Kompositum oder einer Präposition mit Pronomen.

▷ Herr Neubert interessiert sich sehr für seine Firma.
Wofür interessiert sich Herr Neubert sehr?

▷ Herr Zeller interessiert sich für Frau Niemann.
Für wen interessiert sich Herr Zeller?

1. Ich warte seit zwei Jahren auf eine Beförderung°.   *promotion*

   _____

2. Unser Chef interessiert sich nicht für seine Angestellten.

   _____

3. Herr Neubert spricht nur über seinen Gewinn°.   *profit*

   _____

4. Früher konnte ich über seine Art lachen.

   _____

5. Aber jetzt ärgere ich mich über Herrn Neubert.

   _____

6. Ich denke oft an meine alte Firma.

   _____

7. Ich interessiere mich eigentlich mehr für Computer.

   _____

8. Bald schicke ich eine Bewerbung an meine frühere° Chefin.   *former*

   _____

E. Deadline. Das Architektenbüro Behrendt muss bis zum Freitag den Bauplan für ein Ortszentrum fertig machen. Alle Angestellten arbeiten fieberhaft°   *feverishly*
daran, die Deadline zu schaffen. Verneinen Sie die folgenden Fragen mit den Stichwörtern in Klammern. Formulieren Sie zwei Antworten – eine mit dem Genitiv, die andere mit **von** + Dativ.

▷ Ist das der Plan des Hauses? (die Garage)
Nein, das ist der Plan der Garage.
Nein, das ist der Plan von der Garage.

1. Sind das die Skizzen des Ingenieurs? (der Architekt)

   _____

   _____

2. Ist das der Brief des Bürgermeisters? (die Baufirma)

_____

_____

3. War das die Idee unserer Chefin? (unser Manager)

_____

_____

4. Ist das die Zeichnung° eines Supermarktes? (ein Fitnesscenter)   *drawing*

_____

_____

5. Ist das der Preis des ganzen Projekts? (das Baumaterial)

_____

_____

6. Sind das die Kosten der Maurer°? (meine Arbeit)   *bricklayers*

_____

_____

F. Arbeitslosigkeit°. Lesen Sie hier in einer Tageszeitung einen kurzen Artikel   *unemployment*
über die Arbeitslosigkeit in Deutschland. Ergänzen Sie den Artikel, indem Sie
die Stichwörter in Klammern einsetzen wie im Beispiel.

▷ _____ ist die Arbeitslosigkeit gesunken. (während / Sommer)
Während des Sommers ist die Arbeitslosigkeit gesunken.

1. _____ ist die Arbeitslosigkeit immer

   höher. (während / Winter)

2. Das liegt daran, dass man manche Arbeiten, zum Beispiel in der

   Bauindustrie, _____ nicht machen

   kann. (wegen / Wetter)

3. Die Bundeskanzlerin ist _____

   optimistisch. (trotz / die Lage°)   *situation*

4. Doch _____ gibt es manche Kritik, denn

   in zwei Jahren ist die nächste Bundestagswahl. (innerhalb / die Partei)

5. Wenn die Bundesregierung die Wahl gewinnen will, sollten die

   Arbeitslosenzahlen _____ sinken.

   (innerhalb / ein Jahr)

6. Die Bundeskanzlerin appelliert° auch an die Industrie. _____   *appeals to*

   _____ sollten die Firmen lieber aktiv mithelfen

   neue Arbeitsplätze zu schaffen. (statt / ihre Kritik)

7. Doch sie betont° auch, dass die schlechte Lage ein weltweites Phänomen ist.   *emphasizes*

   _____ ist Deutschland wirtschaftlich

   immer noch relativ stark. (innerhalb / die EU)

G. Persönliche Fragen. Was haben Sie und Ihre Freundinnen und Freunde gemeinsam? Beantworten Sie die folgenden Fragen und erklären Sie, warum es so ist.

1. Woran haben Sie und Ihre Freunde Interesse?

   _____

2. Wobei machen Sie besonders gern mit?

   _____

3. Worüber sprechen Sie und Ihre Freunde gern?

   _____

4. Auf wen schimpfen Sie viel oder oft?

   _____

Kapitel 7

A. Rock gegen Rechts. Seit mehreren Jahren gibt es in Deutschland die Initiative „Rock gegen Rechts", bei der Bands in Konzerten gegen rechte Gewalt demonstrieren. Hanna erzählt ihrer Freundin von einem solchen Konzert. Verbinden Sie die beiden Sätze so wie im Beispiel, dass nämlich die Adjektive vor dem passenden Substantiv stehen.

▷ Am Samstag war ich auf einem Konzert. Das Konzert war toll.
Am Samstag war ich auf einem tollen Konzert.

1. Seit 1995 finden Konzerte der Initiative „Rock gegen Rechts" statt°. Die Initiative ist bekannt.

   stattfinden: takes place

   _____

   _____

2. Da spielen immer mehrere Bands, die ausländische Mitbürgerinnen° und Mitbürger unterstützen° wollen. Die Bands sind deutsch.

   fellow citizens
   support

   _____

   _____

3. Dieses Konzert war in einer Stadt, die Trostberg heißt. Die Stadt ist klein.

   _____

   _____

4. Eigentlich mag ich solche Veranstaltungen° nicht so gern. Die Veranstaltungen sind politisch.

   events

   _____

   _____

5. Doch das Konzert war ja für einen Zweck. Der Zweck war gut.

   _____

6. Ich hatte mir eine Karte gekauft. Die Karte war teuer.

   _____

7. Deshalb hatte ich auch einen Platz. Der Platz war gut.

   _____

8. Vor dem Konzert fand noch eine Diskussion über das Thema statt. Die Diskussion war interessant.

   _____

   _____

9. Die Gewinne° des Konzerts gingen dann an die „Initiative zur Unterstützung ausländischer Mitbürgerinnen und Mitbürger". Die Gewinne waren hoch.   *profits*

_____

_____

B. Eine neue Stelle. Mercedes Rodriguez hatte heute ihren ersten Tag als Übersetzerin° bei einer Import-Exportfirma in Hamburg. Sie ist in Deutschland aufgewachsen und ihr Spanisch ist nicht perfekt. Ergänzen Sie ihren Bericht mit den richtigen Endungen.   *translator*

1. Ich musste am Vormittag mehrer*e*_____ lang*e*_____ Briefe übersetzen°.   *translate*

2. Es gab einig_____ spanisch_____ Ausdrücke, die ich einfach nicht

   verstand.

3. Juán, ein gut_____ Bekannt_____ von mir, der schon seit zwei

   Jahren bei dieser Firma arbeitet, konnte mir zum Glück helfen.

4. Hoffentlich sind nicht all_____ spanisch_____ Geschäftsbriefe so

   kompliziert wie dies_____.

5. Vielleicht hatte ich auch solch_____ groß_____ Probleme, weil heute

   mein erst_____ Tag im Büro war.

C. Feiertage. Ergänzen Sie die folgenden Sätze mit den Ordinalzahlen in Klammern. Schreiben Sie die Zahlen als Worte.

1. Am (31.) _____*einunddreißigsten*_____ Dezember feiert man

   Silvester°.   *New Year's Eve*

2. Der Feiertag am (1.) _____ Januar heißt Neujahr.

3. Am (3.) _____ Oktober erinnert man sich an die

   Vereinigung° beider deutscher Staaten im Jahre 1990.   *unification*

4. Der (1.) _____ Mai heißt Tag der Arbeit.

5. Der (14.) _____ Februar ist Valentinstag.

D. Demonstration in Tübingen. Bei ihrem Aufenthalt° in Tübingen machen   *stay*
Ahmed und sein Freund Mustafa bei einer Demonstration mit. Ergänzen Sie
die folgenden Sätze, indem Sie die Verben in Klammern entweder als Partizip
der Gegenwart° oder als Partizip der Vergangenheit° einsetzen.   *present participle / past participle*

▷ Ahmed wollte in den _____ Ferien in die Türkei fahren. (kommen)
Ahmed wollte in den kommenden Ferien in die Türkei fahren.

1. Doch leider konnte er die _____ *geplante* _____ Reise nicht

   machen, weil er nicht genug Geld gespart hatte. (planen)

2. Also reisten er und sein Freund Mustafa mit einem _____

   Auto durch Deutschland. (mieten)

3. In Tübingen trafen sie eines Abends vor ihrer Jugendherberge eine Gruppe

   von laut _____ jungen Leuten. (diskutieren)

4. Viele hielten Poster mit rot _____ Sätzen, die

   eine Demonstration für mehr Solidarität mit Ausländern ankündigten°.   *announce*

   (schreiben)

5. Am _____ Abend sollten sich alle _____

   Leute auf dem Marktplatz versammeln°. (folgen / interessieren)   *sich versammeln: assemble*

6. Ahmed und Mustafa beschlossen an dieser _____,

   Demonstration teilzunehmen. (organisieren)

7. Am nächsten Tag zogen die _____ Menschen

   durch Tübingen und Ahmed und Mustafa trafen viele andere Türken, mit

   denen sie sich gut unterhielten. (demonstrieren)

E. Bella Italia. Barbara möchte im Sommer nach Italien fahren. Sie fragt ihren
Nachbarn Herrn Agnitelli, wo es dort am schönsten ist. Herr Agnitelli kam
vor zwanzig Jahren aus Süditalien nach Deutschland und ist immer noch
sehr begeistert von seiner alten Heimat. Ergänzen Sie das Gespräch mit der
passenden Komparativ- oder Superlativendung.

BARBARA: Herr Agnitelli, wo gibt es denn die (1) schön*sten*_____

Strände°?   *beaches*

HERR AGNITELLI: In Brindisi ist das Wasser am (2) blau_____ und der Sand

ist am (3) fein_____. Und im Süden sind die Menschen

auch viel (4) offen*er*_____ als in Norditalien. Es lohnt sich

auf jeden Fall so weit in den Süden zu fahren.

BARBARA: Ich möchte aber auch auf dem Weg verschiedene Städte

anschauen. Und auch einkaufen gehen. Die italienische

Mode ist doch bekannt für ihre Eleganz.

HERR AGNITELLI: In Mailand° gibt es die (5) elegant_____ und   *Milan*

(6) exklusiv_____ Boutiquen, natürlich auch die

(7) teuer_____. (8) Billig_____ Geschäfte finden Sie in

Städten wie Bologna oder auch Sienna.

BARBARA: Und wo gibt es Ihrer Meinung nach das beste Essen?

HERR AGNITELLI: Ach! Die (9) wunderbar_____ Pizza finden Sie natürlich

in Neapel°. Dort wurde sie ja auch erfunden. Und dort ist   *Naples*

auch der Fisch (10) frisch_____ als an allen anderen

Orten. Das schöne Kampanien° – man nennt es auch das   *Campania*

Land, wo die Menschen (11) freundlich_____ sind und

der Wein (12) intensiv_____ schmeckt! Es ist wunder-

schön dort!

BARBARA: Na dann werde ich Ihnen auf jeden Fall ein paar Flaschen

Wein von dort mitbringen.

F. Persönliche Fragen. Erzählen Sie von Ihrem Studium, Ihrer Arbeit und Ihrer
Freizeit. Beantworten Sie die folgenden Fragen in ganzen Sätzen.

1. Zu welcher Tageszeit arbeiten Sie am besten (oder am liebsten)?

_____

2. Für welches Fach arbeiten Sie am meisten?

_____

3. Welchen Tag der Woche finden Sie am schönsten? Am langweiligsten?

_____

_____

4. Was macht Ihnen die größte Freude? Die wenigste Freude?

_____

_____

G. Schreiben Sie. Schreiben Sie einen Absatz von vier bis sechs Sätzen, in dem Sie Dinge oder Personen miteinander vergleichen: Zum Beispiel zwei Länder, die Sie gut kennen, zwei Freundinnen/Freunde/Familienmitglieder, Ihr Studienfach mit einem anderen, oder Ihren (Ferien-)Job mit einem anderen. Oder schreiben Sie ein Gespräch zwischen Ihnen und einer Freundin/einem Freund über die Qualität des Mensaessens° an Ihrer Uni. Für Ihre Sätze können Sie die folgenden Vokabeln benutzen. Ordnen Sie zuerst Ihre Gedanken und formulieren Sie dann Ihre Sätze, indem Sie auch Konjunktionen wie **aber, obwohl** und **weil** verwenden. Benutzen Sie auch Adjektive, um Ihren Text lebendiger zu machen.

cafeteria food

Nützliche Vokabeln

SUBSTANTIVE

die Art • die Arbeit • die Atmosphäre • der Bewohner • der Charakter • das Essen • das Geld • das Klima • die Kultur • die Leute • der Spaß • die Stimmung • das Verhalten

VERBEN

arbeiten • besuchen • gefallen • leben • probieren • reisen • schmecken

ADJEKTIVE

deprimiert • freundlich • fröhlich • groß • gut • interessant • kalt • klein • langweilig • modern • negativ • positiv • schlecht • traditionell • traurig • unfreundlich • warm

---

1. _____   _____

   _____   _____

   _____   _____

   _____   _____

2. _____

   _____

   _____

   _____

   _____

Name _____ Datum _____

Kapitel 8

A. Wenn wir mehr Zeit hätten ... Hans und Brigitte Lehmann sind zu Besuch
bei ihren Freunden Jörg und Sibylle Meier. Sie sitzen bei einem Glas Wein
zusammen und sprechen darüber, wie es wäre, wenn sie mehr Zeit hätten.
Ergänzen Sie die Unterhaltung mit den richtigen Formen von **sein** und **haben**
im Konjunktiv II und der richtigen Form von **würden.**

1. HANS: Mein größtes Problem ist es eigentlich, dass ich zu wenig Zeit habe. Ich

   _____*hätte*_____ gern mehr Zeit für die Familie. Und natürlich

   _____*wäre*_____ es auch schön, mal wieder etwas für mich zu tun.

2. JÖRG: Was _____*würdest*_____ du denn machen, wenn du mehr Zeit

   _____?

3. HANS: Ich _____ zum Beispiel eine große Reise machen mit der ganzen

   Familie. Australien _____ mich sehr interessieren.

4. BRIGITTE: Ja, es _____ toll, wenn man mehr von der Welt kennen

   _____. Ich _____ manchmal aber auch schon froh,

   wenn ich nur ein bisschen Zeit _____, um etwas für meine

   Gesundheit zu tun. Morgens die Arbeit im Büro, nachmittags und abends die

   Kinder und der Haushalt. Da bleibt einfach keine Zeit für Sport oder Erholung.

5. SIBYLLE: Ich _____ mich gern für eine gute Sache engagieren, irgendeine

   ehrenamtliche Tätigkeit _____ gut. Ich _____ zum

   Beispiel große Lust, bei einer Umweltorganisation mitzuarbeiten.

6. HANS: Ich denke, es _____ auch wichtig sich politisch zu engagieren. Ich

   _____ Interesse an einer Initiative gegen rechte Gewalt.

7. JÖRG: Ich glaube, ich _____ gar nicht so aktiv, wenn ich mehr Zeit

   _____. Ich _____ mir am meisten wünschen abends

   gemütlich im Sessel zu sitzen und ein gutes Buch zu lesen. Das _____

   mir schon reichen. Stattdessen komme ich keinen Abend vor 9 oder 10 nach Hause

   und _____ mich am liebsten gleich ins Bett legen.

8. SIBYLLE: Ja, es _____ wirklich gut, wenn du weniger arbeiten

   _____!

B. Wünsche für die Zukunft. Sandra hat gerade ihr Abitur° gemacht und sie macht sich Gedanken über ihre Zukunft. Formen Sie die Sätze um wie im Beispiel.

final exam at the end of **Gymnasium**

▷ Hoffentlich kann ich bald in eine größere Stadt ziehen.
Wenn ich nur bald in eine größere Stadt ziehen könnte!

1. Hoffentlich muss ich nicht mehr lange auf meinen Studienplatz in Medizin warten.

   Wenn ich _____

2. Hoffentlich darf ich an der Freien Universität in Berlin studieren.

   Wenn ich _____

3. Hoffentlich kann ich bald einen gut bezahlten Job finden.

   Wenn ich _____

4. Hoffentlich muss ich nicht mehr lange zu Hause wohnen.

   Wenn ich _____

5. Hoffentlich wollen meine Eltern meine Pläne unterstützen.

   Wenn meine Eltern _____

C. Sommer in Europa. Sie und Ihre Freunde wollen nächsten Sommer durch Europa reisen. Sie sprechen darüber, wohin jeder von Ihnen gern fahren würde. Bilden Sie aus den Stichwörtern ganze Sätze. Verwenden Sie die Hilfs- und Modalverben im Konjunktiv II der Gegenwart und die anderen Verben in der **würde**-Konstruktion.

▷ ich / nach Berlin reisen // das Brandenburger Tor sehen / können
Wenn ich nach Berlin reisen würde, könnte ich das Brandenburger Tor sehen.

▷ du / in Salzburg sein // sicher das Mozarthaus besichtigen°
Wenn du in Salzburg wärst, würdest du sicher das Mozarthaus besichtigen.

visit, see a sight

1. wir / in die Schweiz oder nach Österreich fahren // Gebirgswanderungen machen / können

   _____

   _____

2. ich / Wien besuchen // ins Burgtheater gehen

   _____

3. du / auf der Autobahn sein // endlich schnell fahren / dürfen

   _____

4. wir / durch Frankreich reisen // Autobahngebühren° bezahlen / müssen

freeway tolls

   _____

5. wir / in Paris sein // den Louvre° besuchen

famous museum in Paris

   _____

6. wir / mehr Zeit haben // nach Italien fahren / können

_____

7. ich …

_____

D. Letzten Sommer in Europa. Leider hat es mit der Reise durch Europa nicht geklappt°. Sie und Ihre Freunde sprechen jedoch darüber, wohin Sie gefahren   *worked out* wären und was Sie gemacht hätten, wenn Sie in Europa gewesen wären. Verwenden Sie die Sätze aus **Übung C** und setzen Sie sie in den Konjunktiv II der Vergangenheit.

▷ Wenn ich nach Berlin reisen würde, könnte ich das Brandenburger Tor sehen.
   Wenn ich nach Berlin gereist wäre, hätte ich das Brandenburger Tor sehen können.

▷ Wenn du in Salzburg wärst, würdest du sicher das Mozarthaus besichtigen.
   Wenn du in Salzburg gewesen wärst, hättest du sicher das Mozarthaus besichtigt.

1. _____

   _____

2. _____

   _____

3. _____

   _____

4. _____

   _____

5. _____

   _____

6. _____

   _____

7. _____

   _____

E. Probleme in der Wohngemeinschaft. Stefan, Tanja und Paul wohnen zusammen in einer Wohngemeinschaft. Leider gibt es in den letzten Wochen immer mehr Konflikte zwischen ihnen. Es kommt zu einem heftigen Streit, bei dem alle sehr wütend° sind und jeder jeden anklagt°. Formen Sie die Sätze um *furious / accuses* wie im Beispiel, indem Sie **als ob** oder **als wenn** benutzen.

▷ Du weißt immer alles besser.
Du tust so, als ob/als wenn du alles besser wüsstest.

1. Du findest mich unsympathisch.

   Du tust so, _____

2. Es gibt keine Hausarbeit.

   Du tust so, _____

3. Ihr habt hier keine Pflichten°.   *duties*

   Ihr tut so, _____

4. Ich lasse dich nie in Ruhe.

   Du tust so, _____

5. Ich tue dir Leid.

   Du tust so, _____

6. Du bist der Boss hier.

   Du tust so, _____

7. Ich bin an allem schuld.

   Du tust so, _____

8. Du hältst mich für arrogant.

   Du tust so, _____

F. Persönliche Fragen. Beantworten Sie die folgenden Fragen.

1. Was würden Sie machen, wenn Sie jetzt Ferien hätten?

   _____

   _____

2. Was würden Sie machen, wenn es kein Fernsehen mehr gäbe?

   _____

   _____

3. Was würden Sie tun, wenn Ihre beste Freundin/Ihr bester Freund auf Sie böse wäre?

   _____

   _____

G. Schreiben Sie. Formulieren Sie Ihre eigenen Vorstellungen° und Wünsche,   *ideas*
   indem Sie die folgenden Sätze beenden.

1. Wenn ich Präsident wäre, würde ich _____

   _____

2. Viele Menschen heute leben so, als ob _____

   _____

3. Wenn das Studium nur _____

   _____

4. Wenn das Leben nur _____

   _____

Kapitel 9

A. In Hongkong. Herr und Frau Müller sind mit einer Reisegruppe für fünf Tage in Hongkong. Dort gibt es viel zu sehen und auch zu kaufen und Herr Müller ist auf der Suche nach guten Schnäppchen°. Ergänzen Sie das folgende Gespräch mit den richtigen Reflexivpronomen.   *good bargains*

▷ HERR MÜLLER: Schau mal, ich habe ___*mir*___ diesen Fotoapparat gekauft.

FRAU MÜLLER: Ich wundere (1) _____*mich*_____ schon ein bisschen,

dass hier alles doch ziemlich teuer ist.

HERR MÜLLER: Ich könnte (2) _____ vorstellen, dass wir

bisher nur die Geschäfte gefunden haben, in denen

Touristen kaufen. Sieh mal, Margarete. Ich interessiere

(3) _____ für diesen Laptop hier.

FRAU MÜLLER: Was kostet der denn? Kannst du (4) _____

den leisten? Du hast (5) _____ doch schon

einen Organizer und eine Videokamera gekauft. Außerdem

müssen wir (6) _____ auch beeilen.

Bald gibt es Abendessen im Hotel. Und wir treffen

(7) _____ um zehn vor sechs am Reisebus.

HERR MÜLLER: Na ja, dann überlege ich es (8) _____

nochmal. Aber ich würde (9) _____ schon

ärgern, wenn der Laptop morgen weg wäre.

REISEFÜHRERIN°: Meine Damen und Herren, bitte beeilen Sie   *tour guide*

(10) _____. Sie erinnern (11) _____

doch, dass der Bus gestern ohne Sie abgefahren ist. Die

Gruppe trifft (12) _____ in fünf Minuten am Bus.

B. Heimweh°. Thomas studiert seit einem Monat an der Sorbonne in Paris. Im Studentenwohnheim lernt er Susanne kennen. Auch sie ist aus Deutschland, studiert aber schon seit drei Jahren in Paris. Ergänzen Sie ihr Gespräch mit den passenden Reflexivverben.

homesickness

> sich erinnern   sich fragen   sich leisten
> sich fühlen   sich gewöhnen

1. SUSANNE: Na, wie gefällt es dir hier in Paris? _____ *Fühlst* _____ du

   _____ *dich* _____ schon wie zu Hause hier?

2. THOMAS: Nein, das kann ich nicht sagen. Es gibt Tage, an denen ich

   _____ _____, warum ich überhaupt

   hierher gekommen bin. Ich hoffe, ich werde _____ bald

   an das Großstadtleben _____. Vieles ist eben

   anders als zu Hause. Außerdem kann ich _____ nur so

   wenig _____. Paris ist sehr teuer.

3. SUSANNE: Ja, ich _____ _____, dass ich am Anfang

   hier auch nicht so glücklich war. Ich hatte oft das Gefühl, dass

   ich als Deutsche gar nicht so beliebt° war. Die Franzosen, die ich

   well liked

   traf, waren mir gegenüber oft ein bisschen reserviert. Damals

   war mein Französisch aber auch noch ziemlich schlecht.

   Vielleicht lag es daran. Ich weiß auf jeden Fall, dass es am

   Anfang nicht einfach ist. Wir können aber gern mal zusammen

   ausgehen. Hättest du Lust dazu?

> sich etwas ansehen   sich interessieren   sich verabreden
> sich beeilen   sich unterhalten

4. THOMAS: Ja, gern. Dann können wir _____ ein bisschen über die

   schöne Heimat _____. Nein, nein – das ist nicht

   ernst gemeint! _____ du _____ denn

   für Kunst? Ich würde _____ gern mal den Louvre

   _____.

5. SUSANNE: Ja, das wäre schön. Am besten _____ wir

   _____ gleich. Hast du denn nächsten Samstag Zeit?

   THOMAS: Ja, da habe ich noch nichts vor. Ist drei zu früh?

6. SUSANNE: Ja, mir wäre halb vier lieber. Sonst muss ich _____ so

   _____, wenn ich von meinem Job in der

   Bibliothek komme.

C. Als Frau in einem technischen Beruf. Frau Carstens arbeitet als Leiterin der technischen Abteilung° in einer Autofirma. Sie erzählt einer Bekannten von den Problemen, die sie dort am Anfang hatte. Ergänzen Sie ihren Bericht mit den richtigen Relativpronomen.

Leiterin der ... Abteilung: head of the technical department

Ich arbeite bei einer Autofirma, in (1) _____ *der* _____ ich die Leiterin

der technischen Abteilung bin. Die Leute, mit (2) _____ ich

zusammenarbeite, sind nur Männer. In der Firma gibt es nur etwa 25 Frauen,

(3) _____ fast alle in der Personalabteilung° arbeiten. Bei

human resources

insgesamt 2000 Mitarbeitern ist das eine Zahl, (4) _____ sehr,

sehr klein ist. Am Anfang hatte ich mit den Kollegen große Probleme,

(5) _____ inzwischen zum Glück gelöst° sind. Es gab einige

solved

Männer, (6) _____ es gar nicht gefiel eine Frau als

Vorgesetzte° zu haben. Bei ihnen hatte ich das Image der harten

superior

Geschäftsfrau, mit (7) _____ man kein persönliches Wort

wechseln kann. Das waren Vorurteile, über (8) _____ ich

sicher gelächelt hätte, wenn sie nicht die Zusammenarbeit gestört hätten. Zum

Glück reagierte ich in einer Art, (9) _____ nicht aggressiv war

und ich verhielt° mich ganz natürlich. Bald darauf schon akzeptierten mich

behaved

meine Mitarbeiter als ihre Chefin.

D. Der Schweizer Nachbar. Herr Müller sucht für eine Wohnung in seinem Haus eine neue Mieterin. Frau Öttinger interessiert sich für diese Wohnung und schaut sie sich an. Während Herr Müller und Frau Öttinger sich auf der Straße verabschieden, kommt der Nachbar Herr Altenburger vorbei. Herr Müller, der gerne redet, erzählt Frau Öttinger genau, wer Herr Altenburger ist. Verbinden Sie die beiden Sätze, indem Sie den Relativsatz an das letzte Wort des ersten Satzes anhängen wie im Beispiel.

▷ Das ist Herr Altenburger, unser Nachbar. Er kommt aus der Schweiz.
  Das ist Herr Altenburger, unser Nachbar, der aus der Schweiz kommt.

1. Er arbeitet hier bei einer Uhrenfirma. Er entwirft° für diese Firma Uhren.

designs

   _____

2. Herr Altenburger hat eine Frau und zwei Kinder. Sie wohnen noch in Zürich.

   _____

3. Frau Altenburger hat dort einen guten Job. Sie möchte ihren Job nicht aufgeben.

   _____

4. Herr Altenburger hat ein ganz altes Auto. Er fährt mit seinem Auto jedes Wochenende nach Zürich.

_____

5. Dort kauft er für uns oft Schweizer Schokolade. Die Schokolade schmeckt ausgezeichnet.

_____

6. Manchmal bekommt Herr Altenburger Besuch von seinem Freund Friedrich. Friedrichs Frau ist auch Schweizerin.

_____

7. Insgesamt führt Herr Altenburger während der Woche aber ein ruhiges Leben. Meiner Meinung nach ist das Leben fast ein bisschen einsam.

_____

_____

E. In Sizilien. Frau Paulinger verbringt ihren Urlaub auf Sizilien. Dort trifft Sie ein Ehepaar aus Deutschland, dem sie erzählt, wie sehr es ihr hier gefällt. Beenden Sie die Sätze 1 – 5 jeweils mit dem passenden Satzteil aus der folgenden Liste.

> woran ich mich gewöhnen muss
> worüber ich sehr traurig bin
> was ich bisher gesehen habe
> was sie sagen
> was mir sehr gefällt

1. Diese Gegend ist das Schönste, _____.

2. Die Menschen hier sind viel offener, _____.

3. Oft sprechen die Leute ziemlich schnell, _____.

4. Ich verstehe nur wenig von dem, _____.

5. Leider ist mein Urlaub schon in einer Woche vorbei, _____.

F. Der unzufriedene Kurgast°. Herr Bauser kommt von einer Kur[1] zurück, die   *spa guest*
ihm sein Arzt verschrieben° hatte. Leider ist er sehr kritisch und es hat ihm   *prescribed*
dort nicht besonders gefallen. Er erzählt seiner Frau davon. Ergänzen Sie ihr
Gespräch mit den passenden unbestimmten Relativpronomen **was** und **wer**.

HERR BAUSER: Auch das Essen war das Schlimmste, (1) ____was____ ich

bisher in meinem Leben gegessen habe. Alles, (2) _____

die dort gekocht haben, schmeckte nach Pappe°.   *cardboard*

FRAU BAUSER: Na ja, Karl, sei mir nicht böse. Aber (3) _____ eine Kur

macht, um abzunehmen°, darf natürlich nicht gerade bestes   *lose weight*

Essen erwarten. Außerdem hat fast alles, (4) _____ dir

schmeckt, leider auch ziemlich viele Kalorien. Gab es in der

Kur denn gar nichts, (5) _____ dir gefallen hat?

HERR BAUSER: Nicht viel. (6) _____ natürlich ganz schön war, ist die

Landschaft dort. Und (7) _____ ich noch ganz nett fand,

war mein Zimmernachbar. Unsere gemeinsamen Ausflüge und

Wanderungen waren das Einzige, (8) _____ mir Spaß

gemacht hat.

G. Hohe Löhne. Der Politiker Herr Zeyse hält einen Vortrag zu dem beliebten
Thema „Wie kann Deutschland auf dem Weltmarkt konkurrenzfähig° bleiben".   *competitive*
Hier ein paar Auszüge° aus seiner Rede. Herrn Zeyses Sätze enthalten *extended*   *excerpts*
modifiers, die man auch in Relativsätze auflösen° kann. Ergänzen Sie die   *turn into*
jeweiligen Relativsätze, indem Sie die passenden Relativpronomen einsetzen.

1. Wir befinden uns in einer schon oft diskutierten Situation.

   Wir befinden uns in einer Situation, _____die_____ schon oft diskutiert wurde.

2. Wir stehen vor einem lange bekannten Problem.

   Wir stehen vor einem Problem, _____ schon lange bekannt ist.

3. Viele von den Gewerkschaften° bisher nicht akzeptierte Lösungen° liegen   *labor unions / solutions*

   auf dem Tisch.

   Viele Lösungen, _____ von den Gewerkschaften bisher nicht

   akzeptiert wurden, liegen auf dem Tisch.

---

[1] Visits to mineral springs for relaxation or to alleviate chronic health conditions such as arthritis or heart problems
can be prescribed by German doctors and paid for by health insurance.

4. Meine eigene, leider oft kritisierte Meinung kann ich so formulieren.

   Meine eigene Meinung, _____ leider oft kritisiert wird, kann ich so

   formulieren.

5. Die überall als hoch geltenden° deutschen Löhne müssen gesenkt° werden.   *considered / lowered*

   Die deutschen Löhne, _____ überall als hoch gelten, müssen

   gesenkt werden.

6. Nur so können wir in einer immer globaler werdenden Weltwirtschaft

   konkurrenzfähig bleiben.

   Nur so können wir in einer Weltwirtschaft, _____ immer globaler

   wird, konkurrenzfähig bleiben.

H. So unterschiedlich° sind die Deutschen. Paul und Eva leben in Berlin und sie   *varied*
unterhalten sich darüber, wie unterschiedlich die Deutschen in verschiedenen
Gegenden sein sollen. Ergänzen Sie ihr Gespräch, indem Sie aus der Klammer
das passende subjektiv benutzte Modalverb auswählen.

EVA: Ich habe gelesen, dass bei den Schwaben° jeder Dritte ein eigenes Haus   *Swabians*

   hat. Die (1) _____*müssen*_____ ja wirklich sehr sparsam° sein.   *frugal*

   (können / müssen)

PAUL: Ja, das (2) _____ sein. (muss / mag)

   Und sie (3) _____ auch sehr fleißig und ordentlich

   sein. (dürfen / sollen)

   Dort muss man jeden Samstag den Bürgersteig° kehren°. Das nennt   *sidewalk / sweep*

   man Kehrwoche.

EVA: Die Schwaben (4) _____ doch auch die schlausten°   *cleverest*

   Deutschen sein, nicht wahr? (dürfen / wollen)

PAUL: Das weiß ich nicht. Ich weiß nur, dass in vielen Fernsehsendungen

   über den schwäbischen Dialekt gelacht wird.

EVA: Die Bayern (5) _____ ja die stolzesten Deutschen sein.

   (können / sollen)

   Sie sehen Bayern fast als eigenes Land an.

PAUL: Ja, da (6) _____ du Recht haben. (sollst / dürftest)

EVA: Auf jeden Fall finde ich nicht, dass alle Deutschen so ruhig und

reserviert sind, wie man in vielen anderen Ländern denkt. Die

Rheinländer° zum Beispiel (7) _____ ziemlich   *Rhinelanders*

ausgelassen° sein. (sollen / mögen)   *lively*

Es heißt, dass sie gern feiern.

PAUL: Ja, das habe ich auch gehört. Der Karneval, der jedes Jahr dort

stattfindet, (8) _____ ja auch ein Riesenspektakel°   *gigantic spectacle*

sein. (dürfte / muss)

Sechs Tage lang (9) _____ die Leute nur tanzen,

trinken und feiern. (müssen / sollen)

EVA: Dafür (10) _____ die Norddeutschen aber eher ruhig

und zurückhaltend° sein. (mögen / sollen)   *reserved*

Das hat mir jedenfalls meine Kusine erzählt, die seit kurzem in

Hamburg wohnt.

PAUL: Na ja, und wir Berliner (11) _____ ja eine freche

Schnauze° haben. (dürfen / sollen)   **eine freche Schnauze**
haben: *to have a big*
Aber wenn man uns beide anschaut, stimmt das doch wirklich nicht!   *mouth*

I. **Persönliche Fragen.** Sie sind als Austauschstudentin/Austauschstudent an einer deutschen Uni und machen bei einer Umfrage° über die Gefühle und Interessen von Studenten mit. Beantworten Sie die Fragen in ganzen Sätzen.

survey

1. Woran erinnern Sie sich gern? _____

_____

2. Wofür interessieren Sie sich besonders? _____

_____

3. Worauf freuen Sie sich? _____

_____

4. Haben Sie oft das Gefühl, dass Sie sich beeilen müssen? Warum?

_____

_____

5. Woran können Sie sich nicht (oder nicht leicht) gewöhnen?

_____

_____

J. **Beeil dich mal!** Sie sind morgens im Bad und jemand aus Ihrer Familie sagt Ihnen, dass Sie sich beeilen sollen, weil sie/er auch noch ins Bad muss. Schreiben Sie einen kurzen Dialog, in dem Sie ein paar der folgenden Verben benutzen.

sich anziehen	sich die Zähne putzen
sich den Bademantel usw. anziehen	sich rasieren
sich baden	sich vorstellen
sich duschen	sich waschen
sich entschließen	sich die Haare (das Gesicht,
sich erinnern	die Hände) waschen
sich kämmen	

_____

_____

_____

_____

_____

_____

_____

Kapitel 10

A. **Im Naturpark.** Peter und sein Freund Holger besuchen einen Naturpark. Leider werden ihre Erwartungen ein wenig enttäuscht. Abends schreibt Peter einen Brief an seine Freundin Barbara, in dem er ihr davon erzählt. Lesen Sie zuerst die Liste mit den Sätzen, die beschreiben, was die Parkleitung gemacht hat oder vorhat. Formen Sie diese Sätze ins Passiv und setzen Sie sie der Reihe nach° in den Brief ein. Der erste Satz steht schon umgeformt im Brief und ist das Beispiel.

in order

> Wir öffnen den Park sonntags um 10 Uhr.
> Man darf im See nicht baden.
> Wir bauen die Grillplätze° erst zum 1. Juni auf.
> Zurzeit bauen wir ein neues Wildgehege°.
> Wir haben den Teich° trockengelegt°.
> Die Stadt und die Gemeinde° unterstützen den Naturpark finanziell.

grill areas
game preserve
pond / drained
community

Liebe Barbara,

heute Morgen wollten Holger und ich in den neuen Naturpark gehen. Als wir pünktlich um 9 Uhr davor standen, lasen wir auf einem Schild am Eingang:

▷   *„Sonntags wird der Park um 10 Uhr geöffnet."*

So warteten wir also eine Stunde, was nicht schlimm war, weil es sonnig war. Es war sogar so heiß, dass wir uns überlegten, zuerst zum See zu gehen und zu baden. Als wir zum See kamen, lasen wir dort:

_____

Na gut, dachten wir, nicht so schlimm, denn eigentlich waren wir schon ein bisschen hungrig. Wir hatten Würstchen mitgebracht, weil es dort Grillplätze geben sollte, doch da kam die nächste Enttäuschung:

_____

Unsere Laune wurde langsam schlechter. Aber da wir ja auch gekommen waren, um Tiere zu beobachten, machten wir uns auf den Weg zum Wildgehege. Und was fanden wir dort? Ein Schild, auf dem stand:

_____

Ich interessiere mich sowieso mehr für Frösche°, sagte ich noch fröhlich zu Holger. Also, lass uns zum Teich gehen. Und dort kam die nächste Überraschung:

frogs

_____

So langsam merkten wir, dass heute nicht unser Tag war. Wir spazierten noch ein wenig durch die Gegend und gingen langsam zum Ausgang. Dort lasen wir dann:

_____

Anscheinend nicht genug, bemerkte Holger trocken und wir gingen lachend zum Auto. So hatte ich mir diesen Sonntag zwar nicht vorgestellt, doch so konnte ich heute sogar noch für meine Prüfungen lernen. Ich bin zufrieden.

   Bald mehr

   dein Peter

B. Gesunde Ernährung°. In der Stadt wird ein vegetarisches Restaurant eröffnet,   *diet*
das mit seiner gesunden Küche wirbt°. Zur Eröffnung lädt die Besitzerin viele   *advertises*
bekannte Personen aus der Stadt ein. Am nächsten Tag berichtet die Zeitung
über das Ereignis. Formen Sie die folgenden Sätze um, indem Sie das Passiv
verwenden wie im Beispiel. Beachten Sie, dass Satz 4 ins *impersonal passive*
umgeformt wird.

▷   Gestern feierte man die Eröffnung des vegetarischen Restaurants „Eden".
      Gestern wurde die Eröffnung des vegetarischen Restaurants „Eden" gefeiert.

1. Zuerst sprach man viel über die Vorteile einer fleischlosen° Ernährung.   *meatless*

   _____

   _____

2. Danach stellte man Kochrezepte° vor.   *recipes*

   _____

3. Dann kochte man die Speisen vor den Augen der Gäste.

   _____

4. Abends hat man gegessen und getrunken. *(impersonal passive)*

   _____

5. Man lobte das ausgezeichnete Essen sehr.

   _____

C. Fluglärm. Weil der Flughafen sehr nah ist, können die Bewohnerinnen und
Bewohner des kleinen Ortes Neustadt das Starten und Landen der Flugzeuge
leider sehr gut hören. Sie versuchen etwas dagegen zu tun. Ergänzen Sie die
folgenden Sätze mit der richtigen Präposition oder dem passenden Pronomen
aus der Klammer.

1. Die Bewohner des kleinen Ortes werden _____ den Lärm

   der Flugzeuge gestört. (durch / mit / von)

2. _____ den verärgerten Leuten wurde eine Bürgerinitiative°   *citizens' action group*

   „Bürger gegen Fluglärm" gegründet. (Von / Durch / Bei)

3. Die Bewohner schrieben Briefe an mehrere Fluglinien, doch _____

   wurde bisher nicht geantwortet. (sie / ihnen / ihr)

4. Ein Bewohner des Ortes behauptete, dass er _____ der

   Fluggesellschaft Schadensersatz° bekommen würde. (von / bei / durch)   *compensation*

   _____ wurde anscheinend eine Summe von 2000 Euro

   versprochen. (Ihn / Ihm / Sie)

D. Aus dem Leben einer Dose. In der beliebten deutschen Kindersendung „Die Sendung mit der Maus" werden in kleinen Filmen viele Dinge erklärt. Heute zum Beispiel wird den Kindern aus dem Leben einer Dose erzählt. Formen Sie die folgenden Sätze um, indem Sie wie im Beispiel **man** benutzen.

▷ Erze° werden zum Beispiel in Brasilien abgebaut°.   *ores / **abbauen:** to mine*
Man baut Erze zum Beispiel in Brasilien ab.

1. Aus den Erzen wird durch Elektrolyse° Aluminium gemacht.   *electrolysis*

    _____

2. Aus Aluminium wird die Dose hergestellt.

    _____

3. Ein Getränk wird in die Dose gefüllt.

    _____

4. Die Dose wird gekauft.

    _____

5. Die Dose wird leer getrunken.

    _____

6. Die Dose wird weggeworfen.

    _____

7. Die Dose wird hoffentlich recycelt.

    _____

E. Umweltprobleme. Die folgenden Sätze handeln von Umweltproblemen. Formen Sie die Sätze um, indem Sie wie im Beispiel **man + kann** benutzen.

▷ Viele kranke Bäume im deutschen Wald sind nicht mehr zu retten.
Man kann viele kranke Bäume im deutschen Wald nicht mehr retten.

1. Die kranken Bäume sind leicht zu erkennen.

    _____

2. Doch die Luftverschmutzung ist nicht so schnell zu stoppen.

    _____

3. Alle Produkte lassen sich ohne Pestizide herstellen.

    _____

4. Aber sie lassen sich wegen ihres höheren Preises nicht so gut verkaufen.

_____

5. Käufer für benzinsparende° Kleinautos finden sich nicht so leicht.   *fuel-efficient*

_____

6. Denn Umweltautos sind meistens nicht so sportlich zu fahren.

_____

7. Und die deutschen Autofahrer sind dafür nicht so leicht zu begeistern.

_____

F. Umweltprobleme. Sie arbeiten für eine große Tageszeitung und Sie stellen eine Liste der Themen für den Umweltteil zusammen. Sie müssen bei jedem Thema schreiben, woher die Information ist. Geben Sie den Satz zweimal wieder, indem Sie zuerst Konjunktiv I und dann Konjunktiv II benutzen.

▷ Es gibt bald neue Konzepte mit erneuerbaren° Energien.   *renewable*
In den Medien wird berichtet, *es gebe bald neue Konzepte mit erneuerbaren Energien.*
In den Medien wird berichtet, *es gäbe bald neue Konzepte mit erneuerbaren Energien.*

1. Der Bundesminister spricht heute mit Klimaexperten.

Aus dem Umweltministerium wird berichtet, _____

_____

Aus dem Umweltministerium wird berichtet, _____

_____

2. Die Preise von Rohöl sind gestiegen.

Aus Rotterdam wird gemeldet, _____

_____

Aus Rotterdam wird gemeldet, _____

_____

3. Die Ökosteuer° hat sehr unterschiedliche Reaktionen hervorgerufen.   *tax on fossil fules, for*
                                                                                example gasoline
Von Reportern wird berichtet, _____

_____

Von Reportern wird berichtet, _____

_____

4. Der Bundesrat diskutiert über das neue Verpackungsgesetz.

   Aus Berlin wird gemeldet, _____

   _____

   Aus Berlin wird gemeldet, _____

   _____

5. Die Klimakonferenz wird nächstes Jahr in Brüssel stattfinden.

   news agency

   Von der Presseagentur° wird gemeldet, _____

   _____

   Von der Presseagentur wird gemeldet, _____

   _____

G. Umweltschutz geht jeden an. Das Ministerium für Umwelt möchte ein
Informationsblatt für private Haushalte herausgeben° mit Tipps, wie man im   *publish*
Alltag umweltbewusster leben kann. Schreiben Sie ein solches Informationsblatt,
indem Sie Ihre Tipps im Passiv formulieren. Sie können für Ihre Tipps Ideen
und Ausdrücke aus der folgenden Liste benutzen.

▷ *Wasser muss möglichst gespart werden.*
  Einkäufe sollten öfter mal zu Fuß gemacht werden.

Nützliche Vokabeln

UMWELTBEWUSSTES HANDELN

Wasser sparen • Regentonne im Garten aufstellen° • Lampen/Licht   *set up*
ausschalten° • nicht so viel heizen • Einkäufe zu Fuß/mit dem Fahrrad   *switch off*
machen • Auto stehen lassen • Fahrgemeinschaften° bilden • öffentliche   *car pools*
Verkehrsmittel wie Bus und Bahn benutzen • Glasflaschen kaufen •
wenig Dosen kaufen • Produkte mit wenig Verpackung° kaufen •   *packaging*
Gemüse/Obst der Saison und aus der Gegend kaufen und essen • zum
Einkaufen Taschen mitnehmen • weniger Plastiktüten benutzen

NÜTZLICHE AUSDRÜCKE

öfter mal • möglichst • wenn es geht • wenn möglich

_____

_____

_____

_____

_____

Lab Manual

Übungen zum Hörverständnis

Name _____ Datum _____

Thema 1   Freizeit

A. Was sagen Sie? Sie hören jetzt fünf Situationen und Fragen. Schreiben Sie für
jede Frage eine kurze, logische Antwort. Hören Sie sich jede Situation und
Frage zweimal an.

1. _____

2. _____

3. _____

4. _____

5. _____

B. Ferien. Ein Reporter interviewt die Vorsitzende° der Deutschen Gesellschaft
für Freizeit in Düsseldorf. Ergänzen Sie das Interview mit den Wörtern und
Zahlen, die Sie hören. Benutzen Sie arabische Ziffern° für die Zahlen. In dem
Interview hören Sie ein neues Wort:

chairperson

arabische Ziffern:
Arabic numbers

das Reiseziel: destination

REPORTER: Reisen die Deutschen gern _____ _____ _____?

VORSITZENDE: Ja! Über _____ Prozent der Deutschen machen jedes Jahr _____ eine

große _____ von sechs oder mehr Tagen.

REPORTER: Wohin _____ _____?

VORSITZENDE: Spanien ist das beliebteste Reiseziel _____ _____.

Etwa 4 Millionen Deutsche fahren jedes Jahr dorthin. Andere populäre Ziele sind

Italien, _____, Portugal und Frankreich. _____ Prozent der

Deutschen _____ ihre Ferien zu Hause in Deutschland, vor allem in

Bayern.

REPORTER: Was machen die Deutschen in den Ferien _____ _____?

VORSITZENDE: _____ Prozent der Deutschen interessieren sich für Sport. _____

sind Wandern, Schwimmen, _____, Bergsteigen und Skilaufen.

_____ Prozent der Deutschen wollen in der Freizeit lieber _____.

Sie möchten lesen oder einfach nur _____ _____ _____

_____.

C. Telefongespräch. Jetzt hören Sie ein Telefongespräch zwischen Karin Lenz und ihrer Freundin Sarah Vogt. Sie lesen dann sechs Fragen zum Gespräch. Für jede Frage sehen Sie drei Antworten. Kreuzen Sie die richtige Antwort an. Sie hören jetzt fünf neue Wörter:

dauernd: *continually*
der Vorwurf: *reproach*
nebenan: *next to*

Silvester: *New Year's Eve*
beim Abwaschen: *washing dishes*

1. Was hat Sarah gestern Nachmittag gemacht?

   _____ a. Sie hat Volleyball gespielt.

   _____ b. Sie hat zwei Stunden ferngesehen.

   _____ c. Sie hat Gymnastik gemacht.

2. Warum kritisiert Stefan Sarah?

   _____ a. Sie treibt zu oft Sport.

   _____ b. Sie studiert zu viel.

   _____ c. Sie hat keine Zeit für ihn.

3. Wo wohnt Sarahs Tante?

   _____ a. in Oberammergau

   _____ b. in Freudenstadt

   _____ c. in Garmisch

4. Wo würden Sarah und Karin übernachten?

   _____ a. bei Karins Freundin

   _____ b. in einem kleinen Wochenendhaus

   _____ c. in einem Waldhotel

5. Was müsste Karin machen?

   _____ a. Sie müsste abwaschen.

   _____ b. Sie müsste während des Festes fotografieren.

   _____ c. Sie müsste das Essen vorbereiten.

6. Wie findet Karin Sarahs Plan?

   _____ a. Karin wird böse und kritisiert Sarah.

   _____ b. Sie hat wirklich nichts dagegen.

   _____ c. Sie möchte erstmal ein paar Tage darüber nachdenken.

■ Mittagspause, von Wolf Wondratschek

Der Text befindet sich auf Seite 26. Hören Sie zu. Sprechen Sie nicht nach.

D. Fragen zur Geschichte. Sie hören jetzt vier Fragen zu Wondratscheks
Geschichte „Mittagspause". Zu jeder Frage sehen Sie drei Antworten.
Kreuzen Sie die richtige Antwort an°. Hören Sie sich jede Frage zweimal an.   *Kreuzen ... an: mark*

1. _____ a. Es ist einfacher nicht rot zu werden

   _____ b. Es ist leichter die Zeitung zu lesen.

   _____ c. Es ist einfacher einen Cognac zu bestellen.

2. _____ a. Sie blättern in Modejournalen.

   _____ b. Sie sprechen über Liebesfilme.

   _____ c. Sie lachen und beobachten.

3. _____ a. die Sonnenbrille

   _____ b. Lippenstift

   _____ c. Cognac

4. _____ a. an das Wetter

   _____ b. an Katastrophen

   _____ c. an ihren Beruf

Name _____   Datum _____

 Thema 2 **Kommunikation**

A. Was sagen Sie? Sie sind an der Uni und hören jetzt vier Fragen von anderen Studenten. Schreiben Sie für jede Frage eine kurze, logische Antwort. Hören Sie sich jede Frage zweimal an.

1. _____
2. _____
3. _____
4. _____

B. Typisch deutsch? Sie sehen vier Bilder zum Leben in Deutschland. Zu jedem Bild hören Sie zwei Sätze. Kreuzen Sie den Buchstaben des richtigen Satzes an. In **Übung B** hören Sie drei neue Wörter:

die Stirn: forehead   *der Zeigefinger:* index finger
der Daumen: thumb

Hören Sie sich jeden Satz zweimal an.

1. a. _____   b. _____   2. a. _____   b. _____

3. a. _____   b. _____   4. a. _____   b. _____

C. Sprachliche Kommunikation – die Du-Sie-Frage. Wen duzt° man und wen siezt° man? Früher gab es ziemlich klare Regeln° für „du" und „Sie", aber heute sind diese Regeln nicht mehr so klar. Sie hören jetzt ein Interview, in dem der Journalist Dieter Meyer mit zwei deutschen Studenten über das Du-Sie-Problem spricht.

use du
use Sie / rules

Sie sehen sechs Fragen zum Interview. Jede Frage hat drei Antworten. Kreuzen Sie die beste Antwort an.

In dem Interview hören Sie sieben neue Wörter:

duzen: *to use du*
die Erwachsenen: *adults*
anreden: *to address*
empfehlen: *to recommend*

siezen: *to use Sie*
der Vorname: *first name*
der Nachname: *last name*

1. Wer sind Doris Schulz und Christian Wolf?

   _____ a. Sie sind Journalisten für *Die Zeit*.

   _____ b. Sie sind junge Deutsche.

   _____ c. Sie sind deutsche Lehrer.

2. Was meint Doris zur Frage der Kommunikation?

   _____ a. Die Kommunikation wäre viel einfacher mit dem **Sie.**

   _____ b. Die Kommunikation wäre viel einfacher mit dem **Du.**

   _____ c. Die Kommunikation wäre viel schwerer mit dem **Du.**

3. Wer findet es gut sich zu duzen?

   _____ a. Studenten

   _____ b. Erwachsene

   _____ c. Journalisten

4. Warum, meint Christian, ist die Sie-Form heute noch wichtig?

   _____ a. Weil die Sie-Form kompliziert ist.

   _____ b. Weil die Sie-Form eine lange Tradition hat.

   _____ c. Weil die Sie-Form steif° and förmlich° ist.

stiff / formal

5. Was ist Christians Idee für eine Zwischenform?

   _____ a. Man duzt sich und gebraucht den Nachnamen.

   _____ b. Man siezt sich und gebraucht den Nachnamen.

   _____ c. Man siezt sich und gebraucht den Vornamen.

6. Was wird der Journalist in der Zukunft machen?

   _____ a. Er wird alle siezen.

   _____ b. Er wird alle duzen.

   _____ c. Er weiß wirklich nicht, was er machen soll.

■ Eine Postkarte für Herrn Altenkirch, von Barbara Honigmann

Der Text befindet sich auf Seite 45 bis 47. Hören Sie zu. Sprechen Sie nicht nach.

D. Richtig oder falsch? Sie hören jetzt fünf Aussagen° zu Barbara Honigmanns   *statements*
Geschichte „Eine Postkarte für Herrn Altenkirch". Kreuzen Sie **R** an, wenn die
Aussage richtig ist. Kreuzen Sie **F** an, wenn sie falsch ist. Hören Sie sich jeden
Satz zweimal an.

1. _____ R   _____ F

2. _____ R   _____ F

3. _____ R   _____ F

4. _____ R   _____ F

5. _____ R   _____ F

Thema 3   Deutschland im 21. Jahrhundert

A. Wo findet das Gespräch statt? Sie hören jetzt vier kurze Gespräche. Zu jedem
Gespräch lesen Sie zwei mögliche Orte. Kreuzen Sie den Buchstaben des
logischen Ortes an. In dem Gespräch hören Sie zwei neue Wörter:

der Studentenausweis: student I.D.   *es eilig haben: to be in a hurry*

1. _____ a. am Bahnhof   3. _____ a. an der Kasse

   _____ b. im Auto   _____ b. an der Ecke

2. _____ a. im Elektrogeschäft   4. _____ a. in der Bibliothek

   _____ b. im Supermarkt   _____ b. im Buchladen

B. Demonstration. Alexander Weiß erzählt seinen Freunden von seinen
Erlebnissen auf einer Demonstration für mehr Arbeitsplätze. Weiter unten
finden Sie zehn Fragen. Kreuzen Sie die beste Antwort an. In der Erzählung
hören Sie neun neue Wörter:

das Schild: sign   *allmählich: gradually*
der Imbiss-Stand: snack bar   *der Kofferraum: trunk of car*
in Ordnung: that's okay   *der Schraubenzieher: screwdriver*
verteilen: to distribute   *kehrte ... zurück: returned*
die Plakate: banners, posters

1. Alexander hängte sich ein Schild um den Hals. Was stand darauf?

   _____ a. Arbeiten die Deutschen?

   _____ b. Arbeiten und die Deutschen.

   _____ c. Arbeit für alle Deutschen.

2. Warum wollte er eine Tasse Kaffee trinken?

   _____ a. Weil er noch nicht ganz wach war.

   _____ b. Weil er Durst hatte.

   _____ c. Weil er noch ein bisschen Zeit hatte.

3. Warum konnte er nicht bezahlen?

   _____ a. Weil der Kaffee so teuer war.

   _____ b. Weil er sein Geld nicht finden konnte.

   _____ c. Weil er nur Dollar, aber keine Euro dabei hatte.

4. Was fehlte ihm sonst noch?

_____ a. Sein Koffer.

_____ b. Sein Führerschein.

_____ c. Sein Handy.

5. Warum ging er zu seinem Auto?

_____ a. Er hatte Hunger und wollte aus seiner Tasche etwas zu essen holen.

_____ b. Er wollte nach Hause fahren.

_____ c. Er wollte einkaufen fahren.

6. Was hatte er in der Einkaufstasche?

_____ a. Das Geld und seinen Führerschein.

_____ b. Brot und Wurst.

_____ c. Saft und Schokolade.

7. Wer stand plötzlich neben Alexander?

_____ a. Die Dame vom Imbiss-Stand.

_____ b. Eine Polizistin.

_____ c. Ein Polizist.

8. Warum hatte Alexander Angst?

_____ a. Weil er seinen Führerschein nicht dabei hatte.

_____ b. Weil er falsch geparkt hatte.

_____ c. Weil er den Kaffee nicht bezahlt hatte.

9. Was machte die Polizistin mit dem Schraubenzieher?

_____ a. Sie nahm ihn mit.

_____ b. Sie reparierte damit Alexanders Auto.

_____ c. Sie machte damit eine kleine Reparatur an ihrem Auto.

10. Was machte Alexander, nachdem er „Wiedersehen" gesagt hatte?

_____ a. Er ging schnell zur Demonstration zurück.

_____ b. Er trank noch einen Kaffee.

_____ c. Er fuhr nach Hause.

C. Wortschatzübung (Synonyme). Lesen Sie die sechs Satzpaare unten. Zu jedem Satzpaar hören Sie eine Aussage, aber nur einer der beiden Sätze hat dieselbe Bedeutung wie die Aussage, die Sie hören. Kreuzen Sie diesen synonymen Satz an. Hören Sie sich jede Aussage zweimal an.

1. _____ a. Als Ost- und Westdeutschland wieder ein Land waren, zog Frau Bröhl von Ostdeutschland nach Köln.

   _____ b. Als die Mauer gebaut wurde, lebte Frau Bröhl in Köln.

2. _____ a. Die meisten Dinge in Westdeutschland mag sie gern.

   _____ b. Frau Bröhl lebt nicht gern in Westdeutschland.

3. _____ a. Frau Bröhls Nachbarn sind immer freundlich.

   _____ b. Frau Bröhl denkt manchmal daran, was für freundliche Nachbarn sie in Ostdeutschland hatte.

4. _____ a. Wenn sie an ihre Familie in Leipzig denkt, ist Frau Bröhl oft ein bisschen traurig.

   _____ b. Sie fährt oft zu ihrer Familie nach Leipzig.

5. _____ a. Frau Bröhl findet manche Westdeutsche arrogant.

   _____ b. Frau Bröhl kennt nicht viele Westdeutsche.

6. _____ a. Frau Bröhl sucht einen Job in Köln, bei dem sie nicht so viel arbeiten muss.

   _____ b. Frau Bröhl verdient gut bei ihrer Arbeit in Köln und sie kann sich viele Dinge kaufen.

■ Kontinent im Kleinformat: Die Europäische Schule in München

Der Text befindet sich auf Seite 64. Hören Sie zu. Sprechen Sie nicht nach.

D. Richtig oder falsch? Sie hören jetzt fünf Aussagen zu dem Text „Kontinent im Kleinformat: Die Europäische Schule in München". Kreuzen Sie **R** an, wenn die Aussage richtig ist, und **F**, wenn sie falsch ist. Sie hören jeden Satz zweimal.

1. _____ R   _____ F

2. _____ R   _____ F

3. _____ R   _____ F

4. _____ R   _____ F

5. _____ R   _____ F

Thema 4   Familie

A. Was sagen Sie? Sie hören jetzt vier Fragen. Schreiben Sie für jede Frage eine kurze, logische Antwort. Hören Sie sich jede Frage zweimal an.

1. _____

2. _____

3. _____

4. _____

B. Wo findet das Gespräch statt? Sie hören jetzt vier kurze Gespräche. Zu jedem Gespräch lesen Sie zwei mögliche Orte. Kreuzen Sie den Buchstaben des logischen Ortes an. In dem Gespräch hören Sie ein neues Wort:

der Aufsatz: composition

1. _____ a. in der Grundschule   3. _____ a. im Büro

   _____ b. auf der Universität   _____ b. in der Sprechstunde

2. _____ a. auf dem Gymnasium   4. _____ a. in der Küche

   _____ b. beim Arzt   _____ b. in der Bäckerei

C. Ein Jobinterview. Frau Huber möchte wieder arbeiten. Sie ist Mutter von vier Kindern und ihr jüngstes Kind ist gerade zwei Jahre alt geworden. Herr Eckhardt, Direktor einer kleinen Privatschule, braucht eine neue Sekretärin und spricht mit Frau Huber. Weiter unten finden Sie vier Fragen zu dem Jobinterview. Kreuzen Sie die beste Antwort an. In dem Interview hören Sie zwei neue Ausdrücke:

Geduld haben: to be patient   *Kenntnisse (pl.): knowledge*

1. Warum hat Herr Eckhardt Frau Huber zum Interview eingeladen?

   _____ a. Sie hat viele Kinder.

   _____ b. Ihr Brief war interessant.

   _____ c. Sie hat viel Geduld.

2. Woher hat Frau Huber ihre Computerkenntnisse?

   _____ a. Sie hat vor zwölf Jahren gelernt mit Computern zu arbeiten.

   _____ b. Sie kann nicht mit einem Computer arbeiten.

   _____ c. Ihr elfjähriger Sohn hat ihr gezeigt, wie man mit einem Computer arbeitet.

3. Warum fragt Herr Eckhardt, ob Frau Huber manchmal auch länger in der Schule bleiben kann?

    _____ a. Er möchte, dass sie viel mit den Kindern arbeitet.

    _____ b. Er sagt, dass sie manchmal viel Geduld mit den Kindern in der Schule braucht.

    _____ c. Er fragt sie, ob sie auch länger bleiben könnte, wenn es mal viel Arbeit gibt.

4. Was ist kein Problem für Frau Huber?

    _____ a. Es ist kein Problem für sie, dass ihre Mutter und Tante bei ihr wohnen möchten.

    _____ b. Es ist kein Problem für sie länger zu arbeiten, weil ihr Mann auf die Kinder aufpassen kann, während sie arbeitet.

    _____ c. Es ist kein Problem für sie manchmal länger zu arbeiten, weil ihre Mutter und ihre Tante auf ihre Kinder aufpassen können.

■ Die sieben Raben, von Jakob und Wilhelm Grimm

Der Text befindet sich auf Seite 100 bis 102. Hören Sie zu. Sprechen Sie nicht nach.

D. Richtig oder falsch? Sie hören jetzt sechs Aussagen zu „Die sieben Raben" von den Brüdern Grimm. Kreuzen Sie **R** an, wenn die Aussage richtig ist, und **F,** wenn sie falsch ist. Hören Sie sich jeden Satz zweimal an.

1. _____ R   _____ F

2. _____ R   _____ F

3. _____ R   _____ F

4. _____ R   _____ F

5. _____ R   _____ F

6. _____ R   _____ F

Thema 5 Musik

A. Was sagen Sie? Sie sitzen mit Ihren Freunden im Café und sprechen über Ihre Freizeit. Sie hören jetzt vier Fragen. Schreiben Sie für jede Frage eine kurze, logische Antwort. Hören Sie sich jede Frage zweimal an.

1. _____

2. _____

3. _____

4. _____

B. Heidenröslein. Sie hören jetzt das Lied „Heidenröslein". Der bekannte Dichter Johann Wolfgang von Goethe hat das Gedicht „Heidenröslein" geschrieben und der Komponist Franz Schubert hat es vertont°.

Nach der Aufnahme° hören Sie eine kurze Besprechung des Gedichts und der Musik dazu. Sie sehen sechs Aussagen über das Gedicht und die Besprechung. Kreuzen Sie **R** an, wenn die Aussage richtig ist, und **F**, wenn sie falsch ist.

set to music
recording

Heidenröslein° (1771)   *rose on the heath*

Sah ein Knab° ein Röslein stehn,   *boy (archaic)*
Röslein auf der Heiden°,   *heath*
War so jung und morgenschön,
Lief er schnell, es nah zu sehn,
Sah's mit vielen Freuden.
Röslein, Röslein, Röslein rot,
Röslein auf der Heiden.

Knabe sprach: „Ich breche dich,
Röslein auf der Heiden!"
Röslein sprach: „Ich steche° dich!,   *prick*
Dass du ewig° denkst an mich,   *forever*
Und ich will's nicht leiden°."   *put up with*
Röslein, Röslein, Röslein rot,
Röslein auf der Heiden.

Und der wilde Knabe brach
's° Röslein auf der Heiden;   *abbreviation for* **Das**
Röslein wehrte sich° und stach,   **wehrte sich** = *defended itself*
Half ihm doch kein Weh und Ach°,   **Weh und Ach** = *wails of woe*
Musst es eben° leiden.   *just*
Röslein, Röslein, Röslein rot,
Röslein auf der Heiden.

Besprechung In der Besprechung hören Sie elf neue Wörter:

Volkslieder: folk songs   *Pfarrerstochter:* daughter of a minister
Geliebte: the loved one   *beendete:* finished
verglichen: compared   *Gewissen:* conscience
begeistert: taken with   *ausdrückte:* expressed
verliert: loses   *vertont:* set to music
schuldig: guilty

Richtig oder falsch? Sie sehen sechs Aussagen über das Gedicht und die Besprechung. Kreuzen Sie **R** an, wenn die Aussage richtig ist, und **F**, wenn sie falsch ist.

1. Der Junge findet das Heidenröslein sehr schön. _____ R _____ F

2. Das Heidenröslein möchte, dass der Junge es bricht. _____ R _____ F

3. Zum Schluss lässt der Junge das Heidenröslein stehen. _____ R _____ F

4. Goethe schrieb das Gedicht 1815. _____ R _____ F

5. Es gibt eine Parallele zwischen dem Jungen und dem Heidenröslein im Gedicht und Goethes Liebe zu Friederike Brion. _____ R _____ F

6. Der Komponist Franz Schubert schrieb etwa 600 Klavierlieder, darunter das „Heidenröslein". _____ R _____ F

■ **Der Erlkönig, von Johann Wolfgang von Goethe**

Das Gedicht befindet sich auf Seite 124. Hören Sie zu. Sprechen Sie nicht nach.

C. **Richtig oder falsch?** Sie hören jetzt acht Aussagen zu Goethes Gedicht „Der Erlkönig". Kreuzen Sie **R** an, wenn die Aussage richtig ist, und **F**, wenn sie falsch ist. Hören Sie sich jede Aussage zweimal an.

1. _____ R   _____ F

2. _____ R   _____ F

3. _____ R   _____ F

4. _____ R   _____ F

5. _____ R   _____ F

6. _____ R   _____ F

7. _____ R   _____ F

8. _____ R   _____ F

Thema 6　Die Welt der Arbeit

A. Was sagen Sie? Sie hören jetzt vier Fragen. Schreiben Sie für jede Frage eine kurze, logische Antwort. Hören Sie sich jede Frage zweimal an.

1. _____

2. _____

3. _____

4. _____

B. Logisch oder unlogisch? Sie hören jetzt vier kurze Gespräche. Jedes Gespräch beginnt mit einer Frage oder Aussage. Kreuzen Sie **L** an, wenn die Erwiderung° zur Frage oder Aussage logisch ist, und **U**, wenn sie unlogisch ist. Hören Sie sich jedes Gespräch zweimal an.　　　　　　　*response*

1. _____ L　　_____ U　　　　3. _____ L　　_____ U

2. _____ L　　_____ U　　　　4. _____ L　　_____ U

C. Bewerbungsbrief. Ergänzen Sie Kemal Bauers Bewerbungsbrief mit den Wörtern, die Sie hören. Hören Sie sich den Brief zweimal an. In dem Brief hören Sie drei neue Wörter:

die Anzeige: advertisement　　　*einstellen: to hire*　　　*die Ausbildung: training*

Sehr geehrte Frau Schäfer,

　　ich habe Ihre Anzeige im Wochenblatt gelesen und möchte _____ bei Ihnen _____

_____ _____. Sie schreiben, dass Sie jemanden einstellen

möchten, der _____ eine andere Sprache außer Deutsch und Englisch spricht, weil

viele ausländische Touristen in Ihrem Geschäft einkaufen. Ich spreche außer Deutsch und Englisch

auch noch Türkisch und _____ _____ _____. Ich habe

eine Ausbildung _____ _____ _____ gemacht. Ich

arbeite gern mit Menschen zusammen und _____ _____ _____

_____ _____ im Tourismus. Könnten Sie mir bitte alle Papiere schicken,

die ich ausfüllen muss?

　　_____ _____ _____

　　Kemal Bauer

■ Dienstag, der 27. September 1960, von Christa Wolf

Der Text befindet sich auf Seite 145 bis 148. Hören Sie zu. Sprechen Sie nicht nach.

D. Fragen zum Text. Sie hören jetzt vier Fragen zu Christa Wolfs Text „Dienstag, der 27. September 1960". Zu jeder Frage sehen Sie drei Antworten. Kreuzen Sie die beste Antwort an. Sie hören ein neues Wort:

die Stimmung: mood

1. _____ a. für ihren kranken Mann

   _____ b. für den Kindergeburtstag ihrer Tochter

   _____ c. für das Parteitreffen

2. _____ a. Er ist auch Schriftsteller.

   _____ b. Er ist Arzt.

   _____ c. Er arbeitet im Waggonwerk.

3. _____ a. Sie freut sich auf Tinkas Geburtstag.

   _____ b. Sie ist gut gelaunt.°

   _____ c. Sie ärgert sich über den zerrissenen Arbeitstag.°

4. _____ a. Ja, aber sie wird vielleicht noch ein wenig daran verändern.

   _____ b. Ja, auch ihr Mann findet sie gut geschrieben.

   _____ c. Nein, sie wird sie sicher nicht für ihr Buch benutzen.

*gut gelaunt: in a good
mood*

*zerrissenen Arbeitstag:
ruined day of work*

Thema 7   Multikulturelle Gesellschaft

A. Was sagen Sie? Sie sind Austauschstudentin/Austauschstudent° und *exchange student* sprechen mit anderen Studenten im Café. Sie hören jetzt vier Fragen. Schreiben Sie für jede Frage eine kurze, logische Antwort. Hören Sie sich jede Frage zweimal an. In der ersten Frage hören Sie ein neues Wort:

die Volkshochschule: adult evening school

1. _____

2. _____

3. _____

4. _____

B. Zwei Heimatländer. Yasemin (16) und Ayse (18) sind beide in der Türkei geboren und wohnen nun seit acht Jahren mit ihren Eltern in Köln. Nach ihrem Sommerurlaub in der Türkei sprechen die Schwestern über ihre beiden Heimatländer. Kreuzen Sie **R** an, wenn die Aussage richtig ist, und **F**, wenn sie falsch ist. Hören Sie sich den Dialog zweimal an. Sie hören ein neues Wort:

unterschiedlich: different

1. Yasemin fand den Urlaub in der Türkei nicht schön.   _____ R   _____ F

2. Sie vermisst aber trotzdem viele Dinge aus der Türkei.   _____ R   _____ F

3. Yasemin fühlt sich in Deutschland zu Hause.   _____ R   _____ F

4. Yasemin würde viele Dinge aus Deutschland vermissen,
   sogar das Essen.   _____ R   _____ F

5. Yasemin findet, dass man in der Türkei mehr Freiheit hat.   _____ R   _____ F

6. Ayse überlegt sich, in Istanbul zu studieren.   _____ R   _____ F

7. Ayse und Yasemin haben immer ähnliche Meinungen.   _____ R   _____ F

C. Kontakte zwischen Türken und Deutschen. Wie viel Kontakt haben die Türken in Deutschland zu ihren deutschen Mitbürgerinnen und Mitbürgern? Dieser Text, der auf einer Studie der Zeitschrift *Focus* basiert, gibt darauf Antwort. Setzen Sie die richtigen Informationen in den Text ein. Hören Sie sich den Text zweimal an. Sie hören zwei neue Wörter:

knapp: barely   *ansonsten: on the other hand*

Heute leben etwa 2,6 Millionen _____ aus der Türkei in Deutschland. Seit dem

Jahr 1996 kamen etwa 200 000 Kinder und Ehepartner zu ihren _____, die schon

in Deutschland lebten. Dennoch bleiben, vor allem unter den _____ Menschen,

manche unter sich. Knapp 37 Prozent der Migranten _____ im Alltag fast nur

Türkisch. Jeder Zweite von ihnen, so eine Studie, hat Angst, dass er sonst seine türkisch-islamische

Identität _____. Ansonsten gibt es aber auch _____

Kontakte zwischen den _____ und türkischen Mitbürgerinnen und Mitbürgern.

Auf die Frage, wie oft sie Kontakt zu deutschen Freunden und _____ haben,

antworten 55 Prozent der Türken, dass sie täglich oder mehrere Male wöchentlich Kontakt zu

_____ Freunden oder Bekannten haben. 10 Prozent der Türken haben mehrmals

_____ _____ Kontakt zu deutschen Freunden oder Bekannten. 20 Prozent der

_____ Mitbürger haben einmal im Monat oder seltener Kontakt zu deutschen

Freunden und nur _____ Prozent der Türken haben _____

Kontakt zu deutschen Freunden.

■ Geschäftstarnungen, von Wladimir Kaminer

Der Text befindet sich auf Seite 167 und 168. Hören Sie zu. Sprechen Sie nicht nach.

D. Richtig oder falsch? Sie hören jetzt sechs Aussagen zu Wladimir Kaminers Geschichte „Geschäftstarnungen". Kreuzen Sie **R** an, wenn die Aussage richtig ist, und **F,** wenn sie falsch ist. Hören Sie sich jeden Satz zweimal an.

1. _____ R   _____ F

2. _____ R   _____ F

3. _____ R   _____ F

4. _____ R   _____ F

5. _____ R   _____ F

6. _____ R   _____ F

Thema 8   Jung und Alt

A. Was sagen Sie? Sie hören jetzt vier Fragen. Schreiben Sie für jede Frage eine kurze, logische Antwort. Hören Sie sich jede Frage zweimal an.

1. _____

2. _____

3. _____

4. _____

B. Hörer suchen Rat. Frau Günther aus München bittet in einer Radiosendung um Rat. Hören Sie sich die Sendung an und lesen Sie die Fragen. Kreuzen Sie für jede Frage die beste Antwort an. In der Sendung hören Sie vier neue Wörter:

der Ruhestand: retirement *die Empfangsdame:* receptionist
die Arzthelferin: doctor's assistant *die Kunstausstellungen:* art exhibitions

1. Was hatte Frau Günther schon immer geplant?

   _____ a. Sie möchte in einem Kindergarten arbeiten.

   _____ b. Sie möchte wieder arbeiten.

   _____ c. Sie möchte ein drittes Kind.

2. Was hatte ihre Mutter gesagt, als die Kinder kamen?

   _____ a. Ihre Mutter hatte ihr versprochen, bald nachmittags auf die Kinder aufzupassen.

   _____ b. Sie hatte ihr gesagt, dass sie ihr leider nie helfen könnte.

   _____ c. Sie wollte eigentlich nicht auf die Kinder aufpassen.

3. Wann fängt Frau Günther an zu arbeiten?

   _____ a. In zwei Monaten.

   _____ b. Wenn beide Kinder in der Schule sind.

   _____ c. Nächste Woche.

4. Wo wird sie bald arbeiten?

   _____ a. Bei einem Arzt.

   _____ b. In einem Kindergarten.

   _____ c. Bei Siemens.

5. Was möchte Frau Günthers Mutter nicht immer machen?

_____ a. Sie möchte nicht mehr reisen.

_____ b. Sie möchte nicht so oft ins Museum gehen.

_____ c. Sie möchte nicht ihren ganzen Tag als Babysitterin verbringen.

6. Wen oder was sucht Frau Günther?

_____ a. Einen Babysitter.

_____ b. Einen neuen Job.

_____ c. Einen Kindergartenplatz.

C. Wortschatzübung (Synonyme). Lesen Sie die sechs Satzpaare unten. Zu jedem Satzpaar hören Sie eine Aussage, aber nur einer der beiden Sätze hat dieselbe Bedeutung wie die Aussage, die Sie hören. Kreuzen Sie diesen synonymen Satz an. Hören Sie sich jede Aussage zweimal an.

1. _____ a. Meine Mutter kümmert sich um meine Kinder, wenn ich arbeite.

_____ b. Meine Mutter mag Kinder sehr gern.

2. _____ a. Ein Mitarbeiter meines Vaters ist seit Wochen krank.

_____ b. Der Vater meines Kollegen ist sehr krank.

3. _____ a. Merkst du nicht, dass Michael uns nicht besonders mag?

_____ b. Ich fand Michaels Bemerkungen nicht sehr nett.

4. _____ a. Ich besuche häufig meine Großeltern.

_____ b. Meine Großeltern machen selten Urlaub.

5. _____ a. Ich finde es schön, jeden Abend wegzugehen.

_____ b. Es wäre vernünftiger, wenn du nicht jeden Abend weggehen würdest.

6. _____ a. Dieses Kleid passt mir nicht mehr gut. Ich habe mich bei dem Fest gar nicht wohl gefühlt.

_____ b. Für das Fest brauche ich noch die passende Kleidung.

■ **Brief aus Amerika, von Johannes Bobrowski**

Der Text befindet sich auf Seite 189 und 190. Hören Sie zu. Sprechen Sie nicht nach.

D. Richtig oder falsch? Sie hören jetzt acht Aussagen zu der Kurzgeschichte „Brief aus Amerika" von Johannes Bobrowski. Kreuzen Sie **R** an, wenn die Aussage richtig ist, und **F**, wenn sie falsch ist. Hören Sie sich jeden Satz zweimal an.

1. _____ R	_____ F		5. _____ R	_____ F
2. _____ R	_____ F		6. _____ R	_____ F
3. _____ R	_____ F		7. _____ R	_____ F
4. _____ R	_____ F		8. _____ R	_____ F

Name _____ Datum _____

 Thema 9 Stereotypen

A. Was sagen Sie? Sie hören jetzt vier Fragen. Schreiben Sie für jede Frage eine kurze, logische Antwort. Hören Sie sich jede Frage zweimal an.

1. _____

2. _____

3. _____

4. _____

B. Logisch oder unlogisch? Sie hören jetzt sechs Fragen oder Aussagen. Kreuzen Sie **L** an, wenn die Erwiderung zur Frage oder Aussage logisch ist, und **U**, wenn sie unlogisch ist. Hören Sie sich jedes kurze Gespräch zweimal an.

1. _____ L _____ U 4. _____ L _____ U

2. _____ L _____ U 5. _____ L _____ U

3. _____ L _____ U 6. _____ L _____ U

C. Deutsche Fahrer. Es gibt Leute, die denken, dass Männer die besseren Autofahrer sind. Doch wer fährt wirklich besser – deutsche Frauen oder deutsche Männer? Das Kraftfahrt-Bundesamt° in Flensburg hat Zahlen veröffentlicht°, die diese Frage beantworten. Sie hören jetzt den Text eines Zeitungsartikels. Weiter unten sehen Sie fünf Aussagen zum Text, die Sie vervollständigen° müssen. Kreuzen Sie das richtige Satzende (**a**, **b** oder **c**) an. In dem Text hören Sie fünf neue Wörter:

Federal Office of Motor Vehicles / made public

complete

das Bundesamt: *Federal Office* **veröffentlichte:** *made public*
bestätigt: *confirms* **Verkehrsregeln:** *traffic regulations*
die Probezeit: *probationary period*

1. Die Statistik für Deutschland zeigt,

_____ a. dass alle Frauen besser fahren als Männer.

_____ b. dass Männer besser fahren als Frauen.

_____ c. dass Frauen, die Fahranfänger sind, besser fahren als männliche Fahranfänger.

2. Die Probezeit für alle Fahranfänger

_____ a. dauert ein Jahr.

_____ b. dauert zwei Jahre.

_____ c. dauert drei Jahre.

3. Wenn man als Fahranfänger bestimmte Regeln verletzt oder bestimmte Unfälle gehabt hat,

_____ a. darf man nicht fahren.

_____ b. muss man eine Probezeit von drei Jahren machen.

_____ c. muss man Fahrstunden nehmen oder die Prüfung wiederholen.

4. Die Statistik zeigt,

_____ a. dass mehr als 50 Prozent der männlichen Fahranfänger einen Unfall hatten.

_____ b. dass weniger als 5 Prozent der weiblichen Fahranfänger einen Unfall hatten.

_____ c. dass fast die Hälfte aller Fahranfänger einen Unfall hatte.

5. Die Verantwortung° für die meisten „schweren" Unfälle   *responsibility*

_____ a. lag bei den männlichen Fahranfängern.

_____ b. lag bei den weiblichen Fahranfängern.

_____ c. konnte das Bundesamt nicht feststellen.

■ Die grüne Krawatte, von Arthur Schnitzler

Der Text befindet sich auf Seite 209 und 210. Hören Sie zu. Sprechen Sie nicht nach.

D. Richtig oder falsch? Sie hören jetzt acht Aussagen zu Arthur Schnitzlers Geschichte „Die grüne Krawatte". Kreuzen Sie **R** an, wenn die Aussage richtig ist, und **F**, wenn sie falsch ist. Hören Sie sich jeden Satz zweimal an.

1. _____ R   _____ F

2. _____ R   _____ F

3. _____ R   _____ F

4. _____ R   _____ F

5. _____ R   _____ F

6. _____ R   _____ F

7. _____ R   _____ F

8. _____ R   _____ F

Name _____ Datum _____

Thema 10 Umwelt

A. Was sagen Sie? Sie hören jetzt vier Fragen. Schreiben Sie für jede Frage eine kurze, logische Antwort. Hören Sie sich jede Frage zweimal an. Sie hören zwei neue Wörter:

umweltbewusster: *more environmentally aware*   **die Innenstädte:** *city or town centers*

1. _____

2. _____

3. _____

4. _____

B. Wohnstraßen – eine Lösung zum Umweltproblem Innenstadt. Der Direktor eines Institutes für Verkehrsplanung erklärt, was eine Wohnstraße ist. Sie hören zuerst seine kurze Erklärung. Dann hören Sie fünf Bemerkungen von Anwohnern° einer Wohnstraße. Sie müssen entscheiden, ob die Anwohner   *residents* von Vorteilen oder Nachteilen ihrer Wohnstraße sprechen. Kreuzen Sie die richtige Kategorie an. Hören Sie sich die Erklärung und die Bemerkungen zweimal an. In der Erklärung hören Sie vier neue Wörter:

die Niederlande: *the Netherlands*   **aushalten:** *to endure*
der Versuch: *attempt*   **die Sicherheit:** *safety*

1. _____ Vorteil   _____ Nachteil

2. _____ Vorteil   _____ Nachteil

3. _____ Vorteil   _____ Nachteil

4. _____ Vorteil   _____ Nachteil

5. _____ Vorteil   _____ Nachteil

C. Ein Interview. Der Journalist Frank Meyer sitzt draußen auf einer Bank und interviewt Anwohner einer Wohnstraße in Köln. In diesem Interview hören Sie drei Stimmen: Frank Meyer – Journalist, Kathrin Busch und Kathrins Mann Markus. Weiter unten sehen Sie fünf Fragen zu dem Interview. Für jede Frage lesen Sie drei Antworten. Kreuzen Sie die beste Antwort an. Im Interview hören Sie die folgenden neuen Wörter und Ausdrücke:

die Neugestaltung: *redesign*   **die Karre:** *heap (referring to a car)*
die Einweihung: *official opening*   **Viel Vergnügen:** *Have a good time*
im Notfall: *in an emergency*

1. Warum sind Kathrin und Markus in die Innenstadt gezogen?

   _____ a. Die Wohnstraße hat ihnen sehr gefallen.

   _____ b. Wohnungen waren dort billig.

   _____ c. Dort konnten sie frische Luft und Ruhe genießen.

2. Was, meint Kathrin, ist ein großer Vorteil der Wohnstraße?

   _____ a. Die Autos können jetzt schnell durchfahren.

   _____ b. Man kann überall Parkplätze finden.

   _____ c. Es ist nicht mehr so gefährlich für Fußgänger.

3. Was sagt Kathrin über die Anwohner der Wohnstraße?

   _____ a. Sie sind unfreundlich.

   _____ b. Kathrin kennt sie gar nicht.

   _____ c. Sie sind gute Nachbarn.

4. Warum geben Kathrin und Markus eine Party?

   _____ a. Sie feiern die Einweihung der Wohnstraße.

   _____ b. Sie wollen, dass Herr Meyer ihre Nachbarn kennen lernt.

   _____ c. Ihre Nachbarin nebenan hat Geburtstag.

5. Was, meint Markus, ist ein Nachteil der Wohnstraße?

   _____ a. Es gibt zu viele Garagen.

   _____ b. Es gibt zu wenig Parkplätze.

   _____ c. Es gibt zu viele Partys.

■ Der Bergarbeiter, von Heinrich Böll

Die Geschichte befindet sich auf Seite 231 und 232. Hören Sie zu. Sprechen Sie nicht nach.

D. Richtig oder falsch? Sie hören jetzt sieben Aussagen zu Bölls Kurzgeschichte „Der Bergarbeiter". Kreuzen Sie **R** an, wenn die Aussage richtig ist, und **F**, wenn sie falsch ist. Hören Sie sich jeden Satz zweimal an. Sie hören ein neues Wort:

verschwenden: to waste

1. _____ R _____ F   5. _____ R _____ F

2. _____ R _____ F   6. _____ R _____ F

3. _____ R _____ F   7. _____ R _____ F

4. _____ R _____ F

Mündliche Übungen

Sie hören jetzt mündliche Übungen. Für diese Übungen haben Sie keinen Text. Folgen Sie den mündlichen Anweisungen° der Sprecher.

instructions

Kapitel 1

A. An der Uni. Frank tells about his day at the university in Marburg. You are surprised at some of the things he does. Say **Wirklich?** Then ask Frank why he does them. Use the **du**-form, as in the model.

▷ Ich stehe schon um sieben auf.   *Wirklich? Warum stehst du schon um sieben auf?*

B. Reiseführer. Help a tourist in Bonn by giving directions from the Beethovenhalle to the Hauptbahnhof. The cues you hear are in the informal imperative. Restate in the formal imperative (**Sie**-form), as in the model.

▷ Geh am Fluss entlang!   *Gehen Sie am Fluss entlang!*

C. Vorbereitungen. You are coordinating plans for the German club party. Several members ask if they should do certain things. Tell them they should. Use informal imperatives, as in the model.

▷ Soll ich das Essen vorbereiten?   *Ja, bereite das Essen vor!*

D. Urlaubspläne. A friend asks about your and Inge's vacation plans. Answer using the appropriate modal, as in the model.

▷ Möchtest du in die Berge fahren?   *Ja, ich möchte in die Berge fahren.*

E. Im Park. Yesterday, you accompanied Petra to the park where she always walks her dog. You made a few observations. Tell a friend how Petra treats her dog, which is fairly typical in Germany. Use a form of **lassen**, as in the model. You will hear two new words:

die Leine: leash   ***der Strand:** beach*

▷ Der Hund darf ohne Leine laufen.   *Petra lässt den Hund ohne Leine laufen.*

F. Sommerferienpläne. You and Sylvia are discussing your summer plans. Restate your conversation in the future tense, as in the model.

▷ Fährst du mit deiner Familie nach Deutschland?   *Wirst du mit deiner Familie nach Deutschland fahren?*

G. Frag nicht so viel! Siegfried asks you questions about other students. After each question he suggests a possible answer. Say that he is probably right. Use the future tense with the word **wohl** to express present probability, as in the model.

▷ Worüber schreibt Jürgen? Über Politik?   *Ja, er wird wohl über Politik schreiben.*

Kapitel 2

A. Ein komischer Kerl. While walking in a park, you observed a man who was dressed somewhat strangely. Tell a friend about it. You will hear sentences in the present tense. Restate in the simple past, as in the model.

▷ Ein Mann sitzt auf einer Bank im Park. *Ein Mann saß auf einer Bank im Park.*

B. Wer kann helfen? Tell about your attempts to help a friend. You will hear sentences in the present tense. Restate in the simple past tense, as in the model.

▷ Mein Freund kann seine Arbeit nicht allein machen. *Mein Freund konnte seine Arbeit nicht allein machen.*

C. Kurze Gespräche. You will hear some short conversations in the present tense. Restate them in the past, using the present perfect, as in the model.

▷ Was bekommst du zum Geburtstag? *Was hast du zum Geburtstag bekommen?*

D. Das hatte ich schon gemacht. Mark asks why you and your friends didn't participate in certain activities a few days ago. Say you had already done those things last week. Use the past perfect tense, as in the model.

▷ Warum bist du gestern nicht ins Kino gegangen? *Ich war letzte Woche ins Kino gegangen.*

E. Sommerabend. Last night was a beautiful summer evening. Tell what you saw and heard. You will hear two sentences. One describes what was happening. The other states whether you heard or saw it. Combine the sentences, as in the model.

▷ Die Kinder spielten im Garten. Ich sah sie. *Ich sah sie im Garten spielen.*

F. Kleine Probleme. Julia tells about some problems Eva has at a staff meeting of the school newspaper. Say that this has always been true of Eva. Use the present perfect tense of the modals, as in the model.

▷ Eva kann nicht am Nachmittag helfen. *Eva hat nie am Nachmittag helfen können.*

Name _____   Datum _____

Kapitel 3

A. Freunde. Someone gives you information about Frank and Jutta. Emphasize that Jutta does something other than Frank. Begin the clause about Jutta with **aber,** as in the model.

▷ Der Student heißt Frank. Seine Freundin heißt Jutta.

Der Student heißt Frank, aber seine Freundin heißt Jutta.

B. Am Wochenende. Tell why Dieter and Jürgen are doing certain things. Begin the sentences with **weil,** as in the model.

▷ Warum spielen Dieter und Jürgen allein Tennis? Ihre Freunde bleiben zu Hause.

Weil ihre Freunde zu Hause bleiben.

C. Wie bitte? During a question-answer period after a lecture by a famous author, a person in the back of the room asks some questions. Unfortunately, he can't be heard. Act as go-between and repeat what he said. Begin your sentences with **Er möchte wissen,** as in the model.

▷ Wie heißt Ihr Buch?

Er möchte wissen, wie Ihr Buch heißt.

D. Was ist passiert? While waiting for Alexander in a café, you saw a strange meeting between a man and a woman. You tell Alexander, but he doesn't believe you. Insist that it happened. Begin each sentence with **Ich bin sicher, dass ...,** as in the model.

▷ Die Frau ist ins Café gekommen.

Ich bin sicher, dass die Frau ins Café gekommen ist.

E. Vielleicht nach Griechenland. Helmut wants to know how you feel about going to Greece. Answer his questions, using **zu** plus the infinitive, as in the model.

▷ Hast du vor eine Reise zu machen?

Ja, ich habe vor eine Reise zu machen.

F. In Paris. Mr. Bader often goes to Paris. Katharina thinks she knows what he normally does when he arrives there. Answer her questions and say that she is right, as in the model. Be sure to use the correct order of adverbs, time, manner, place.

▷ Wie oft fährt Herr Bader nach Frankreich? Einmal im Monat?

Ja, er fährt einmal im Monat nach Frankreich.

G. Willst du doch noch etwas wissen? A friend asks you about your life at college. Answer in the negative, as in the model. Use **nicht** in the proper place.

▷ Arbeitest du viel?

Nein, ich arbeite nicht viel.

A. Wünsche. You and Jutta are looking at a catalog. Jutta says what she would like. Tell her you think a different one is nicer. Use a form of **dieser,** as in the model.

▷ Ich möchte die Küchenuhr da.   *Ich finde diese Küchenuhr schöner.*

B. So viele Geschenke. Inge is surprised at all the things you got for your birthday. As she names them, tell her your mother gave them to you. Begin the sentence with a demonstrative pronoun that refers to the thing named. Follow the model.

▷ Von wem ist die Jacke?   *Die hat mir meine Mutter gegeben.*

C. Alles von den Eltern. Stefan wonders who gave you various things. Say your parents gave them to you. Use a personal pronoun to refer to the items, as in the model.

▷ Von wem hast du die Jacke?   *Ich habe sie von meinen Eltern.*

D. Zum Geburtstag. The speaker will name a number of items. Tell Stefan you got them for your birthday. Use a form of **ein,** as in the model.

▷ Jacke   *Zum Geburtstag habe ich eine Jacke bekommen.*

E. Beim Packen. While packing for a trip, your roommates can't find various belongings. Reassure them that the items are in the closet. Use the appropriate form of the possessive adjective, as in the model.

▷ Wo ist meine Tasche?   *Deine Tasche? Im Schrank.*
   Wo sind unsere Jacken?   *Eure Jacken? Im Schrank.*

F. Reisevorbereitungen. You are traveling to Dresden with the Schmidts. Frau Schmidt is checking to see whether everyone has packed the crucial items. Answer her questions, using the appropriate form of the possessive adjective that agrees with the subject, as in the model.

▷ Hast du einen Kamm eingepackt?   *Ja, ich habe meinen Kamm eingepackt.*

G. Wie lange? Marcel thinks he knows how long various activities lasted. Say that he is correct and emphasize they lasted the entire time, as in the model.

▷ Hat der Ausflug einen Morgen gedauert?   *Ja, der Ausflug hat den ganzen Morgen gedauert.*

Kapitel 5

A. Geburtstagsgeschenke. You have a tentative birthday gift list for a year. Ulrich is looking at it and asking whether you are really giving those things. The people receiving the gift are in dative case, as in the model.

▷ Was schenkst du deinem Freund Thomas? Ein Bild?   *Ja, ich schenke meinem Freund Thomas ein Bild.*

B. Verrückte Ideen! Seven-year-old Claudia is eager to help you think of ways to spend your hard-earned money. Tell her that her ideas are crazy. Begin your response with **Unsinn** and use indirect-object pronouns, as in the model.

▷ Kauf deiner Schwester eine Bluse!   *Unsinn! Ich kaufe ihr doch keine Bluse.*

C. Schenkst du das denen? Christoph is looking at your gifts with the name tags attached and expresses surprise at your choices. Assure him those are your gifts. Begin with **Ja** and use a pronoun to refer to the gifts. These are direct-object pronouns in the accusative and hence precede the dative nouns. Follow the model.

▷ Schenkst du deinem Neffen diese Briefmarken?   *Ja, ich schenke sie meinem Neffen.*

D. Erik ist es nicht. Martina has Erik on her mind. In all her questions she wants to know whether Erik is the person or someone else. Each time, say it is the other person Martina names, as in the model.

▷ Ist Anna Erik oder ihrem Professor in der Stadt begegnet?   *Anna ist ihrem Professor begegnet.*

E. Die Familie. A friend wants to tell you some things about his family. However, he is just learning German and is having trouble with the dative prepositions. Help him out by telling him which of the two choices he should use, as in the model.

▷ Wohin fährt meine Mutter jeden Tag? Zur Arbeit oder bei der Arbeit?   *Zur Arbeit.*

F. Was weißt du über Pia? Anja knows a few things about your friend Pia but she wants to know more. Tell her what she wants to know, as in the model. Note that the adjectives are used with the dative case.

▷ Pia ist ihrem Vater dankbar. Und wie ist es mit ihrer Mutter?   *Sie ist auch ihrer Mutter dankbar.*

Kapitel 6

A. Neue Erfahrungen. An exchange student has rented a room and asks you where to go for certain things. He suggests two possibilities. Because his German is shaky, only one of the possibilities is logical. Tell him which it is, as in the model.

▷ Wo kann ich Sportschuhe kaufen?　　*Im Warenhaus.*
　Auf der Post oder im Warenhaus?

B. Wie bitte? You are talking to Marta at a party but cannot hear the crucial part of her statement because of the noise. Ask her to repeat her statement, as in the model. Use a **wo**-compound or a preposition plus a pronoun as appropriate.

▷ Inge denkt nur an ihr Studium.　　*Woran denkt sie?*
　Jürgen denkt nur an Inge.　　　　*An wen denkt er?*

C. Neue Nachbarn. Jens is curious about your new neighbors. Confirm his assumptions, as in the model. Begin your answer with **Ja** and use a **da**-compound or a preposition plus a pronoun as appropriate. Follow the model.

▷ Weißt du viel über ihre Wohnung?　　*Ja, ich weiß viel darüber.*
　Weißt du viel über die Leute?　　　*Ja, ich weiß viel über sie.*

D. In Zürich. You and Barbara are visiting Zürich. Ask if she has the addresses of the places you are trying to find. Use the genitive, as in the model.

▷ Wo ist das Café?　　　　　　　　*Hast du die Adresse des Cafés?*

E. Ach so. Christel is telling you how various people hope to spend their vacations. Although you are not very interested, maintain the conversation politely by asking if that is really so. Begin your response with **So?**, as in the model.

▷ Mein Vater will in die Alpen.　　*So? Ist das der Plan deines Vaters?*

F. Beim Umziehen. Your club is breaking up for the summer. Mark is trying to remember whose things are left and he asks you for confirmation. Say you don't know. Begin your response with **Vielleicht,** and follow the model.

▷ Ist das Marks Lampe?　　　　　*Vielleicht. Ich weiß nicht, wessen*
　　　　　　　　　　　　　　　　Lampe das ist.

G. Der Geburtsort. Tanja is asking you about your visit to relatives in Europe. She thinks she knows the answers and asks for confirmation. Say that she is right by repeating the confirmation, as in the model. All the confirmations have a preposition governing the genitive case.

▷ Wann fährst du nach Europa?　　*Ja, während des Sommers.*
　Während des Sommers?

Kapitel 7

A. Sarah erzählt. Sarah is giving you a brief tour of her hometown. However, her sentences seem somewhat disjointed. Combine each pair of her sentences, as in the model. Use the adjective in the second sentence to modify the appropriate noun in the first.

▷ Ich lebe in einer Kleinstadt.   *Ich lebe in einer alten Kleinstadt.*
  Die Kleinstadt ist alt.

B. Telefonnummern. Frau Winkler is new on the job and asks you for some information. Respond that you have the telephone numbers she needs, as in the model. Begin your response with **Ja, ich habe die Nummer,** followed by the genitive forms.

▷ Kennen Sie ein billiges Gasthaus?   *Ja, ich habe die Nummer eines*
                                          billigen Gasthauses.

C. Das schmeckt gut. Say that the following foods and drinks taste good or are good, under certain conditions. Repeat the first sentence, modifying the noun with the adjective you hear in the following sentence or phrase, as in the model. Note that these are unpreceded adjectives.

▷ Brötchen schmecken gut. Wenn sie   *Frische Brötchen schmecken gut.*
  frisch sind.

D. Besser, mehr, lieber. You will hear a statement followed by a short question. Answer using the comparative, as in the model.

▷ Ulla trinkt gern Milch. Und Limonade? *Limonade trinkt sie lieber.*

E. Besuch in Konstanz. You're showing some friends around Konstanz. They ask you a number of questions. Say you'll show them something even larger, cheaper, etc. Follow the model.

▷ Ist das ein sehr großer Supermarkt?   *Ja, aber ich zeige euch einen viel*
                                          größeren.

F. Weiteres aus Konstanz. In showing your friends around Konstanz you tell them you will show them the oldest, the most elegant, etc. tomorrow. Follow the model.

▷ Ist das eine sehr alte Kirche?   *Ja, aber morgen zeige ich euch die*
                                          älteste in der Stadt.

G. Mehr, am meisten. You will hear a statement followed by a short question. Answer using the superlative, as in the model.

▷ Ulla trinkt lieber Limonade als Milch. *Kaffee trinkt sie am liebsten.*
  Und Kaffee?

Mündliche Übungen **Kapitel 7**

A. Faule Ausreden. You are about to play a critical tennis match. Express the wish that conditions were different. Use the present-time subjunctive II in your sentences, as in the model.

▷ Es ist furchtbar heiß.   *Wenn es nur nicht so furchtbar heiß wäre!*

B. So wäre es höflicher. You will hear a number of statements or questions. Repeat each one but soften the tone by using the present-time subjunctive II in your sentences, as in the model.

▷ Du sollst deine Großmutter besuchen.   *Du solltest deine Großmutter besuchen.*

C. Wir hätten's anders gemacht. The German club picnic was a flop. Insist your group would have done things differently. Use the past-time subjunctive II in your sentences, as in the model.

▷ Hoffentlich bringen sie genug zu essen mit.   *Wir hätten genug zu essen mitgebracht.*

D. Ein Unfall. Chris has had a car accident. Torsten, with marvelous hindsight, tells him how he could have avoided it. Take Torsten's role and restate the sentences in the past-time subjunctive II, as in the model.

▷ Du musst schneller reagieren.   *Du hättest schneller reagieren müssen.*

E. So bin ich nicht. Cornelia thinks you and Ingrid are alike in many ways. Reject this notion, saying that there are things Ingrid does that you would not do. Use the **würde**-construction, as in the model.

▷ Ingrid schläft jeden Nachmittag.   *Ich würde nicht jeden Nachmittag schlafen.*

F. Etwas höflicher. You will hear a number of commands. Restate the commands as polite requests. Use the **würde**-construction, as in the model.

▷ Warten Sie bitte einen Augenblick!   *Würden Sie bitte einen Augenblick warten?*

G. Wenn du nur anders wärest! On an exchange program in Germany you share a room with a friend who has habits you don't like. Tell your roommate how you would like things changed, as in the model. Begin your sentence with **Ich wollte** and use a **würde**-construction.

▷ Du machst morgens so viel Lärm.   *Ich wollte, du würdest morgens nicht so viel Lärm machen.*

Kapitel 9

A. Gesundheit. You have missed classes recently because of a cold and are discussing the situation with Felix. Felix makes a comment and then asks about you or a friend. All the sentences contain reflexive pronouns. Answer Felix's questions, as in the model. Remember to change the reflexive pronoun in your response.

▷ Jessica hat sich letzte Woche erkältet. Und du?

Ich habe mich auch letzte Woche erkältet.

B. Eine Bestellung. You and several friends have decided to purchase some items from a mail-order catalog. Various people say what they would like. You then say they will order those items. Use a dative reflexive pronoun, as in the model.

▷ Ich möchte eine Sportuhr.

Ich bestelle mir eine Sportuhr.

C. Furchtbar interessant! Five-year-old Hans gives you a blow-by-blow description of his early morning activities. Even though his ritual is not exciting, show interest by repeating his statements. Begin your response with **So,** as in the model.

▷ Ich wasche mich nach dem Frühstück.

So Du wäschst dich nach dem Frühstück.

D. Ein Zufall. Karsten is telling you about his relatives' hobbies. Express your surprise that some of your relatives have the same hobbies. Begin your response with **Wirklich?** and use a relative clause, as in the model. The relative pronoun is in the nominative case.

▷ Meine Tante Lydia sammelt silberne Löffel.

Wirklich? Ich habe auch eine Tante, die silberne Löffel sammelt.

E. Woher? Marta wants to know where you got all your new purchases. Explain that you bought them on your last trip. Use a relative clause, as in the model. The relative pronoun is in the accusative case.

▷ Wo hast du das interessante Buch her?

Oh, das ist das Buch, das ich auf meiner Reise gekauft habe.

F. Wo bleiben sie denn? Barbara asks you where certain people are. You respond, "Oh, the one I'm supposed to be helping?" Use a relative clause, as in the model, with a relative pronoun in the dative.

▷ Du, wo ist der Student?

Oh, der Student, dem ich helfen soll?

G. Wie bitte? You join a group of friends for lunch. They are in the middle of a conversation. Ask Doris if she is acquainted with the people or things they're discussing. Begin your question with **Kennst du?** and use the preposition **von** with a relative pronoun. Follow the model.

▷ Die Geschichte hat ein tragisches Ende.

Kennst du die Geschichte, von der sie sprechen?

A. Hausarbeit. Franziska asks who does what around the house. She has an idea who it might be and wonders if she is right. Agree that her suppositions are correct. Use the passive voice, as in the model.

▷ Von wem wird die Gartenarbeit
gemacht? Von dir?

*Ja, die Gartenarbeit wird von mir
gemacht.*

B. Ein Unfall. Someone tells you about an accident. Repeat the sentence in the present perfect tense of the passive, as in the model.

▷ Ein Mann wurde verletzt.

Ein Mann ist verletzt worden.

C. Es muss noch gemacht werden. You are leaving for a trip and your parents are checking to see if everything has been taken care of. Admit that everything still needs to be done. Use a modal plus a passive infinitive, as in the model.

▷ Sind die Betten schon gemacht?

*Nein, die Betten müssen noch
gemacht werden.*

D. In einem anderen Land. Paul is new in Hannover. Tell him about life in Germany. Restate the sentences you hear using the subject **man,** as in the model.

▷ Sonntags wird nicht gearbeitet.

Sonntags arbeitet man nicht.

E. Ein Ferienjob. Tell a friend what Lore said about the conditions at a resort where she worked during the summer. Begin with **Lore sagte** and use the present-time subjunctive II to express indirect discourse in present time, as in the model.

▷ Man verdient gut.

Lore sagte, man verdiente gut.

F. Noch ein Ferienjob. This time Alex tells about his experiences at a resort where he worked during the summer. His experiences are not the same as Lore's. Tell a friend what Alex said. Begin with **Alex sagte,** but this time use present-time subjunctive I to express indirect discourse in the present time, as in the model.

▷ Man verdient nicht gut.

Alex sagte, man verdiene nicht gut.

G. Urlaub in Deutschland. Tell Ernst what your friend Erika said about her trip to Berchtesgaden. Begin with **Erika sagte** and use the past-time subjunctive II to express indirect discourse in past time, as in the model.

▷ Wir waren letztes Jahr in Deutschland.

*Erika sagte, sie wären letztes Jahr in
Deutschland gewesen.*

Pronunciation Guide

Pronunciation Guide

Stress

Nearly all native German words are stressed on the *stem syllable*, that is, the first syllable of the word, or the first syllable that follows an unstressed prefix.

Without prefix		*With unstressed prefix*	
den'ken	to think, consider	**beden'ken**	to think over
kom'men	to come	**entkom'men**	to escape

Vowels

German has short vowels, long vowels, and diphthongs. The short vowels are very short, and are never "drawled" as they often are in English. The long vowels are monophthongs ("steady-state" vowels) and not diphthongs (vowels that "glide" from one vowel sound toward another). The diphthongs are similar to English diphthongs except that they, like the short vowels, are never drawled. Compare the English and German vowels in the words below.

English (with off-glide)	*German (without off-glide)*
bait	**Beet**
vein	**wen**
tone	**Ton**
boat	**Boot**

Spelling as a reminder of vowel length

By and large, the German spelling system clearly indicates the difference between long and short vowels. German uses the following types of signals:

1. A vowel is long if it is followed by an **h** (unpronounced): **ihn, stehlen, Wahn.**
2. A vowel is long if it is double: **Beet, Saat, Boot.**
3. A vowel is generally long if it is followed by one consonant: **den, kam, Ofen, Hut.**
4. A vowel is generally short if it is followed by two or more consonants: **denn, Sack, offen, Busch, dick.**

Pronunciation of vowels

■ *Long and short **a***

Long [ā] = **aa, ah, a** (**Saat, Bahn, kam, Haken**): like English *a* in *spa,* but with wide-open mouth and no off-glide.

Short [a] = **a** (**satt, Bann, Kamm, Hacken**): between English *o* in *hot* and *u* in *hut.*

[ā]	[a]
Bahn	Bann
kam	Kamm
Staat	Stadt
Schlaf	schlaff
lahm	Lamm

■ *Long and short e*

Long [ē] = **e, ee, eh, ä, äh (wen, Beet, fehlen, gähnt):** like *ay* in English *say*, but with exaggeratedly spread lips and no off-glide.

Short [e] = **e, ä (wenn, Bett, fällen, Gent):** Like *e* in English *bet*, but more clipped.

[ē]	[e]
beten	Betten
Weg	weg
stehlt	stellt
Reeder	Retter
fehle	Fälle

■ *Unstressed [ə] and [ər]*

Unstressed [ə] = **e (bitte, endet, gegessen):** like English *e* in *begin, pocket*.

Unstressed [ər] = **er (bitter, ändert, vergessen):** When the sequence [ər] stands at the end of a word, before a consonant, or in an unstressed prefix, it sounds much like the final *-a* in English *sofa*; the *-r* is not pronounced.

[ən]	[ə]	[ər]
bitten	bitte	bitter
fahren	fahre	Fahrer
denken	denke	Denker
fehlen	fehle	Fehler
besten	beste	bester

■ *Long and short i*

Long [ī] = **ih, ie (ihn, Miete, liest):** like *ee* in *see*, but with exaggeratedly spread lips and no off-glide.

Short [i] = **i (in, Mitte, List):** like *i* in *mitt*, but more clipped.

[ī]	[i]
bieten	bitten
Bienen	binnen
stiehlt	stillt
riet	ritt
ihn	in

■ *Long and short o*

Long [ō] = **oh, o, oo (Moos, Tone, Ofen, Sohne):** like English *o* in *so*, but with exaggeratedly rounded lips and no off-glide.

Short [o] = **o (Most, Tonne, offen, Sonne):** like English *o* often heard in the word *gonna*.

[ō]	[o]
Moos	Most
bog	Bock
Schote	Schotte
Ofen	offen
Tone	Tonne

■ Long and short u

Long [ū] = **uh, u (Huhne, schuf, Buße, Mus):** like English *oo* in *too*, but with more lip rounding and no off-glide.

Short [u] = **u (Hunne, Schuft, Busse, muss):** like English *u* in *bush*, but more clipped.

[ū]	[u]
Mus	muss
Buhle	Bulle
Buße	Busse
Stuhle	Stulle
tun	Tunnel

■ Diphthongs

[ai] = **ei, ai, ey, ay (nein, Kaiser, Meyer, Bayern):** like English *ai* in *aisle*, but clipped and not drawled.

[oi] = **eu, äu (neun, Häuser):** like English *oi* in *coin*, but clipped and not drawled.

[au] = **au (laut, Bauer):** like English *ou* in *house*, but clipped and not drawled.

[ai]	[oi]	[au]
nein	neun	Maus
heiser	Häuser	Haus
Seile	Säule	Sauna
Eile	Eule	Aula
leite	Leute	Laute

■ Long and short ü

Long [ǖ] = **üh, ü (Bühne, kühl, lügen):** To pronounce long [ǖ], keep your tongue in the same position as for long [ī], but round your lips as for long [ū].

Short [ü] = **ü (Küste, müssen, Bünde):** To pronounce short [ü], keep your tongue in the same position as for short [i], but round your lips as for short [u].

[ǖ]	[ü]
Füße	Füssen
büßte	Büste
Mühle	Müll
Düne	dünne
Hüte	Hütte
fühlen	füllen

■ Long and short ö

Long [ȫ] = **ö, öh (Höfe, Löhne, Flöhe):** To pronounce long [ȫ], keep your tongue in the same position as for long [ē], but round your lips as for long [ō].

Short [ö] = **ö (gönnt, Hölle, Knöpfe):** To pronounce short [ö], keep your tongue in the same position as for short [e], but round your lips as for short [o].

[ȫ]	[ö]
König	können
Höhle	Hölle
Öfen	öffnen
lösen	löschen
fröhlich	Frösche

Consonants

Most of the German consonant sounds are similar to English consonant sounds. There are four major differences.

1. German has two consonant sounds without an English equivalent: [x] and [ç]. Both are spelled **ch.**
2. The German pronunciation of [l] and [r] differs from the English pronunciation.
3. German uses sounds familiar to English speakers in unfamiliar combinations, such as [ts] in an initial position: **zu.**
4. German uses unfamiliar spellings of familiar sounds.

■ *The letters b, d, and g*

The letters **b, d,** and **g** generally represent the same consonant sounds as in English. German **g** is usually pronounced like English *g* in *go*. When the letters **b, d,** and **g** occur at the end of a syllable, or before an **s** or **t,** they are pronounced like [p], [t], and [k] respectively.

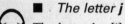

b = [b] **(Diebe, gaben)** b = [p] **(Dieb, Diebs, gab, gabt)**
d = [d] **(Lieder, laden)** d = [t] **(Lied, Lieds, lud, lädt)**
g = [g] **(Tage, sagen)** g = [k] **(Tag, Tags, sag, sagt)**

[b]	[p]	[d]	[t]	[g]	[k]
graben	Grab	finden	fand	Tage	Tag
gaben	gab	Hunde	Hund	Wege	Weg
Staube	Staub	senden	Sand	trugen	trug
hoben	hob	baden	Bad	Kriege	Krieg

■ *The letter j*

The letter **j** = [j] **(ja, jung, jeder, Januar):** represents the sound *y* as in English *yes*.

■ *The letter k*

The letter **k** = [k] **(Keller, kommen, buk, nackt, Lack):** represents the same sound as the English *k* sound.

■ *The letter l*

English [l] typically has a "hollow" sound to it. When an American pronounces [l], the tongue is usually "spoon-shaped": It is high at the front (with the tongue tip pressed against the gum ridge above the upper teeth), hollowed out in the middle, and high again at the back. German [l] **(viel, Bild, laut)** never has the "hollow" quality. It is pronounced with the tongue tip against the gum ridge, as in English, but with the tongue kept flat from front to back. Many Americans use this "flat" [l] in such words as *million, billion,* and *William.*

[l]
wild
schmelzen
kalte
wollte
laut
Lied

■ *The letter* **r**

German [r] can be pronounced in two different ways. Some German speakers use a "tongue-trilled [r]," in which the tip of the tongue vibrates against the gum ridge above the upper teeth—like the *rrr* that children often use in imitation of a telephone bell or police whistle. Most German speakers, however, use a "uvular [r]," in which the back of the tongue is raised toward the uvula, the little droplet of skin hanging down in the back of the mouth.

You will probably find it easiest to pronounce the uvular [r] if you make a gargling sound before the sound [a]: **ra.** Keep the tip of your tongue down and out of the way; the tip of the tongue plays no role in the pronunciation of the gargled German [r].

r = [r] + vowel **(Preis, fragt, kriechen, Jahre, fahren, rufen, Rose):** When German [r] is followed by a vowel, it has the full "gargled" sound.

r = vocalized [r] **(Tier, Uhr, Tür):** When German [r] is not followed by a vowel, it tends to become "vocalized," that is, pronounced like the vowel-like glide found in the final syllable of British English *hee-uh* (here), *thay-uh* (there).

[r] + vowel	vocalized [r]
Tiere	Tier
Paare	Paar
fahre	fahr
Klaviere	Klavier
schwere	schwer

■ *The letters* **s, ss, ß**

s = [ẓ] **(sehen, lesen, Gänse):** Before a vowel, the letter **s** represents the sound [ẓ], like English *z* in *zoo.*

s = [s] **(das, Hals, fast):** In most other positions, the letter **s** represents the sound [s], like English *s* in *so.*

ss, ß = [s] **(wissen, Flüsse, weiß, beißen, Füße):** The letters **ss** and **ß** (called **ess-tsett**) are both pronounced [s]. When they are written between vowels, the double letters **ss** signal the fact that the preceding vowel is short, and the single letter **ß** signals the fact that the preceding vowel is long (or a diphthong).

[ẓ]	[s]	[s]
Sahne	reisen	reißen
sehen	heiser	heißer
Seile	Kurse	Kurs
sieht	weisen	weißen
Sonne	Felsen	Fels

■ *The letter* **t**

t = [t] **(Tag, Tasse, Seite, Butter, tut):** The letter **t** is pronounced like English [t].

[d]	[t]
hindern	hinter
Sonde	sonnte
Seide	Seite
Boden	Boten
Mieder	Mieter

■ The cluster *th*

th = [t] **(Thomas, Theater, Kathode, Mathe, pathetisch):** In the cluster **th**, the **h** is silent.

■ The letter *v*

v = [f] **(Vater, viel, voll, aktiv, naiv):** The letter **v** is generally pronounced like English [f] as in *father*.

v = [v] **(Vase, Vokabeln, Vitamine, November, Universität):** In words of foreign origin, the letter **v** is pronounced [v].

■ The letter *w*

w = [v] **(wann, Wagen, Wein, wohnen, Möwe, Löwe):** Many centuries ago, German **w** (as in **Wein**) represented the sound [w], like English *w* in *wine*. Over the centuries, German **w** gradually changed from [w] to [v], so that today the **w** of German **Wein** represents the sound [v], like the *v* of English *vine*. Standard German no longer has the sound [w]. The letter **w** always represents the sound [v].

[f]	[v]
Vater	Wasser
Vieh	wie
vier	wir
voll	Wolle
Volk	Wolke

■ The letter *z*

z = final and initial [ts] **(Kranz, Salz, reizen, heizen, Zahn, zu, Zeile):** The letter **z** is pronounced [ts], as in English *rats*. In English, the [ts] sound occurs only at the end of a syllable; in German, [ts] occurs at the beginning as well as at the end of a syllable.

[s̩]	[ts]
Sohne	Zone
Sahne	Zahn
sehen	zehn
soll	Zoll
sieht	zieht
reisen	reizen
heiser	Heizer

■ The consonant clusters *gn, kn, pf, qu*

To pronounce the consonant clusters **gn, kn, pf, qu** correctly, you need to use familiar sounds in unfamiliar ways.

gn: pronunciation is [gn]   pf: pronunciation is [pf]
kn: pronunciation is [knl   qu: pronunciation is [kv]

gn = [gn-] **(Gnade, Gnom, gnädig)**

kn = [kn-] **(Knie, Knoten, Knopf, knapp, Knochen)**

pf = [pf-] **(Pfanne, Pflanze, Pfeffer, Pfeife, Kopf, Knöpfe)**

qu = [kv-] **(quälen, Quarz, quitt, Quiz, Qualität)**

■ The combination *ng*

ng = [ŋ] **(Finger, Sänger, Ding, Junge, singen, Hunger):** The combination **ng** is pronounced [ŋ], as in English *singer*. It does not contain the sound [g] that is used in English *finger*.

■ *The combinations **sch**, **sp**, and **st***

sch = [š] (Schiff, waschen, Fisch, Schule, Kirsche)

sp = [šp] (Spaten, spinnen, Sport, spielen, springen)

st = [št] (Stein, Start, stehlen, Stücke, streng)

Many centuries ago, both German and English had the combinations **sp, st, sk**, pronounced [sp], [st], [sk]. Then two changes took place. First, in both languages, [sk] changed to [š], as in English *ship, fish,* and German **Schiff, Fisch.** Second, in German only, word-initial [sp-] and [st-] changed to [šp-] and [št-]. The *sp* in English *spin* is pronounced [sp-], but in German **spinnen** it is pronounced [šp-]. The *st* in English *still* is pronounced [st-], but in German **still** is pronounced [št-]. Today, German **sch** always represents [š] (like English *sh*, but with more rounded lips); **sp-** and **st-** at the beginning of German words or word stems represent [šp-] and [št-].

■ *The letters **ch***

The letters **ch** are usually pronounced either [x] or [ç]. The [x] sound is made in the back of the mouth where [k] is produced.

   If you have ever heard a Scotsman talk about "Lo*ch* Lomond," you have heard the sound [x]. The sound [x] is produced by forcing air through a narrow opening between the back of the tongue and the back of the roof of the mouth (the soft palate). Notice the difference between [k], where the breath stream is stopped in this position and [x], where the breath stream is forced through a narrow opening in this position.

   To practice the [x] sound, keep the tongue below the lower front teeth and produce a gentle gargling sound, without moving the tongue or lips. Be careful not to substitute the [k] sound for the [x] sound.

ch = [x] (Sache, hauchen, pochen, Buch)

[k]	[x]
Sack	Sache
Hauke	hauchen
pocken	pochen
buk	Buch

The [ç] sound is similar to that used by many Americans for the *h* in such words as *hue, huge, human.* It is produced by forcing air through a narrow opening between the front of the tongue and the front of the roof of the mouth (the hard palate). Notice the difference between [š], where the breath stream is forced through a wide opening in this position and the lips are rounded, and [ç], where the breath stream is forced through a narrow opening in this position and the lips are spread.

   To practice the [ç] sound, round your lips for [š], then use a slit-shaped opening and spread your lips. Be careful not to substitute the [š] sound for [ç].

ch = [ç] (mich, ficht, Kirche, welch, München)

[š]	[ç]
misch	mich
fischt	ficht
Kirsche	Kirche
Welsch	welch
Menschen	München

Note two additional points about the pronunciation of **ch**:

1. **ch** = [x] occurs only after the vowels **a, o, u, au**.
2. **ch** = [ç] occurs only after the other vowels and **n, l,** and **r**.

■ *The combination **chs***

chs = [ks] (**sechs, Fuchs, Weichsel, Lachs**)

chs = [xs] or [çs] (**Teichs, Brauchs, rauchst**)

The fixed combination **chs** is pronounced [ks] in words such as **sechs, Fuchs,** and **Ochse**. Today, **chs** is pronounced [xs] or [çs] only when the **s** is an ending or part of an ending (**ich rauche, du rauchst; der Teich, des Teichs**).

[x]	[ç]	[ks]
acht	echt	sechs
Buch	Bücher	Büchse
Fach	Fächer	Fuchs
Dach	durch	Dachs
wachen	welche	wachsen
machen	manche	wechseln

■ *The suffix **-ig***

-ig = [iç] (**Pfennig, König, schuldig**): In final position, the suffix **-ig** is pronounced [iç] as in German **ich**.

-ig = [ig] (**Pfennige, Könige, schuldige**): In all other positions, the **g** in **-ig** has the sound [g] as in English *go*.

[iç]	[ig]
Pfennig	Pfennige
König	Könige
schuldig	schuldige
billig	billiger
wenig	weniger

The glottal stop

English uses the glottal stop as a device to avoid running together words and parts of words; it occurs only before vowels. Compare the pairs of words below. The glottal stop is indicated with an *.

an *ice man	a nice man
not *at *all	not a tall
an *ape	a nape

German also uses the glottal stop before vowels to avoid running together words and parts of words.

Wie *alt *ist *er?
be*antworten
Ich *arbeite *immer *abends.

The glottal stop is produced by closing the glottis (the space between the vocal cords), letting air pressure build up from below, and then suddenly opening the glottis, resulting in a slight explosion of air. Say the word *uh-uh*, and you will notice a glottal stop between the first and second *uh*.

Video Workbook

Kaleidoskop: Das Video

Map of Germany

Map of Berlin

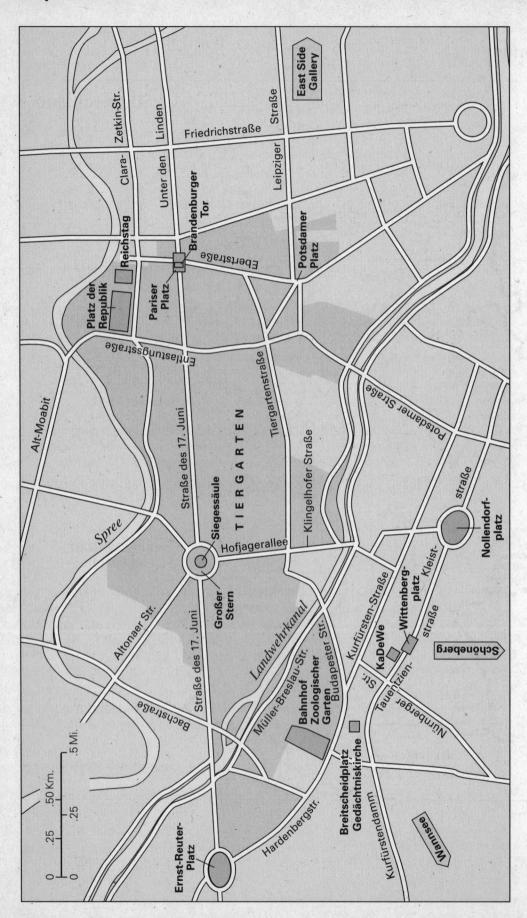

▶ Wichtige Wörter

At the end of each video workbook section is a list of key words from the video soundtrack and from the printed exercises. The definitions are tailored to the context of the video segment. As you work with *Kaleidoskop: Das Video,* you will find that many words and expressions occur again and again, especially those that have to do with watching the video and doing the accompanying activities in this Video Guide. Below is a list of such words for your reference.

der **Abschnitt, -e** segment, section

die **Aktivität, -en** activity

an•**geben (i; a, e)** to indicate

an•**kreuzen** to check (off), mark

sich an•**schauen** to watch, to look at

sich an•**sehen (sieht; a, e)** to look at, watch

aus•**drücken** to express

die **Äußerung, -en** statement, remark

die **Aussage, -n** statement

das **Aussehen** appearance

aus•**wählen** to choose, select

die **Bedeutung, -en** meaning

begründen to give reasons for

der **Beitrag, ⁻e** segment, contribution

der **Bericht, -e** report

berichten to report

beschreiben (ie, ie) to describe

die **Beschreibung, -en** description

betrachten to observe

der **Bildschirm, -e** monitor screen

das **Bundesland, ⁻er** federal state of Germany

dar•**stellen** to represent, present

die **Diskussion, -en** discussion

diskutieren to discuss

der **Eindruck, ⁻e** impression

der **Einstieg** entry, approach

entscheiden (ie, ie) to decide

entsprechen (i; a, o) to correspond to

erfahren (ä; u, a) to find out

ergänzen to complete, to fill in

die **Ergänzung, -en** completion

erwähnen to mention

der **Grund, ⁻e** reason

der **Interviewer, -/die Interviewerin, -nen** interviewer

die **Lösung, -en** solution

markieren to mark, to check

merken to notice

nach•**denken (dachte, gedacht)** to reflect

die **Notizen** (*pl.*) notes

nummerieren to number

passen to fit

passend appropriate

passieren [ist] to happen, occur

persönlich personally

raten (ä; ie, a) to guess

die **Reihenfolge** order, sequence

das **Rollenspiel, -e** role-play

der **Satz, ⁻e** sentence

das **Segment, -e** segment

der **Sender, -** TV or radio station

die **Sendung, -en** (TV) program

der **Sprecher, -/die Sprecherin, -nen** speaker

statt•**finden (a, u)** to take place

die **Szene, -n** scene

das **Thema, Themen** topic

der **Ton, ⁻e** sound

der **Unterschied, -e** difference

vergleichen (i, i) to compare

vervollständigen to complete

der **Videoabschnitt, -e** video segment

der **Videobeitrag, -beiträge** video segment

der **Vorschlag, ⁻e** proposal, suggestion

vor•**stellen** to present

sich vor•**stellen** to imagine

wählen to choose

wahrscheinlich probably

zeigen to show

zusammen•**passen** to fit together, match

der **Zuschauer, -/die Zuschauerin, -nen** viewer (TV)

Thema 1 Freizeit

1. Blade-Night in Berlin

Worum geht es hier?

Für die meisten Menschen ist Inlineskaten ein Sport. Aber einige Menschen nutzen Rollerskates als Fortbewegungsmittel, statt des Fahrrads oder des Autos. Das kann dann zu Problemen im Straßenverkehr führen, denn die Skater passen weder auf den Bürgersteig noch auf die Straße. Und oft ärgern sich entweder die Fußgänger oder die Autofahrer über sie. 1998 fand in Berlin die erste Blade-Night statt, um dafür zu demonstrieren, dass Skater dieselben Rechte haben wie Autofahrer. Seitdem finden in Berlin und auch in anderen Städten Blade-Nights jeden oder jeden zweiten Monat statt. Im Sommer 2000 nahmen 50 000 Menschen an der Blade-Night in Berlin teil. Zwei Stunden lang fuhren die Skater auf den Straßen und sie hatten die gesamte Strecke für sich. Die Autos mussten warten. Im Bundestag kam es dann zu einer Expertenanhörung: Sollten Skater auf der Straße fahren dürfen? Das Fernsehjournal *heute nacht* zeigte einen Beitrag zu diesem Thema. In diesem Videoabschnitt sehen wir eine Blade-Night in Berlin und hören, was Renate Künast, die Vorsitzende der Grünen Partei und begeisterte Skaterin, und andere Skater zu diesem Problem zu sagen haben.

A. Einstieg

1. Ist Inlineskating bei Ihnen sehr beliebt?

   _____

2. Dürfen Skater bei Ihnen auf dem Bürgersteig fahren? Oder auf der Straße? Wenn nicht, wo dürfen sie skaten?

   _____

3. Betrachten Sie Inlineskaten als ein Fortbewegungsmittel oder nur als Sport? Warum?

   _____

4. Skaten Sie selber? Warum (nicht)?

   _____

5. Suchen Sie Berlin auf der Landkarte auf Seite 185. Berlin ist wie Bremen und Hamburg ein Stadt-Staat und liegt wie eine Insel in einem größeren Bundesland. Wie heißt das Land?

   _____

B. Blade-Night. Stellen Sie sich vor, Sie waren mit auf der Blade-Night und wollen jetzt Bekannten etwas darüber erzählen. Sehen Sie sich im Video die Blade-Night ohne Ton an und kreuzen Sie dann an, was Sie sehen.

Teil I ▶ 00:50–01:35

_____ 1. das Brandenburger Tor

_____ 2. viele Inlineskaterinnen und Inlineskater

_____ 3. viele Kinder mit Rollerskates

_____ 4. die meisten Skater mit Helmen

_____ 5. einige Skater mit Knie-, Ellenbogen- und Handgelenkschonern

_____ 6. einen Streifenwagen (Polizeiwagen)

_____ 7. einen Mann mit Videokamera, der filmt

_____ 8. einige Skater mit Kinderwagen

Teil II ▶ 02:00–02:33

_____ 9. eine Kirche, an der Skater vorbeifahren

_____ 10. In den Gebäuden brennt Licht.

_____ 11. Einige Polizisten skaten mit.

_____ 12. Es ist dunkel.

_____ 13. Skater mit Rucksäcken

_____ 14. Einige Skater sind müde und sitzen auf Bänken.

_____ 15. Die Blade-Night endet wieder am Brandenburger Tor.

▶ 01:47–01:58

C. Skaten in der Stadt. Skater skaten nicht nur während der Blade-Night durch die Stadt, sondern auch Tag für Tag. Sehen Sie sich diese Szenen noch einmal ohne Ton an und kreuzen Sie an, was Sie sehen.

_____ 1. Eine Dame skatet in der Fußgängerzone.

_____ 2. Sie skatet an einem Straßencafé vorbei.

_____ 3. Ein Mann skatet auf der Straße vor einem Bus.

_____ 4. Zwei Jungen fahren auf dem Bürgersteig mit Rollern.

_____ 5. Fußgänger gehen über die Straße.

_____ 6. Ein Radfahrer fährt auch auf der Straße.

_____ 7. Ein Skater fällt hin.

D. Wohin mit den Inlineskatern? Zu dieser Frage äußern sich einige Leute in diesem Videoabschnitt. Sehen Sie sich das Video mit Ton an und kreuzen Sie die richtige Äußerung an. Die Sprecherinnen/Sprecher stehen in der Reihenfolge, in der sie in diesem Video erscheinen.

▶ **01:01**   1. Renate Künast meint:

_____   a. Das Skaten muss als Verkehrsmittel anerkannt werden.

_____   b. Skater sollen nicht über Tempo 30 fahren.

▶ **01:17**   2. Der zweite Sprecher sagt:

_____   a. Die Skater demonstrieren hier schon seit fünf Jahren.

_____   b. Bisher sind Inlineskates rechtlich Kinderrollern gleichgestellt.

▶ **01:40**   3. Anke Leue vom Bundesverkehrsministerium sagt:

_____   a. Es werden Unfallerhebungen stattfinden.

_____   b. Es gibt bei weitem zu viele Unfälle.

▶ **01:47**   4. Der zweite Sprecher sagt:

_____   a. Skater galten bisher nicht als Fußgänger.

_____   b. Selbst der ADAC kann sich Skater auf der Straße statt auf dem Bürgersteig vorstellen.

▶ **02:14**   5. Die Inlineskaterin sagt:

_____   a. Es ist schön auf der Straße zu skaten.

_____   b. Das ist einfach zu stark, der Verkehr.

▶ **02:18**   6. Der Inlineskater sagt:

_____   a. Aber als Fahrzeug anerkannt zu werden, wäre schon nicht schlecht.

_____   b. Aber ich wäre gegen einen Führerschein für Skater.

E. Diskussion

1. Schauen Sie sich die Bilder der Blade-Night noch einmal an. Wie fahren die Skater? Tragen sie alle die richtige Kleidung und fahren sie so, dass es sicher ist? Wenn nicht, erklären Sie, was sie falsch machen.

2. Welchen der folgenden Standpunkte finden Sie richtig? Warum?
   a. Skater sollen auf dem Bürgersteig fahren dürfen.
   b. Skater sollen auf der Straße fahren dürfen.
   c. Skater sollen weder auf dem Bürgersteig noch auf der Straße fahren dürfen.

3. Ein Sprecher im Video sagt, wenn die Skates als Fahrzeug betrachtet würden, müssten sie vielleicht Beleuchtung oder Bremsen haben. Ein junger Mann spricht von Rücklicht. Vielleicht sollte man zum Skaten sogar einen Führerschein machen müssen. Was meinen Sie? Wären Sie dafür Inlineskates als Fahrzeug zu akzeptieren und sie dann auch technisch besser auszustatten? Warum (nicht)?

F. Rollenspiel. Sie möchten an der Blade-Night teilnehmen, doch Ihre Partnerin/Ihr Partner will nicht. Versuchen Sie sie/ihn zu überreden mitzukommen.

▶ Wichtige Wörter

der **ADAC (Allgemeiner Deutscher Automobil Club)** German Automobile Club
allerdings of course
an·erkennen (erkannte, erkannt) to recognize; to acknowledge
die **Anerkennung** recognition; acknowledgment; acceptance
an·führen to lead
die **Anhörung, -en** hearing
sich ärgern to be annoyed
sich äußern to express oneself
die **Äußerung, -en** statement
aus·statten to equip
begeistert enthusiastic
die **Beleuchtung** light; illumination
beliebt popular
berücksichtigen to take into account, consider
bisher until now
bislang up to now
die **Bremse, -n** brake
der **Bundestag** lower house of German parliament
der **Bürgersteig, -e** sidewalk
diejenigen the ones
die **Dienstfahrt, -en** business or official trip
die **Einladung, -en** invitation
endgültig definitive, final
entsprechend corresponding
erfreuen to please, delight
erhalten (ä; ie, a) to preserve
die **Expertenanhörung, -en** hearing with specialists
die **Fahrt, -en** trip
das **Fahrzeug, -e** vehicle
fehlen to be missing; lacking
forschen to investigate
das **Fortbewegungsmittel, -** means of transportation
der **Führerschein, -e** driver's license

der **Fußgänger, -/die Fußgängerin, -nen** pedestrian
die **Fußgängerzone, -n** pedestrian zone
gelten (i; a, o) to be considered as
gesamt entire
gleichberechtigt with equal right(s)
gleich·stellen to treat as equal
die **Grünen** *(pl.)* Green Party
halt *(coll.)* just, simply
der **Helm, -e** helmet
der **Inlineskate, -s** inline skate
der **Inlineskater, -/die Inlineskaterin, -nen** inline skater
die **Insel, -n** island
insgesamt altogether
irgendwohin somewhere
der **Kinderroller, -** child's scooter
klären to clarify
die **Knie-, Ellenbogen- und Handgelenkschoner** *(pl.)* knee, elbow, and wrist guards
liegen (a, e) to be located
mindestens at least
mobil mobile
das **Modell, -e** model
nutzen to use
die **Partei, -en** political party
polizeilich legal
prinzipiell in principle
quer right over, across
das **Recht, -e** right
rechtlich legal
die **Regel, -n** regulation
die **Regelung, -en** regulation
rollend rolling
der **Roller, -** scooter
das **Rücklicht, -er** rear or tail light
der **Schoner, -** protection device, guard

die **Sicherheit** safety
die **Sicherheitsmaßnahme, -n** safety measure
der **Sinn** sense; **in dem Sinn** in that sense
skaten to skate
der **Standpunkt, -e** viewpoint, position
stellen to put; to arrange; to provide
der **Straßenverkehr** street traffic
die **Straßenverkehrsordnung, -en** traffic regulation
die **Strecke, -n** stretch
der **Streifenwagen, -** patrol car
die **Studie, -n** study
technisch technically
teil·nehmen (nimmt; a, genommen) to participate
das **Tempo** speed
die **Tendenz, -en** trend
überraschend surprising
überreden to persuade
die **Unfallerhebungen** *(pl.)* accident investigations
die **Unfallzahlen** *(pl.)* number of accidents
der **Verkehr** traffic
die **Verkehrsart, -en** type of traffic
das **Verkehrsmittel, -** means of transportation
der **Verkehrsteilnehmer, -/die Verkehrsteilnehmerin, -nen** road user
der **Verkehrsweg, -e** highway
vorbei·sausen [ist] to roar by
der/die **Vorsitzende** *(noun decl. like adj.)* leader (of party)
zu·weisen (ie, ie) to assign, allocate

Thema 2   Kommunikation

2. Internet-Cafés

Worum geht es hier?

Nach einer Entscheidung des Bundesverwaltungsgerichts müssen die Betreiber von Internet-Cafés eine Spielhallen-Erlaubnis haben. Denn in einem Internet-Café kann man nicht nur im Internet surfen, sondern auch spielen. In diesem Videobeitrag aus der Sendung *heute* erfahren wir, welche Konsequenzen diese Entscheidung für die Betreiber von Internet-Cafés haben kann.

A. Einstieg

1. Gibt es viele Internet-Cafés in Ihrer Stadt?

   _____

2. Besuchen Sie manchmal ein Internet-Café? Warum (nicht)?

   _____

3. Kann man in der Unibibliothek oder in der Stadtbibliothek bei Ihnen im Internet surfen?

   _____

   Kann man die Computer auch benutzen, um zu spielen?

   _____

4. Gibt es bei Ihnen ein Mindestalter, unter dem Kinder oder Jugendliche Computer im Internet-Café nicht benutzen dürfen? In der Stadtbibliothek? Wenn ja, wie alt muss man sein?

   _____

5. Die Internet-Factory befindet sich in Berlin-Schöneberg. Suchen Sie im Internet Information über Berlin-Schöneberg und finden Sie diesen Stadtteil auf dem Stadtplan von Berlin auf Seite 186.

   _____

⏵ 03:10–03:21

B. Die Internet-Factory. In diesem Videoabschnitt besuchen wir die Internet-Factory, ein Internet-Café. Sehen Sie sich das Video ohne Ton an und kreuzen Sie an, was Sie sehen.

_____ 1. Zwei Mädchen gehen auf dem Bürgersteig.

_____ 2. Zwei Jungen fahren auf der Straße Rad.

_____ 3. Ein Auto hält vor der Internet-Factory.

_____ 4. Zwei Mädchen gehen in das Internet Café.

_____ 5. Im Internet-Café sitzen Leute vor den Computern an runden Tischen.

_____ 6. Unter den Kunden sind auch einige kleine Kinder.

⏵ 03:22–03:54

C. Die Internet-Factory. In diesem Videoabschnitt erfahren wir von den Problemen, die auf Jörn Löpelmann, den Betreiber der Internet-Factory zukommen, wenn das Gewerbeamt sein Café zu einer Spielhalle erklärt. Sehen Sie sich das Videosegment mit Ton an. Kreuzen Sie die richtige Ergänzung an.

1. Die Internet-Factory befindet sich in _____.
   a. München   b. Berlin-Schöneberg   c. Köln

2. In Deutschland gibt es Internet-Cafés _____.
   a. in fast jeder Stadt   b. nur in den Großstädten   c. in 400 Städten

3. Wenn sein Internet-Café zu einer Spielhalle erklärt wird, wird Herr Löpelmann wahrscheinlich _____.
   a. mehr verdienen   b. andere Computer kaufen   c. pleite machen

4. Die Internet-Factory hat _____ Computer.
   a. 15   b. 30   c. 50

5. Als Spielhalle muss Herr Löpelmann jeden Monat _____ Euro Vergnügungssteuer bezahlen.
   a. 1 500   b. 3 500   c. 5 000

6. Wenn ein Internet-Café zur Spielhalle erklärt wird, dürfen Jugendliche unter _____ das Lokal nicht mehr betreten.
   a. 16   b. 18   c. 21

▶ **03:55–04:12**

D. Das rechtliche Problem. Mit Computern kann man informativ im Internet surfen, chatten, aber auch spielen. Darin liegt das rechtliche Problem: Jüngere Kunden interessieren sich fürs Spielen.

Christian Knüppel vom Bezirksamt Berlin Tempelhof-Schöneberg beschreibt das Problem. Sehen Sie sich das Videosegment mit Ton an. Ergänzen Sie seine Aussage mit den richtigen Wörtern aus der folgenden Liste.

dienen	primär
handelt es sich	Spielzwecken
Moment	

In dem _____, wo wir tätig werden, _____ um

Gewerbe, quasi, die nicht primär der Internetnutzung _____, also zur

Informationsgewinnung, Informationsaustausch, sondern wo es _____ um

das Bereitstellen von Computern zu _____ geht.

 ▶ **04:13–04:39**

E. Diskussion. Im letzten Videosegment erfahren wir, was die Verwaltungsrichter gesagt haben. Mit der Spielhallenerlaubnis wollen die Gesetzgeber den Jugendschutz fördern. Sie meinen, dass die Computer in Internet-Cafés hauptsächlich zum Spielen genutzt werden. Als Betreiber eines Internet-Cafés darf Herr Löpelmann also entweder keine Spiele mehr anbieten oder er muss den Laden schließen. Für Minderjährige ist also Schluss mit Computerspielen in der Öffentlichkeit.

1. Was meinen Sie, sind manche Computerspiele eine Gefahr für Jugendliche unter 18?

2. Wo sollten Spiele an öffentlichen Computern erlaubt sein?
   a. In einer Bibliothek?
   b. In einem Internet-Café?

3. Warum glauben Sie das?

F. Rollenspiel. Wegen der Vergnügungssteuer macht Herr Löpelmann vielleicht pleite. Für eine Stunde am Computer bekommt er von den Besuchern €1–2,50. Für jeden Computer bezahlt er monatlich €12,78 an Steuern. Aber als Betreiber einer Spielhalle müsste er für jeden PC €153,39 monatlich bezahlen.

Im Gericht verteidigt Herr Löpelmann seine Position. Sie sind Herr Löpelmann und Ihre Partnerin/Ihr Partner ist die Richterin/der Richter. Spielen Sie die Szene.

▶ Wichtige Wörter

an·bieten (o, o) to offer
an·ziehen (zog, gezogen) to attract
der Automatensalon, -s amusement arcade
das Ballerspiel, -e shoot'em up game (Ballermann = pistol)
bekanntlich well-known
das Bereitstellen providing
die Besorgnis, -se concern
der Betreiber, -/die Betreiberin, -nen operator
betreten (betritt; a, e) to enter
das Bezirksamt, -ämter district office
das Bundesverwaltungsgericht Supreme Administrative Court
der Bürgersteig, -e sidewalk
chatten to chat on Internet
das Computerspiel, -e computer game
dicht·machen to shut down, close up
dienen to serve
drohen to threaten
das Entgelt payment
entrichten to pay
erfüllen to fulfill
die Erlaubnis, -se permit
fördern to promote
gelten (i; a, o) to be in effect
gemeinsam together, mutually
geschehen (ie; a, [ist] e) to happen
der Gesetzgeber, -/die Gesetzgeberin, -nen legislator
das Gewerbe, - business

das Gewerbeamt, -ämter commercial enterprise board
das Grundsatzurteil, -e basic judgment
halt (coll.) even, just
handeln: es handelt sich um it's a matter of
der Informationsaustausch exchange of information
der Informationsgewinn acquiring of information
informativ to become informed
die Internetnutzung Internet use
der/die Jugendliche (noun decl. like adj.) teenager
der Jugendschutz protection of young people
der Jungunternehmer, -/die Jungunternehmerin, -nen young business person
der Kläger, -/die Klägerin, -nen petitioner
der Kunde, -n, -n/die Kundin, -nen customer
der Laden, ⸚ store, business
das Lokal, -e (business) place
der/die Minderjährige (noun decl. like adj.) minor
der Nacken, - nape of the neck; im Nacken sitzen to breathe down someone's neck
die Nische, -n niche
nun mal now
nutzen/nützen to use
oberst supreme, highest
öffentlich public
passen to fit, to suit

die Pleite, -n bankruptcy, collapse
primär primarily
quasi as it were, virtually
der Rechner, - computer
rechtlich legal
der Schluss, ⸚e end, conclusion
die Spielhalle, -n amusement arcade
der Spielzweck, -e purpose of the game
streng strict
tätig in business
überwiegend predominantly
ungefähr approximately
der Unternehmer, -/die Unternehmerin, -nen business owner
unverändert unchanged
urteilen to judge, to give an opinion
die Vergnügungssteuer, -n amusement tax
verteidigen to defend
der Verwaltungsrichter, -/die Verwaltungsrichterin, -nen judge in administrative court
die Vorschrift, -en regulation
die Vorstellung, -en concept
vorwiegend mainly, predominantly
ziehen (zog, gezogen) to attract, pull
zu·kommen (kam, ist gekommen): auf jemanden zukommen to face someone

Thema 3   Deutschland im 21. Jahrhundert

3. Ost und West und die Liebe

Worum geht es hier?

Als 1989 die Mauer fiel und Ost- und Westdeutschland 1990 wieder ein Land wurden, hatte das nicht nur politische Konsequenzen, sondern auch persönliche. Es gab neue Verbindungen zwischen den Menschen in Ost- und Westdeutschland und natürlich fanden sich auch „gemischte" Paare aus Ost und West. Die Sendung *37 Grad* stellt ein solches Paar vor. Jutta und Andreas haben kurz nach der Wende geheiratet und leben in der ostdeutschen Stadt Erfurt. In diesem Videobeitrag beantworten sie Interviewfragen und erzählen über ihr Leben vor und nach der Wende.

A. Einstieg

1. Gibt es in Ihrem Land große Unterschiede zwischen den Menschen in verschiedenen Regionen oder Gegenden? Geben Sie ein paar Beispiele.

   _____

   _____

2. Wie groß ist in Ihrem Land die Bereitschaft der Menschen auch über größere Entfernungen umzuziehen und damit auch größere kulturelle Unterschiede zu erleben?

   _____

   _____

3. Welche Schwierigkeiten kann das mit sich bringen?

   _____

4. Suchen Sie auf der Landkarte auf Seite 185 die Stadt Erfurt. In welchem Bundesland liegt Erfurt?

   _____

▶ **04:48–05:21, 05:55–06:18**

B. Erfurt. In diesem Videoabschnitt begleiten wir Jutta auf ihrem Nachhauseweg und wir sehen einige Aufnahmen der Stadt Erfurt. Sehen Sie sich das Video ohne Ton an und kreuzen Sie an, was Sie sehen.

_____ 1. Jutta und ein junges Mädchen – sicher ihre Tochter – gehen durch eine Fußgängerzone.

_____ 2. Jutta und ihre Tochter gehen durch einen großen Park.

_____ 3. Auf dem Nachhauseweg kommt Jutta an einem Hochhaus vorbei.

_____ 4. Juttas Tochter trägt einen Rucksack.

_____ 5. Jutta kauft in einem Supermarkt ein.

_____ 6. Juttas Wohnung liegt in einem Neubaugebiet.

_____ 7. In Erfurt gibt es viele Fachwerkhäuser.

_____ 8. An einem Mehrfamilienhaus wird gebaut.

_____ 9. Ein Haus ist über einen kleinen Fluss gebaut.

_____ 10. Wir sehen einen alten Kirchturm.

_____ 11. In der Altstadt fahren viele Motorradfahrer.

06:32–07:11

C. Bei Jutta. In diesem Videoabschnitt arbeitet Jutta in der Küche. Wie sieht die Küche aus und was macht Jutta? Schauen Sie sich das Videosegment ohne Ton an und kreuzen Sie das an, was Sie sehen.

_____ 1. Herd

_____ 2. Flaschen

_____ 3. Schränke

_____ 4. eine Kaffeemaschine

_____ 5. Die Küche ist aus dunkelbraunem Holz.

_____ 6. Jutta schält Karotten und Kartoffeln.

_____ 7. Das junge Mädchen deckt den Tisch.

_____ 8. Auf dem Boden liegt ein Hund.

_____ 9. Die Familie sitzt zusammen am Tisch und isst.

04:40–05:28

D. Die Heirat. In diesem Videoabschnitt erzählt Jutta, was damals ihre Erklärung für ihre schnelle Heirat war. Sehen Sie sich das Videosegment mit Ton an. Ergänzen Sie ihren Bericht mit den richtigen Wörtern aus der folgenden Liste.

Altstadt	Grund	Parkgenehmigung
Auto	heiratet	Parkplatzproblem
beide	Ossis	sinnvoll

Die fragten uns: „Warum _____ ihr denn so schnell und warum muss es

denn so hoppla hopp gehen?" Und ehe man nun ... und dann nun _____, die

in Steuergesetzen recht unbedarft sind, erklärt, warum das nun auch _____

war, hat Andreas immer gesagt: „Tja, weil ... sonst kriege ich keine Parkgenehmigung für das

_____." Also in Erfurt gab und gibt es auch immer noch ein großes

_____ und da meine Wohnung damals mitten in der _____

war, bekam er tatsächlich keine, und ja, das war immer ein guter _____ und

wir haben das _____ immer todernst beteuert. Ja, wir heiraten wegen einer

_____.

🎧 ▶ **05:46–06:08**

E. Andreas. In diesem Abschnitt berichtet Andreas von seinen Entscheidungen direkt nach der Wende. Sehen Sie sich das Video noch einmal an und kreuzen Sie die richtige Ergänzung an.

1. Andreas hatte vor, _____.
   a. einen Job bei einer Firma zu suchen   b. sich selbstständig zu machen
   c. an der Uni Erfurt zu studieren

2. Er kam schon _____ in die damalige DDR.
   a. im Sommer 1990   b. 1999   c. im Februar 1990

3. Erfurt fand er _____.
   a. die schönste Stadt in Ostdeutschland   b. nicht besonders schön, aber billig
   c. nicht so schön wie Leipzig

4. Dort schaute er sich nach _____ um.
   a. einer Praxis   b. einem Haus   c. einer Kanzlei

🎧 ▶ **06:18–07:07**

F. Jutta über die Westfrauen. Der Sprecher hat Jutta über ihre Erfahrungen mit Frauen aus Westdeutschland gefragt. Die Frage hören wir nicht, nur Juttas Antwort. Lesen Sie die folgenden Sätze und markieren Sie sie mit **R**, wenn sie Juttas Aussagen entsprechen oder mit **F**, wenn sie Juttas Aussagen nicht entsprechen.

_____ 1. Ihrer Meinung nach reden die Westfrauen zu sehr darüber, wie viel sie schaffen müssen.

_____ 2. Jutta findet, dass diese Frauen sich ein wenig zurücknehmen sollten.

_____ 3. Jutta kennt viele Frauen im Westen mit einer tollen Ausbildung, die arbeiten gehen, obwohl sie kleine Kinder haben.

_____ 4. Juttas Meinung nach beschäftigen sich diese Frauen aus Unzufriedenheit und Langeweile mit Esoterik.

_____ 5. Die Frauen beschäftigen sich dann mit Finde-dich-selbst oder Finde-deine-Mitte-Büchern.

_____ 6. Jutta findet solche Selbstfindungsbücher auch gut.

G. Und was wäre heute, wenn es die Wende nicht gegeben hätte? In diesem Abschnitt werden Jutta und Andreas gefragt, was in ihrem Leben wohl passiert wäre, wenn es die Wende nicht gegeben hätte. Schauen Sie sich den Abschnitt noch einmal an und kreuzen Sie die Aussagen an, die Sie hören.

_____ 1. Ich wäre wahrscheinlich auch verheiratet und hätte drei Kinder.

_____ 2. Im Osten wäre das ein bisschen langweiliger gewesen.

_____ 3. Ich hätte sicher mehr Mut gehabt.

_____ 4. Ohne Wende wär' ich wahrscheinlich Wirtschaftsprüfer in Würzburg.

_____ 5. Aber ausgewandert wär' ich bestimmt nicht.

_____ 6. Ich hätte mehr Geld ausgeben können.

H. Jutta und Andreas. Wählen Sie entweder Jutta oder Andreas und beschreiben Sie, wie sie/er aussieht und welchen Eindruck sie/er auf Sie macht.

1. Beschreiben Sie die Person.
   STICHWÖRTER: groß, klein; Haare (blond, brünett, dunkel, grau); Augenfarbe (blau, braun, grün); Gesichtsform (rund, schmal, breit, lang); Kleidung (Pulli, Hose, Kleid, Bluse, Hemd); eine Brille? Ohrringe?

   _____

   _____

   _____

2. Welchen Eindruck haben Sie von der Person?
   STICHWÖRTER: freundlich, reserviert, ruhig, intelligent, fröhlich, lebenslustig, energiegeladen, ernst, entspannt, kritisch, offen, gesprächig

   _____

   _____

   _____

I. Diskussion: Die letzte Szene

1. Was glauben Sie, warum Andreas Jutta diese Frage stellt?

2. Aus welchem Grund haben Jutta und Andreas wohl geheiratet? War es wirklich wegen der Steuern oder der Parkgenehmigung?

3. Welchen Eindruck machen die beiden in dieser letzten Szene auf Sie?

4. Denken Sie, dass Jutta und Andreas mit ihrer Situation zufrieden sind? Warum (nicht)?

J. Rollenspiel. Sie erzählen Ihrer Freundin/Ihrem Freund, dass Sie in eine andere Stadt/in ein anderes Land umziehen wollen. Sie/Er findet die Idee nicht so gut. Spielen Sie die Szene.

▶ Wichtige Wörter

die **Abfolge**   sequence, next step
die **Altstadt**   old city center
arg (coll.)   very
die **Aufnahme, -n**   picture
auf•schlagen (ä; u, a)   to open
die **Ausbildung**   education
aus•wandern [ist]   to emigrate
befragen   to question
begleiten   to accompany
die **Belastung**   burden
die **Bereitschaft**   willingness
sich beschäftigen   to occupy oneself with
beteuern   to affirm, declare
decken   to cover; **den Tisch decken**   to set the table
drin•stehen (stand, gestanden) (coll.)   to be written in
eingeschränkt   limited
energiegeladen   energetic
die **Entfernung, -en**   distance
die **Entscheidung, -en**   decision
entspannt   relaxed
das **Erachten**   judgment; **meines Erachtens nach**   in my opinion
erkunden   to explore
die **Esoterik**   esoteric thinking, a special philosophy
das **Fachwerkhaus, -häuser**   half-timbered house
die **Fußgängerzone, -n**   pedestrian zone

das **Gebiet, -e**   area
die **Gegend, -en**   region
gemischt   mixed
gesprächig   talkative
die **Grenze, -n**   border
die **Heirat**   marriage
heiraten   to marry
der **Herd, -e**   stove
das **Hochhaus, -häuser**   high rise
das **Holz**   wood
hoppla hopp   lickety-split
die **Kaffeemaschine, -n**   coffee maker
die **Kanzlei, -en**   office (lawyer, auditor)
der **Kirchturm, -e**   church steeple
die **Langeweile**   boredom
lebenslustig   love of life, positive outlook, optimistic
das **Mehrfamilienhaus, -häuser**   multi-family dwelling
die **Mitte**   middle
mitten in   in the middle of
der **Mut**   courage
der **Nachhauseweg**   way home
das **Neubaugebiet, -e**   area with new homes
die **Parkgenehmigung, -en**   parking permit
die **Praxis, Praxen**   practice
recht   quite
reinste   sheer
restlich   remaining, additional

schaffen   to work, to accomplish
schälen   to peel
der **Schrank, -e**   cupboard
der **Schritt, -e**   step
die **Schwierigkeit, -en**   difficulty
selbstständig   self-employed; independent
sinnvoll   meaningful, sensible
der **Stern, -e**   star; **die Sterne fragen**   to look up one's horoscope
das **Steuergesetz, -e**   tax law
tatsächlich   actually, really
todernst   deadly serious
sich um•sehen (ie; a, e)   to look around for
um•ziehen (zog, [ist] gezogen)   to move
unbedarft   inexperienced; to be without a clue
die **Unzufriedenheit**   discontent
die **Verbindung, -en**   connection
vorbei•kommen (kam, [ist] o)   to go past
die **Wende**   change; 1989 peaceful revolution in the German Democratic Republic
der **Wirtschaftsprüfer, -/die Wirtschaftsprüferin, -nen**   auditor
die **Zeitverschwendung**   waste of time
sich zurück•nehmen (nimmt; a, genommen)   to retract

Thema 4   Familie

4. Vaterschaftsurlaub: Ein Mann mit Baby

Worum geht es hier?

Nach der Geburt eines Kindes darf ein Elternteil (d.h. entweder die Mutter oder der Vater) für drei Jahre zu Hause bleiben. Nach dem Erziehungsurlaub (der offizielle Begriff dafür ist jetzt Elternzeit) haben sie das Recht ihre alte Stelle wiederzubekommen. In diesem Videoabschnitt aus der Sendung *ML Mona Lisa* erfahren wir, wie Margit und Henry Rücker die Elternzeit organisiert haben und wie ihr Alltag funktioniert. Familie Rücker wohnt im Ostberliner Stadtteil Hohenschönhausen. Margit ist Rechnungsprüferin beim Land Berlin. Nach einem Jahr Elternzeit ist sie zu ihrer Arbeit zurückgegangen. Seitdem kümmert sich ihr Mann Henry um ihre Tochter Laura-Marie. In diesem Videoabschnitt erleben wir einen Tag im Leben von Familie Rücker.

A. Einstieg

1. Was machen Eltern in Ihrem Land nach der Geburt eines Babys?

   _____

2. Wie würde für Sie die ideale Elternzeit aussehen?

   _____

3. Kennen Sie eine Familie, in der der Vater nach der Geburt des Babys zu Hause blieb? Wie waren seine Erfahrungen?

   _____

▶ **07:51–13:03**

B. Henry Rückers Alltag. Der Videoabschnitt zeigt einen typischen Tag im Leben von Henry Rücker. Lesen Sie die folgenden Punkte durch. Sehen Sie sich dann das Video ohne Ton an und machen Sie sich Notizen. Notieren Sie, was Henry macht und wann er es macht. Nummerieren Sie dann die folgenden Punkte in der richtigen Reihenfolge.

_____ Henry sitzt mit den Müttern in der Krabbelgruppe.

_____ Er spielt mit Laura.

_____ Er holt Laura aus dem Bett.

_____ Henry und Margit frühstücken.

_____ Laura sitzt mit der Mutter am Tisch. Henry ist daneben.

_____ Er füttert Laura ihr Mittagessen.

_____ Er macht den Haushalt.

_____ Henry steht vom Frühstückstisch auf und holt Kaffee.

_____ Margit kommt nach Hause und zieht den Mantel aus.

_____ Margit küsst Henry und geht aus der Tür.

_____ Er kommt aus dem Haus mit Laura im Sportwagen.

_____ Er wäscht und wickelt das Kind.

_____ Er bereitet das Essen vor.

_____ Laura isst ihr Frühstück.

Kaleidoskop: Das Video **Thema 4**   **203**

C. Henry Rücker. Was erfahren wir von der Sprecherin über Henry? Lesen Sie die folgenden Aussagen und sehen Sie sich dann das Video mit Ton an. Kreuzen Sie die richtige Ergänzung an.

1. Henry Rücker ist _____.
   a. Physiker   b. Chemiker   c. Fotograf

2. Seit der Wende arbeitet er _____.
   a. in einem Fotolaborunternehmen   b. in einem Fotogeschäft   c. in einer pharmazeutischen Firma

3. Trotz Elternzeit des Vaters geht es der Familie finanziell fast so gut wie früher, denn _____.
   a. die Frau verdient mehr als ihr Mann   b. die Frau macht Überstunden
   c. die Frau verdient etwa genauso viel wie ihr Mann

4. Henry ist für _____ in der Elternzeit.
   a. ein halbes Jahr   b. ein Jahr   c. 18 Monate

D. Vaterschaftsurlaub. Lesen Sie zuerst die folgenden Aussagen und sehen Sie sich dann die beiden Szenen an, in denen Henry über seinen Vaterschaftsurlaub erzählt. Markieren Sie die Aussagen als richtig **(R)** oder falsch **(F)**.

_____ 1. Am Anfang war die Situation für Henry recht ungewohnt.

_____ 2. Aber die Großmutter hat ihm gezeigt, wie man mit einem kleinen Kind umgeht.

_____ 3. Er hat sich ziemlich schnell daran gewöhnt.

_____ 4. Zum Glück ist Laura ein braves Kind.

_____ 5. Leider hat Henry wegen der vielen Hausarbeit wenig Zeit mit Laura zu spielen.

_____ 6. Die Geschäftsführung von Henrys Firma hat seinen Wunsch Elternzeit zu nehmen sofort akzeptiert.

_____ 7. Henry war nicht der Erste in seiner Firma, der Vaterschaftsurlaub genommen hat.

_____ 8. Seine Kollegen haben das auch toll gefunden.

_____ 9. Henry ist froh, dass er Vaterschaftsurlaub genommen hat und bereut es nicht.

▶ **10:57–11:50**

E. In der Krabbelgruppe. Was denken die Mütter darüber, dass ein Mann
in der Krabbelgruppe mit dabei ist? Lesen Sie zuerst die folgenden
Paraphrasierungen von Aussagen der zwei Frauen in der Krabbelgruppe.
Sehen Sie sich dann die Szene noch einmal an und machen Sie sich Notizen.
Markieren Sie, wer von den beiden was sagt. (Die Frau im blauen Pullover
spricht Berliner Dialekt und sagt **ick** statt **ich**, und **it** statt **es**.)

    a. die blonde Frau mit der rosa Bluse
    b. die dunkelhaarige (brünette) Frau im blauen Pullover

_____ 1. Zuerst dachten wir, die Mutter ist krank.

_____ 2. Es ist eigentlich egal, ob eine Mutter oder ein Vater hier in der Gruppe ist.

_____ 3. Ich fand es sehr gut, dass mal ein Mann in der Gruppe ist.

_____ 4. Ob Frau oder Mann – die Themen, über die wir uns unterhalten, sind gleich.

_____ 5. Wir möchten voneinander erfahren, wie wir dies und das machen.

_____ 6. Für meinen Mann wäre es unmöglich ein halbes Jahr von seiner Arbeit in der EDV-
       Branche weg zu sein.

_____ 7. Mein Mann würde sicher auch gern Elternzeit nehmen.

_____ 8. Es ist die schönste Zeit mit einem Kind in diesem Alter und die würde ich mir nicht
       nehmen lassen.

F. Diskussion

1. Welchen Eindruck haben Sie von Henry Rücker als Vater?

2. Laura sagt zu ihrem Papa „Mama". Was meinen Sie, wie es zu dem
„Rollentausch" kommt?

3. Gibt es Berufe, bei denen Elternzeit schwierig oder unmöglich wäre? Was
meinen Sie? Warum (nicht)?

4. Würden Sie gern Elternzeit nehmen, während Ihre Partnerin/Ihr Partner
weiterarbeitet? Warum (nicht)?

G. Rollenspiel. Sie und Ihre Partnerin/Ihr Partner erwarten ein Kind. Sie sind
beide berufstätig. Sie müssen entscheiden, wie Sie in den ersten Monaten/
Jahren für das Kind sorgen werden.

EINIGE MÖGLICHKEITEN:

1. Ein Elternteil gibt seine Arbeit auf.
2. Ein Elternteil nimmt Elternzeit.
3. Sie finden eine Person, die für das Kind sorgen kann.
4. Sie schicken das Baby in eine Kinderkrippe.

▶ Wichtige Wörter

ab: ab geht's off to
der **Abschied, -e** good-bye, leave-taking
der **Anspruch, ⸚e** advantage; **in Anspruch nehmen** to take advantage of
der **Arbeitsplatz, ⸚e** workplace
das **Ärztehaus, -häuser** clinic
die **Auszeit** time off
aus·ziehen (zog, gezogen) to take off
der **Beamte** (*noun decl. like adj.*)/ die **Beamtin, -nen** state employee
beantragen (ä; u, a) to apply for
bei·bringen (brachte, gebracht) to instruct
bereuen to regret
beschäftigt occupied, busy
der **Betrieb, -e** firm, business
der **Bezirk, -e** district
brav good, well-behaved
die **Butterstulle, -n** slice of bread and butter
der **Chemiker, -/die Chemikerin, -nen** chemist
davon: das hat er nun davon that's what he gets for it
der **Dienst, -e** service; **im Dienst** on the job
durchweg totally
die **EDV-Branche (EDV = elektronische Datenverarbeitung)** data processing business
der **Ehemann, -männer** husband
sich ein·schränken to economize
der **Elternteil** parent
die **Elternzeit** (*formerly* der **Erziehungsurlaub**) paid leave for new parents
die **Entscheidung, -en** decision
die **Erfahrung, -en** experience
die **Fähigkeit, -en** capability, talent
fallen: einem nicht leicht fallen to find it not easy
die **Fertigkost** prepared food
der **Flug, ⸚e** flight; **wie im Flug** in a flash
das **Fotolaborunternehmen, -** photo lab company
friedlich peaceful(ly)

die **Frischluft** fresh air
füttern to feed
die **Geburt, -en** birth
geduldig patient
das **Gehalt, ⸚er** salary
der **Gemüsebrei** mashed vegetables
die **Geschäftsführung** management
das **Geschirr, -e** dishes; **Geschirr spülen** to wash dishes
sich gewöhnen an (*acc.*) to get accustomed to
das **Glück** luck; **Glück haben** to be lucky
der **Glücksfall** stroke of luck
die **Gorgonzolasauce** pasta sauce with blue cheese
der **Grund, ⸚e** reason; **aus diesem Grunde** for this reason
der **Haushalt** housekeeping; **Haushalt machen** to do housework
der **Haustag, -e** day at home
der **Hintergrund, ⸚e** background
der **Hobbykoch** amateur cook
Hohenschönhausen district in eastern part of Berlin
ick *Berlin dialect for* **ich**
it *Berlin dialect for* **es**
das **Kindernörgeln** children's whining
die **Krabbelgruppe, -n** play group for children at crawling stage
die **Krabbelstunde, -n** play session for children at crawling stage
sich kümmern um to look after
längst a long time ago
lieb good (children), sweet
die **Linie: in erster Linie** top priority
mampfen to gum, munch
nehmen (nimmt; a, genommen): ich lass mir das nicht nehmen I won't be deprived
nervig irritating
pflegeleicht easy to care for
die **pharmazeutische Firma, Firmen** pharmaceutical company

raus (heraus) out
reagieren to react
die **Rechnungsprüfer, -/die Rechnungsprüferin, -nen** auditor
recht right, quite
rein pure; clean
der **Rollentausch** role reversal
die **Ruhe** peace
die **Runde, -n** group
schmieren to spread
selbstzufrieden self-satisfied
der **Sinn, -e** sense; meaning
der **Spielgefährte, -n, -n/die Spielgefährtin, -nen** playmate
der **Sportwagen, -** child's stroller
der **Staub** dust; **Staub saugen** to vacuum
stimmen to be right, to agree
das **Töpfchen, -** potty; **Stimmt das schon mit dem Töpfchen?** Is it working out with potty training?
das **Überleben** survival
die **Überstunde, -n** overtime
um·gehen (ging, [ist] gegangen) to deal with
ungeduldig impatient
ungewohnt unfamiliar
sich unterhalten (ä; ie, a) to converse
sich verändern to change
vergehen (verging, [ist] vergangen) to pass (time)
das **Vergnügen, -** pleasure
der **Vertrieb, -e** marketing department of business
völlig completely
vollzogen completed
die **Wende** change; 1989 peaceful revolution in the German Democratic Republic
das **Wesen, -** creature
wickeln to put on a diaper
wirtschaftlich financially
Wurst: völlig Wurst (*coll.*) all the same
zerbrechlich fragile
zugute kommen (kam, gekommen) to be of benefit

Thema 5   Musik

5. Clara Schumann: Ein Porträt zum 100. Todestag

Worum geht es hier?

„Die Ausübung der Kunst ist ein großer Teil meines Ichs. Es ist die Luft, in der ich atme." Das sagte Clara Wieck, die als größte Komponistin und Klaviervirtuosin ihrer Zeit gilt, über ihr musikalisches Wirken. Dieser Beitrag wurde anlässlich des 100. Todestags von Clara Schumann in der Nachrichtensendung *heute-journal* gezeigt. Wir erfahren etwas über die Hauptstationen ihres Lebens, wozu auch die Ehe mit Robert Schumann gehörte. Der Moderator bezeichnet Clara Schumann in der Einleitung als „eine begnadete, eine eigenwillige, eine von einem glanzvollen und dennoch herben Schicksal verfolgte Frau". Im anschließenden Porträt kommt auch Barbara Schumann, eine Ur-Urenkelin von Clara Schumann, zu Wort.

A. Einstieg

1. Welche klassischen Komponistinnen/Komponisten kennen Sie?

     _____

2. Nennen Sie einige Ihrer Lieblingskomponisten.

     _____

3. Welche heutigen klassischen Pianistinnen/Pianisten kennen Sie?

     _____

4. Wer sind Ihre nicht-klassischen Lieblingsmusikerinnen und -musiker?

     _____

5. Clara und Robert sind nebeneinander in Bonn begraben. Suchen Sie Bonn auf der Landkarte auf Seite 185. In welchem Bundesland liegt Bonn?

     _____

▶ **13:12–16:33**

B. Clara Schumanns Leben in Bildern.
In diesem Videobeitrag werden verschiedene Bilder aus Clara Schumanns Leben gezeigt. Sehen Sie sich das Video ohne Ton an und kreuzen Sie die Bilder an, die Sie hier beschrieben finden. Die Beschreibungen stehen in der Reihenfolge, in der die Bilder im Video gezeigt werden.

_____ 1. Porträt von Clara Schumann als junge Frau

_____ 2. Porträt von Clara Schumann als Kind

_____ 3. Clara Schumann am Klavier

_____ 4. Hände spielen am Klavier

_____ 5. Friedrich Wieck, Vater und Musiklehrer von Clara Schumann

_____ 6. Foto von Claras Mutter

_____ 7. Porträt von Robert Schumann, Komponist und Ehemann von Clara

_____ 8. handgeschriebene Briefe

_____ 9. Clara Schumann sitzt am Klavier, Robert Schumann steht davor.

_____ 10. Bild von sechs Kindern

_____ 11. Robert Schumann sitzt am Klavier, Clara steht davor.

_____ 12. Barbara Schumann steht vor einer Tür und spricht in die Kamera.

_____ 13. Konzertsaal

_____ 14. Titelseiten einiger Konzertprogramme von Clara Schumann

_____ 15. Titelseiten einiger Kompositionen von Robert Schumann

_____ 16. Skulptur von Clara Schumann

_____ 17. Bücher über Clara Schumann

_____ 18. Porträt von Brahms

_____ 19. Menschen vor dem Grabmal von Clara und Robert Schumann

C. Clara Schumanns Leben in Worten. Karin Cartal erzählt aus Clara Schumanns Leben. Sehen Sie sich die folgenden Videoabschnitte mit Ton an und machen Sie dann die Übungen.

▶ **13:16–14:07**

I. Clara Schumann als Wunderkind. Beantworten Sie die Fragen.

1. Wann ist Clara Wieck geboren? _____

2. Was hat sie zuerst gelernt – Sprechen oder Klavierspielen? _____

3. Wie alt war Clara, als sie ihr erstes Konzert gab? _____

4. Wie alt war Clara, als sie ihr erstes Klavierkonzert komponierte? _____

▶ **14:08–14:34**

II. Vater Wieck. Markieren Sie die folgenden Aussagen als richtig **(R)** oder falsch **(F)**.

_____ 1. Vater Wieck war Claras Klavierlehrer.

_____ 2. Als Robert Schumann um Clara warb, entbrannte ein erbitterter Kampf zwischen den Männern.

_____ 3. Aber nach einem Jahr durfte das Paar sich wieder sehen.

_____ 4. Das Paar wechselte viele Briefe und Robert schrieb Kompositionen als eine Art Korrespondenz in Noten.

▶ **14:36–15:01**

III. Die Ehe. Kreuzen Sie die Aussagen an, die Ihrer Meinung nach
Schwierigkeiten in der Schumann-Ehe zeigen.

_____   1. Geheiratet wird endlich 1840 per Gerichtsbeschluss.

_____   2. In 13 Ehejahren 8 Kinder geboren.

_____   3. Trotzdem komponiert und konzertiert Clara weiter, vom Ehemann beargwöhnt.

_____   4. „Geniale Frauen sind schlechte Hausfrauen", sagt Schumann und unterdrückt sie als
Komponistin.

_____   5. Als Interpretin seiner Werke braucht er sie. Er kann nicht spielen. Ein Finger ist gelähmt.

▶ **15:01–15:16**

IV. Barbara Schumann. Ergänzen Sie die Sätze von Barbara Schumann über
ihre Ur-Urgroßmutter Clara Schumann.

Besonderes	Geld	Kinder
Gabe	geleistet	Komponieren
gekonnt	Großartiges	

Das ist was ganz _____, was sie da _____ hat, und

wie sie _____ verdient hat und ihre _____ durch-

gebracht hat. Aber _____ ist auch was ganz Großartiges. Das habe ich nie

_____, und das ist auch was _____, wenn man das

kann – die _____ hat.

▶ **15:29–15:51**

V. Nach dem Tod Robert Schumanns. Kreuzen Sie die Äußerungen an, die Sie
in diesem Videoabschnitt hören.

_____   1. Als Robert stirbt, lebt Clara auf.

_____   2. Sie ist 37, gibt ihre Kinder in Pension und schafft ein glanzvolles Comeback.

_____   3. Ihr Stern geht auf, als grandiose Interpretin der Werke ihres Mannes.

_____   4. Johannes Brahms liebt sie und will sie heiraten.

D. Diskussion

1. Wählen Sie eines der Bilder von Clara, Robert oder Vater Wieck und
beschreiben Sie, welchen Eindruck Sie darauf von der Person bekommen.

2. Clara Schumann hatte in ihrem Leben viel Erfolg, aber auch viele
Schwierigkeiten. Was sind Ihrer Meinung nach die Ursachen für ihre
Schwierigkeiten? Durch wen oder was wurden sie verursacht?

3. Im Video hören Sie Musik von Clara Schumann. Was halten Sie von ihrer
Musik? Gefällt sie Ihnen? Warum (nicht)?

E. Rollenspiel. Sie möchten am Wochenende in ein klassisches Konzert gehen. Eine bekannte Pianistin spielt Kompositionen von Mozart, Beethoven und Schumann. Ihre Freundin/Ihr Freund will aber lieber die Gruppe R.E.M. sehen, die in Ihrer Stadt spielt. Versuchen Sie sich gegenseitig zu überzeugen, bevor Sie dann eine Entscheidung treffen.

▶ Wichtige Wörter

abgebildet portrayed
anlässlich on the occasion of
anschließend following
atmen to breathe
auf·gehen (ging, [ist] gegangen) to rise
auf·leben to come to life
auf·treten (tritt; trat, [ist] getreten to appear (concert, stage)
die Ausstellung, -en exhibition
die Ausübung pursuit
beargwöhnen to hold a grudge
begnadet highly gifted
begraben buried
beherrschend governing
der Besitz possession
bezeichnen to designate, to call
bisweilen sometimes
darauf for it; after that
durch·bringen (brachte, gebracht) to bring up (children)
die Ehe, -n marriage
das Ehejahr, -e year of marriage
der Ehemann, -männer husband
eigenwillig willful, self-willed
entbrennen (entbrannte, [ist] entbrannt) to break out
erbittert embittered, bitter
die Erinnerung, -en memory
faszinierend fascinating
das Frauenschicksal woman's fate
das Frauenzimmer, - (old-fashioned word) woman
der Friedhof, ⸚e cemetery
die Gabe, -n gift, talent
der Gatte, -n, -n/die Gattin, -nen spouse
gelähmt lamed
der/die Geliebte (noun decl. like adj.) lover

gelten als is considered to be, is viewed as
genial brilliant
der Gerichtsbeschluss, ⸚e court decision
glanzvoll grand
das Grabmal, -mäler or **-e** grave monument
grandios grand
Großartiges: etwas Großartiges something wonderful
handgeschrieben handwritten
herb harsh, bitter
der Hundertmarkschein, -e hundred mark bill (see **Mark**)
der Interpret, -en, -en/die Interpretin, -nen interpreter
jemals ever
der Kampf, ⸚e fight
das Kindbett (old-fashioned) confinement of a woman in childbirth
das Klavierkonzert, -e piano concerto
der Klaviervirtuose, -n, -n/die Klaviervirtuosin, -nen piano virtuoso
komponieren to compose
der Komponist, -en, -en/die Komponistin, -nen composer
die Komposition, -en composition
konzertieren to concertize
der Konzertsaal, -säle concert hall
die Kraft, ⸚e force; strength
die Kunst, ⸚e art
leisten to accomplish
Lieblings- favorite
die Mark German currency before 2002
die Muse, -n muse, source of inspiration

musizieren to make music
nach·lesen (ie; a, e) to read into; to glean
neuerdings recently
die Pension, -en boarding school
die Rabenmutter, ⸚ unfit mother
resigniert to be resigned
die Romantik romanticism
schaffen to produce
der Schein, -e bill (money)
das Schicksal, -e fate
der Schluss, ⸚e end; **zum Schluss** finally
die Sprache, -n language
sterben (i; a, [ist] o) to die
der Stern, -e star
die Titelseite, -n title page
der Todestag, -e anniversary of one's death
treibend driving
unterdrücken to suppress
der Ur-Urenkel, -/die Ur-Urenkelin, -nen great-great-grandchild
die Ur-Urgroßmutter, ⸚ great-great-grandmother
verfolgt persecuted
verheiraten to marry
verklärt radiant
verursachen to cause
die Währung currency
wechseln to exchange
der Weiberkram woman's stuff (derogatory)
werben (i; a, o) to woo
widmen to dedicate
das Wirken activity
das Wort: zu Wort kommen to get a chance to speak
das Wunderkind, -er child prodigy
das Zahlungsmittel currency
zumindest at least

Thema 6   Die Welt der Arbeit

6. Ferienjobs für Studenten

Worum geht es hier?

Studenten haben im Sommer Semesterferien. Aber für viele Studenten ist das keine Zeit zu faulenzen, sondern zu arbeiten. Sie brauchen Geld. Doch genau da liegt das Problem. In Deutschland fehlt es heute an Jobs. Die Konjunktur ist schlecht und die vielen Arbeitslosen machen Konkurrenz, denn die Langzeit-arbeitslosen können „Ein-Euro-Jobs" annehmen. Sie bekommen bei solchen Jobs nur einen oder zwei Euro pro Stunde, aber was sie verdienen, wird nicht von ihrem Arbeitslosengeld abgezogen. In diesem Videobeitrag aus der Sendung *heute nacht* lernen wir eine Studentin bei ihrem Minijob kennen und erfahren mehr über die schwierige Jobsituation für Studenten.

A. Einstieg

1. Arbeiten Sie neben dem Studium? Während des Semesters? Im Sommer?

   _____

2. Ist es schwer einen Teilzeitjob zu finden? Während des Semesters? Im Sommer?

   _____

3. Was für Teilzeitjobs gibt es für Studenten?

   _____

4. In welchem Bundesland liegt Tübingen?

   _____

▶ 17:11–18:03

B. Studenten und Teilzeitjobs. Neben den wenigen Studenten, die Arbeit haben, gibt es andere Studenten, die einen Job suchen. Schauen Sie sich den Video-abschnitt ohne Ton an und kreuzen Sie an, was Sie sehen.

_____ 1. Eine junge Frau putzt den Boden.

_____ 2. Der Raum ist eine Bar im Keller.

_____ 3. Die junge Frau macht die Tische sauber.

_____ 4. Die Frau hat kurze blonde Haare.

_____ 5. Sie trägt große runde Ohrringe.

_____ 6. Die junge Frau spricht in die Kamera.

Kaleidoskop: Das Video **Thema 6**   **211**

_____ 7. Einige Studenten schauen auf ein schwarzes Brett.

_____ 8. Zehn Studenten sitzen am Tisch und schreiben.

_____ 9. Eine junge Frau schreibt an einem Tisch in einem Büro.

_____ 10. Eine ältere Frau sitzt am Schreibtisch und interviewt zwei junge Männer.

🎧 ▶ **17:11–17:39**

C. Karoline Walter. Die Studentin Karoline Walter hatte Glück und hat einen Job gefunden. Wir erfahren, warum sie neben dem Studium arbeiten will. Schauen Sie sich den Videoabschnitt mit Ton an und kreuzen Sie die Aussagen an, die stimmen.

_____ 1. Karoline ist 21 Jahre alt.

_____ 2. Karoline arbeitet als Putzfrau im Theater.

_____ 3. Sie hat drei Monate nach einem Job gesucht.

_____ 4. Sie hat den Job durch Bekannte ihrer Eltern bekommen.

_____ 5. Karoline arbeitet, um von ihren Eltern finanziell unabhängig zu sein.

🎧 ▶ **17:39–18:18**

D. Ferienjobs. Viele Studenten haben nicht so viel Glück wie Karoline Walter. In diesem Videosegment erfahren wir, warum Studenten es besonders schwer haben, Ferienjobs zu finden. Wir hören auch, was Gisela Fundinger von der Studentischen Arbeitsvermittlung Tübingen über die Situation zu sagen hat. Schauen Sie sich den Videoabschnitt mit Ton an und kreuzen Sie an, welche der folgenden Aussagen Sie hören.

_____ 1. Es gibt immer weniger Ferienjobs.

_____ 2. Die Konkurrenz für Minijobs ist größer geworden.

_____ 3. Bei Minijobs verdient man so wenig, dass Studenten nicht davon leben können.

_____ 4. Viele Arbeitgeber verlassen sich auf bewährte Aushilfen.

_____ 5. Jobsuchende Studenten melden sich nicht mehr beim Arbeitsamt.

_____ 6. Gisela Fundinger sagt, dass es bei ihnen einen immer größeren Zuwachs an Leuten gäbe. Das heißt, es gibt immer mehr Studenten, die Arbeit suchen.

_____ 7. Die Arbeitsvermittlung kann im Moment nicht allen Studenten etwas bieten.

_____ 8. Frau Fundinger meint, dass es aber in einem Jahr viel mehr Jobs geben wird.

▶ **18:18–19:03**

E. Das Dilemma für die Studenten. Eine halbe Million Studenten bekommen BAföG. Aber selbst wenn sie BAföG bekommen, reicht das kaum für den Lebensunterhalt. 50 Prozent der Studierenden müssen ihr Studium durch Arbeit finanzieren. Aber Arbeit zu finden ist nicht immer einfach.

Eberhardt Raaf, der Geschäftsführer vom Studentenwerk Tübingen sieht mögliche negative Auswirkungen, wenn Studenten arbeiten müssen. Schauen Sie sich den Videoabschnitt an und kreuzen Sie die Satzteile an, die die Aussagen ergänzen. Zu jeder Aussage gibt es mehrere Ergänzungen.

1. Experten raten den Studenten _____.

   _____ a. zu mehr Flexibilität

   _____ b. dazu auch weniger Lohn zu akzeptieren

   _____ c. einen Job in einer kleineren Firma anzunehmen

   _____ d. ihre Jobsuche auf mehrere Städte auszudehnen

   _____ e. sich mehr auf das Studium zu konzentrieren

2. Eberhardt Raaf _____.

   _____ a. weiß, dass über 50 Prozent der Studierenden ihr Studium durch Erwerbsarbeit finanzieren müssen.

   _____ b. sagt, dass die Arbeitsmarktsituation im Moment schwierig ist.

   _____ c. betont den negativen Aspekt, dass das Studium wegen der Arbeit länger dauert.

   _____ d. glaubt, dass fleißige Studenten immer Jobs finden können.

F. Diskussion

1. Was wäre für Sie ein idealer Teilzeitjob?

2. Beschreiben Sie die Jobsituation für Studenten bei Ihnen. Ist die Situation besser oder schlechter als in Deutschland?

3. Würden Sie lieber arbeiten oder Geld leihen, um ein Studium zu finanzieren? Warum?

4. Am Ende des Videos hören Sie den Satz: „Vielleicht wird bald das hartverdiente Geld noch dringender benötigt für die Strafgebühr wegen zu langer Studienzeiten." Die Situation ist folgende: Für jedes Studienfach gibt es eine bestimmte Anzahl von Semestern, die Studenten studieren dürfen. Wenn sie länger studieren, müssen sie eine Art „Strafgebühr" bezahlen. Finden Sie das gerecht? Warum (nicht)?

G. Rollenspiel: Vorstellungsgespräch. Sie suchen einen Teilzeitjob. Sie haben einen Termin für ein Vorstellungsgespräch bekommen. Ihre Partnerin/Ihr Partner ist die Arbeitgeberin/der Arbeitgeber und interviewt sie. Sie/Er möchte verschiedene Dinge von Ihnen wissen: Zu welcher Zeit können Sie während des Semesters arbeiten? Wie viele Stunden in der Woche? Welche beruflichen Erfahrungen haben Sie? Können Sie auch in den Sommerferien arbeiten? Sie sprechen natürlich auch über die Bezahlung. Spielen Sie die Szene.

▶ Wichtige Wörter

allerdings to be sure
das Angebot, -e offer
angewiesen auf to be dependent on
der Arbeitgeber, -/die Arbeitgeberin, -nen employer
das Arbeitsamt job center, labor office
der/die Arbeitslose (*noun decl. like adj.*) unemployed person
das Arbeitslosengeld unemployment compensation
die Arbeitsmarktsituation labor market
die Arbeitsvermittlung employment office
aufgrund because of
aus·dehnen to extend
die Aushilfe, -n temporary worker
die Auswirkung, -en consequence
das BAföG government financial support for students
benötigen to require
beruflich professionally, on business
bewährt tried und tested
die Bezahlung wages
deutlich clear
dringend urgent
drohen to threaten
echt (*coll.*) really
der Einfluss, ⸚e influence
das Einkommen, - income
entsprechend appropriate
erfolglos unsuccessful
die Erwerbsarbeit gainful employment
faulenzen to laze around
der Ferienjob, -s vacation job
die Folge, -n consequence
die Gastronomie catering trade, restaurant business

die Gehaltsvorstellung salary expectation
das Glück luck; **Glück haben** to be lucky
der Grund, ⸚e reason
halt even, just
hartverdient hard-earned
der Hochschüler, -/die Hochschülerin, -nen university student
irgendwann sometime
die Jobsuche job search
der/die Jobsuchende (*noun decl. like adj.*) job seeker
die Jobvermittlung job-matching service
keineswegs by no means
die Konjunktur economic situation
die Konkurrenz competition
körperlich physical
korrigieren to adjust
der/die Langzeitarbeitslose (*noun decl. like adj.*) long-term unemployed person
der Lebensunterhalt livelihood
der Lohn, ⸚e wage
der Minijob, -s temporary work
der Minijobber, -/die Minijobberin, -nen temporary worker
momentan at the moment
die Nachfrage demand
die Neuregelung, -en new regulation
die Neuzugänge (*pl.*) new arrivals
die Putzfrau, -en cleaning woman
raten (ä; ie, a) to advise
der Ratschlag, ⸚e piece of advice
reichen to be sufficient

der Schlaffi, -s (*coll.*) slacker
schwierig difficult
die Schwierigkeit, -en difficulty
sperren to close up
die Strafgebühr, -en fine, surcharge
streichen to remove, take away from
das Studentenwerk office for students
studienverlängernd prolongation of time to fulfill degree requirements
die Studienzeit years of study
die Tasche, -n purse; **auf der Tasche liegen** to live at a person's expense
der Teilzeitjob, -s part-time work
übrig left over
unabhängig independent
die Unabhängigkeit independence
unten: nach unten downward
verdienen to earn
sich verlassen (ä; verließ, a) to rely upon
das Vorstellungsgespräch, -e job interview
wirken to have an effect
die Wirtschaftslage economic situation
wünschen to wish; **zu wünschen übrig lassen** to leave much to be desired
der Zeitaufwand sacrifice of time, time spent
die Zelle, -n cell
zu·packen to seize the opportunity, to dig in
zusätzlich additional
der Zuwachs increase

Thema 7   Multikulturelle Gesellschaft

7.1 Integration an Schulen

Worum geht es hier?

Das Thema Zuwanderung ist seit Jahren eins der meist debattierten Themen. Ein Teil der Bevölkerung findet es gut, wenn in Deutschland viele Ausländer leben, die das Leben bunter und multikultureller machen. Ihrer Meinung nach soll die Zuwanderung von Ausländern erleichtert werden. Ein anderer Teil der Bevölkerung sieht darin jedoch wirtschaftliche und kulturelle Probleme und meint „Das Boot ist voll".

Bei der Integration von jungen Ausländerinnen und Ausländern spielt die Schule eine wichtige Rolle. Die Berliner Gustav-Heinemann-Schule ist eine Schule, wo sich Kinder und Jugendliche unterschiedlicher Nationalitäten oft zum ersten Mal begegnen. Bei 20 Prozent der Schüler ist Deutsch nicht ihre Muttersprache. Die Sendung *Morgenmagazin* stellt die Schule und einige ihrer Schüler vor.

A. Einstieg

1. Was macht man in Ihrem Land an Schulen, um die Integration von Ausländern zu erleichtern? Werden sie getrennt oder zusammen mit den anderen Schülern unterrichtet? Können Schüler Unterricht in ihrer Muttersprache bekommen?

   _____

   _____

2. Aus welchen anderen Ländern kamen Mitschülerinnen und Mitschüler während Ihrer Schulzeit? Was haben Sie von Ihren ausländischen Mitschülern gelernt?

   _____

   _____

▶ 19:47–20:18

B. Vor der Schule.
In den ersten Szenen bekommen wir einen Eindruck von den Schülern, von der Schule und ihrer näheren Umgebung. Schauen Sie sich den Videoabschnitt ohne Ton an und kreuzen Sie an, was Sie sehen. TIPP: Es können auch mehrere Antworten richtig sein.

_____ 1. Welche Jahreszeit ist es wohl?
   a. Sommer   b. Herbst   c. mitten im Winter

_____ 2. Was für Gebäude gibt es hier?
   a. Einfamilienhäuser mit Garten   b. große Geschäftshäuser   c. Wohnblocks

_____ 3. Wie kommen die Jugendlichen zur Schule?
   a. zu Fuß   b. mit dem Auto   c. mit dem Fahrrad

_____ 4. Wie sehen die Jugendlichen aus?
a. Sie sind alle hellhäutig.   b. Einige tragen Kopftücher.   c. Einige sind schwarz.

_____ 5. Viele Jugendliche tragen Jacken. Welche Farben haben sie?
a. rosa   b. grün   c. blau

20:19–22:00

C. In der Schule. Wie sieht die Schule aus? Was machen die Schüler und die
Lehrer? Schauen Sie sich den Videoabschnitt ohne Ton an und kreuzen Sie an,
was Sie sehen.

_____ 1. Poster mit blauen Blumen	_____ 7. Ein Jugendlicher spielt eine Szene.
_____ 2. große Fenster	_____ 8. eine rote Klassenzimmertür
_____ 3. einen Globus	_____ 9. Zwei Jungen tragen Baseballmützen.
_____ 4. Eine Lehrerin schreibt an die Tafel.	_____ 10. Der Direktor sitzt am Schreibtisch.
_____ 5. Bilder an der Wand	_____ 11. Am schwarzen Brett hängen viele Zettel.
_____ 6. rote und schwarze Stühle	

22:00–22:40

D. Bei Eugenie zu Hause. Die Jugendliche in diesem Videoabschnitt ist Eugenie.
Eugenies Familie kam vor acht Jahren aus Usbekistan nach Deutschland.
Schauen Sie sich das Video ohne Ton an und markieren Sie die Aussagen als
richtig (R) oder falsch (F).

_____ 1. Eugenie fährt mit ihrem Fahrrad nach Hause.

_____ 2. Die Wohnung hat eine Glastür.

_____ 3. Ihre Mutter arbeitet an der Nähmaschine.

_____ 4. Ihr Bruder macht Schulaufgaben.

_____ 5. Ihr Vater kocht in der Küche.

_____ 6. Die Wohnung scheint relativ klein zu sein.

20:07–20:18, 22:20–22:40

E. Eugenie über Fremdenfeindlichkeit. Eugenie ist eine Jüdin aus Usbekistan. In
dem Videoabschnitt spricht ihre Mutter russisch. Eugenie ist seit acht Jahren
an der Schule. Sie spricht über ihre eigenen Erlebnisse in und außerhalb der
Schule. Sehen Sie sich die Videoszenen mit Eugenie an und markieren Sie die
folgenden Aussagen als richtig (R) oder falsch (F).

_____ 1. An der Schule hat Eugenie das Gefühl, dass sie dazugehört.

_____ 2. Außerhalb der Schule kommt es mal vor, dass sie daran erinnert wird, dass sie in
Deutschland nur zu Gast ist.

_____ 3. Die Sprecherin sagt, dass Eugenie es gar nicht leicht findet sich zu integrieren.

_____ 4. Die Sprecherin sagt weiter, dass Eugenie von den Eltern kaum Hilfe erwarten kann.

_____ 5. Eugenie denkt, dass sie in die Gesellschaft bereits integriert ist und zwar durch die Schule.

_____ 6. Deshalb sind die Jugendlichen eigentlich für die Eltern eine Stütze.

Name _____   Datum _____

 ▶ **20:19–22:00**

F. Integration an der Schule. In diesem Segment sprechen Jugendliche, ein
Lehrer und der Direktor der Schule über die Integration von Ausländern.
Einige stehen der Integration eher kritisch gegenüber, aber einige sehen
Integration sehr positiv. Lesen Sie die Aussagen durch. Sehen Sie sich das
Video an und machen Sie sich Notizen, wer was sagt. Markieren Sie dann,
wer die folgenden Aussagen gemacht hat.

a. die Sprecherin
b. eine blonde Jugendliche im Pullover
c. eine schwarze Jugendliche

d. ein blonder Jugendlicher mit rotem Pulli
e. ein Lehrer
f. der Direktor

_____ 1. Die Einwandererkinder müssen ihren Weg ganz alleine finden. Umso wichtiger ist da die
Unterstützung der Schulen bei dem Anpassungsprozess.

_____ 2. Wir denken, so ungefähr 20 Prozent an ausländischen Schülern kann man vertragen, um
den hinreichenden Integrationsdruck zu üben.

_____ 3. Ich denke, gerade wenn halt die Ausländer selbst nicht wollen und immer ihre eigene
Kultur haben wollen und sich gar nicht integrieren lassen wollen, dann gibt's eine Grenze.

_____ 4. Und zumal jetzt auch im Verhalten, also wenn die aggressiv sind oder die Regeln nicht
einhalten, wir trennen uns auch von solchen Leuten.

_____ 5. Ich meine, es gibt bestimmte Leute, die sind halt von Natur aus schüchtern und das heißt
nicht, dass sie sich nicht integrieren wollen.

_____ 6. Intoleranz wird an der Schule nicht geduldet. Wer sich dem Verhaltenskodex nicht
anpasst, bekommt Probleme.

_____ 7. Weil, wenn ich 80 Prozent Ausländer habe und 20 Prozent Deutsche, was in manchen
Schulen in Berlin der Fall ist, dann kann man nicht von der Integration der Ausländer
sprechen, sondern eher der Deutschen.

_____ 8. Die sich anpassen, haben gute Chancen. Etwa jeder vierte Schüler mit nichtdeutscher
Herkunftssprache schafft das Abitur.

G. Diskussion

1. Der Direktor sagt: „Wir sorgen dafür, dass ein bestimmtes Quorum nicht
überschritten wird. Wir denken so ungefähr 20 Prozent an ausländischen
Schülern kann man vertragen, um den hinreichenden Integrationsdruck
zu üben." Was halten Sie von diesem Standpunkt? Vergleichen Sie diesen
Standpunkt mit der Meinung oder dem Gesetz in Ihrem Land.

2. Eugenie und die Sprecherin denken, dass bei dem Anpassungsprozess von
ausländischen Kindern und Jugendlichen die Schule wichtiger ist als die
Eltern. Was meinen Sie?

H. Rollenspiel. Ihr Sohn/Ihre Tochter besucht die erste Klasse einer Berliner
Grundschule, in der 50 Prozent deutsche Kinder und 50 Prozent ausländische
Kinder sind, die noch nicht so gut Deutsch sprechen können. Da Sie befürch-
ten, dass durch die ausländischen Kinder das Niveau° sinkt, überlegen Sie sich   *level*
Ihre Tochter/Ihren Sohn auf eine andere Schule zu schicken, in der etwa 80
Prozent der Schüler Deutsche und nur 20 Prozent Ausländer sind. Ihre
Frau/Ihr Mann ist dagegen. Spielen Sie die Szene.

▶ Wichtige Wörter

ab•schrecken to deter
die Anforderung, -en requirement
an•passen to adapt, conform
der Anpassungsprozess adjustment process
an•streben to aim for
die Arbeitsgruppe, -n study group
die Aufgabe, -n assignment
ausländisch foreign
die Baseballmütze, -n baseball cap
begegnen to meet
bereits already
berücksichtigen to take into consideration
beschäftigt occupied with
die Bevölkerung population
bewerten to judge
der Brennpunkt, -e focus
dabei at the same time
dazu•gehören to belong to
debattieren to debate
die Deutscharbeit, -en test in German
dulden to tolerate
durchaus definitely
ein•halten (ä; ie, a) to follow (rules)
das Einwandererkind, -er child of immigrants
einzeln single
erinnern to remind
erleichtern to make easy
ernsthaft serious
erschweren to make difficult
die Fremdenfeindlichkeit xenophobia; hostility toward foreigners
der Gast, ⸚e guest
gegenüber•stehen: etwas kritisch gegenüberstehen to have a critical view of something

die Gesellschaft, -en society
das Gesetz, -e law
getrennt separated
der Globus, -se/Globen globe
die Grenze, -n limit
die Grünen Green Party
halt (coll.) you know
hellhäutig light-skinned, white
die Herkunft origin
die Herkunftssprache, -n native language
hinreichend sufficient
hoch•schlagen (ä; u, a) to surge up (waves)
der Integrationsdruck pressure to integrate
integrieren to integrate
der Jude, -n, -n/die Jüdin, -nen Jew
die Koalitionsregierung coalition government
der Königsweg perfect path
das Kopftuch, ⸚er headscarf
leider unfortunately
multikulti (coll.) multicultural
die Muttersprache, -n mother tongue
die Nähmaschine, -n sewing machine
die Natur nature; von Natur aus by nature
ohnehin anyway
(das) Osteuropa Eastern Europe
der Parlamentarier, -/die Parlamentarierin, -nen parliamentarian
die Pflichtveranstaltung, -en obligatory event
die Praxis practice
die Quotierung, -en quotation
der Rauswurf, ⸚e dismissal, expulsion
rechnen to count on
die Regel, -n rule
regeln to regulate

schaffen to get
der Schrecken scare
schüchtern shy
das schwarze Brett, die schwarzen Bretter bulletin board
die Sicht view
sorgen to take care of
SPD = Sozialdemokratische Partei Deutschlands Social Democratic Party
der Standpunkt, -e view
die Stütze, -n support
die Suche search
tönen to sound
sich trauen to dare to do something
sich trennen to separate oneself
üben to practice, exercise
überschreiten (überschritt, überschritten) to exceed
die Umgebung, -en surrounding area
umso all the more
ungefähr approximately
unterrichten to teach
unterschiedlich different, various
die Unterstützung support
unumstritten undisputed
das Verhalten conduct
das Verhältnis, -se proportion
der Verhaltenskodex code of conduct
vertragen (ä; u, a) to tolerate
vertreten (vertritt; a, e) to support
vor•kommen (kam, [ist] o) to happen
die Welle, -n wave
der Wohnblock, -s apartment house
zählen to count
zumal especially
die Zuwanderung immigration

Thema 7 Multikulturelle Gesellschaft

7.2 „Weil ich 'n Türke bin ..."

Worum geht es hier?

Erci Ergün ist Musiker und Radiomoderator bei dem Berliner Sender SFB 4 Radio Multikulti. Erci ist der Sohn von türkischen Einwanderern, die als Gastarbeiter nach Deutschland kamen. Erci ist in Deutschland geboren und ist deutscher Staatsbürger. Trotzdem ist er nicht sicher, dass die deutsche Gesellschaft bereit ist türkische Einwanderer als gleichberechtigte Mitbürgerinnen und Mitbürger zu akzeptieren. In diesem Videobeitrag lernen wir Erci kennen und erfahren von ihm, welche Probleme und welche Emotionen seine türkische Herkunft für ihn mit sich bringt.

A. Einstieg

1. Welche Minderheiten werden in Ihrem Land als Fremde betrachtet?

   _____

2. Finden Sie, dass manche Minderheiten weniger akzeptiert sind als andere? Wenn ja, welche?

   _____

3. Was für Fortschritte und Veränderungen gegenüber Minderheiten gab es Ihrer Meinung nach in den letzten fünf Jahren in Ihrer Gesellschaft?

   _____

▶ **22:48–23:28**

B. Auf dem Weg zur Arbeit.
Dieses Videosegment zeigt, was Erci Ergün an einem normalen Tag auf seinem Weg zur Arbeit sieht. Lesen Sie die folgenden Punkte. Sehen Sie sich dann den Videoabschnitt ohne Ton an. Nummerieren Sie in welcher Reihenfolge die Bilder vorkommen.

_____ Erci telefoniert auf seinem Handy.

_____ Ein Verkäufer an einem Imbiss-Stand verkauft Döner Kebap.

_____ Ein Mann und eine Frau mit Kinderwagen gehen vorbei.

_____ Frauen mit Kopftüchern steigen in einen Bus ein.

_____ Erci kommt aus der U-Bahnstation.

_____ Eine Asiatin kauft am Obststand ein.

_____ Erci sitzt im Café und spricht in die Kamera.

C. Erci bei der Arbeit. In diesen Videoabschnitten sehen wir Erci bei der Arbeit im Tonstudio des Senders Radio Multikulti. Lesen Sie die folgenden Sätze. Schauen Sie sich dann die Videosegmente ohne Ton an und kreuzen Sie die Bilder an, die Sie sehen.

Teil I ▶ **23:34–23:58**

_____ 1. Erci sitzt mit Kopfhörern im Tonstudio.

_____ 2. Eine Mitarbeiterin sitzt hinter einer Glasscheibe.

_____ 3. Die Mitarbeiterin arbeitet am Computer.

_____ 4. Eine Frau sitzt am Reglerpult.

Teil II ▶ **24:18–24:53**

_____ 5. Das Team frühstückt.

_____ 6. Erci spricht im Aufnahmestudio mit einer Mitarbeiterin.

_____ 7. Erci kommt ins Studio.

_____ 8. Erci sitzt am Reglerpult im Tonstudio.

▶ **22:59–24:54**

D. Vorurteile und Integration. In diesem Videobeitrag hören wir von den Vorurteilen gegen Einwanderer, aber auch von Vorschlägen zur Integration. Lesen Sie die folgenden Aussagen. Sehen Sie sich dann das Video mit Ton an und markieren Sie die Aussagen als Vorurteil **(V)** oder Lösung **(L)**.

_____ 1. Es gibt so viele Vorurteile, dass es einfach nötig war, fand ich, dass ein in Anführungsstrichen Fremder, der hier ist, all das mal einfach sagt.

_____ 2. Dass Einwanderer sich in Deutschland integrieren müssen, für ihn klare Sache.

_____ 3. Doch er habe so seine Zweifel, dass die deutsche Gesellschaft wirklich bereit sei, auch das Fremde an den Einwanderern zu akzeptieren.

_____ 4. Er selbst hat das Gefühl, dass das Verhältnis zwischen Deutschen und Einwanderern schwieriger wird.

_____ 5. Das macht sich ja dann insofern bemerkbar, dass, wenn früher – man hier und da mal gespürt hat, auf der Behörde oder bei der Polizei, dass man eigentlich nicht so gern gesehen ist, spürt man das jetzt vielleicht ein bisschen öfter.

_____ 6. Man denkt, ich bin einfach nicht gewollt. Und wieso eigentlich? Ich bin doch hier geboren.

_____ 7. Doch damit das Zusammenleben funktioniert, bedarf es einer gemeinsamen Sprache. Das müsste jeder Einwanderer begreifen.

_____ 8. Er muss sich und nichts weiter von sich aufgeben. Er muss nur den Austausch pflegen können, um sagen zu können, ich bin dies, ihr seid das, hier können wir uns treffen.

_____ 9. Die Sprache ist das Wichtigste.

_____ 10. Er selbst ist ein Beispiel dafür, dass Integration nicht bedeutet, dass man seine eigene kulturelle Herkunft aufgeben muss. Seine Songs produziert Erci Ergün auch auf Türkisch.

E. Weil ich 'n Türke bin ... Am Anfang des Videobeitrags hören wir einen Rapsong von Erci. Lesen Sie den Text. Sehen Sie sich dann das Video an und beantworten Sie die Fragen.

▶ **22:48–22:59**

Fast an allem bin ich schuld,
man nennt mich liebevoll Kanake.
Dein größtes Problem:
dein Pickel an der Backe!
Dass ich packe und geh',
darauf kannst du lange warten.
Solang' ich da bin, guck ich weiter böse
und mach' 'n Harten.

▶ **23:12–23:35**

Ich nehm dir deine Frau weg
danach mach ich dich arbeitslos.
Deutschland tut mir so gut, was machen
wir da bloß?
Und überhaupt –
deine Frau weggenommen –
Soll ich dir was sagen?
Sie ist von ganz alleine mitgekommen.
Natürlich bin ich schuld
an euren Arbeitslosenzahlen,
ich kriege haufenweise Jobs
und alle woll'n mir viel bezahlen.
Weil ich 'n Türke bin,
bist du gestresst ...

FRAGEN

1. Erci sagt: „Dein größtes Problem: dein Pickel an der Backe!" Wen redet Erci hier an? Was will er mit diesem Satz ausdrücken?

2. Aus welchen Gründen glaubt Erci, dass die Deutschen es gern hätten, wenn er wieder in die Türkei ginge? Was haben die Deutschen gegen die türkischen Einwanderer?

3. Was kritisiert Erci an den Deutschen?

4. Das Hauptelement in Ercis Song ist die Ironie. Die ersten zwei Zeilen sind ein Beispiel dafür. Nennen Sie einige andere ironische Elemente.

F. Diskussion

1. Beschreiben Sie Erci Ergün. Wie sieht er aus?

2. Ist er Ihrer Meinung nach ein guter Repräsentant für die Türken in Deutschland? Gefallen Ihnen seine Vorschläge für eine bessere Integration der Türken?

3. Finden Sie ihn sympathisch? Warum (nicht)?

4. Würde Erci Ergün denselben Vorurteilen begegnen, wenn er in Ihrem Land wohnen würde? Warum (nicht)?

5. Gefällt Ihnen Ercis Song als Rapsong? Warum (nicht)?

6. Ist die Integration von Einwanderern ein Thema in Rapsongs, die Sie kennen? Warum (nicht)? Was meinen Sie?

7. Welche anderen Themen gibt es häufig in Rapsongs?

▶ Wichtige Wörter

alles everybody
die Anführungsstriche (*pl.*) quotation marks
der Arbeitnehmer, -/die Arbeitnehmerin, -nen employee
arbeitslos unemployed
die Arbeitslosenzahlen (*pl.*) unemployment statistics
der Asiat, -en, -en/die Asiatin, -nen Asian man/woman
auf•geben (i; a, e) to give up
das Aufnahmestudio, -s recording studio
der Austausch exchange
die Backe, -n cheek
bedürfen to require
begegnen to be faced with
begreifen (begriff, begriffen) to understand
die Behörde, -n authority
bemerkbar noticeable
bloß only
böse angry
danach afterwards
der Döner Kebap, -s Southeast European food: mutton in a pocket (pita bread)
ein•steigen (ie, [ist] ie) to get on
der Einwanderer, -/die Einwanderin, -nen immigrant
das Einwandererkind, -er child of immigrants
fast almost
der Fortschritt, -e progress
der/die Fremde (*noun decl. like adj.*) stranger, foreigner
das Fremde foreignness; strangeness

der Gastarbeiter, -/die Gastarbeiterin, -nen foreign worker
die Gegenwehr resistance
gemeinsam common
gestresst stressed out
die Glasscheibe, -n pane of glass
gleichberechtigt having equal rights
gucken to look
gut tun to do someone good
das Handy, -s cell phone
(einen) Harten machen (*slang*) to stand up to someone
haufenweise loads of
häufig often
das Hauptelement, -e main element
die Herkunft origin
der Imbissstand, ⁻e fast food stand
insofern in this respect
integrieren to integrate
der Kanake, -n, -n (*pejorative*) foreigner
der Kinderwagen, - baby carriage
der Kopfhörer, - headphone
das Kopftuch, ⁻er headscarf
liebevoll loving
die Minderheit, -en minority
der Mitarbeiter, -/die Mitarbeiterin, -nen employee
der Mitbürger, -/die Mitbürgerin, -nen fellow citizen
nötig necessary
der Obststand, ⁻e fruit stand
packen to pack up

pflegen to foster
der Pickel, - pimple
produzieren to produce
der Radiomoderator, -en/die Radiomoderatorin, -nen radio presenter
das Reglerpult, -e audio mixer
die Sache, -n thing; **klare Sache** obvious
die Schuld blame
schuld sein an etwas to be at fault for something
spüren to feel
der Staatsbürger, -/die Staatsbürgerin, -nen citizen
die Strophe, -n stanza
das Tonstudio, -s recording studio
der Türke, -n, -n/die Türkin, -nen Turk
türkisch Turkish
überhaupt anyway
die Veränderung, -en change
das Verhältnis, -se relationship
der Verkäufer, -/die Verkäuferin, -nen salesperson
verursachen to cause
die Vielfalt variety
vor•kommen (kam, [ist] o) to occur
der Vorschlag, ⁻e suggestion
weg•nehmen (nimmt; a, genommen) to take away
das Wichtigste most important thing
wieso why
das Zusammenleben living together
der Zweifel, - doubt

Thema 8   Jung und Alt

8. Alt sind nur die anderen

Worum geht es hier?

Die Sendung *ML Mona Lisa* bringt einen Beitrag zum Thema Altwerden. Wir lernen drei Generationen einer ziemlich „aufgeweckten" Familie kennen, jede mit ihrer ganz eigenen Ansicht vom Altwerden. Wir treffen die Großeltern, Brigitte und Elard Würtz, die Tochter Iris Filmer mit ihrem Ehemann Werner und die Enkelin Jana Filmer.

A. Einstieg

1. Denken Sie an Ihre Großeltern oder an die Großeltern von Bekannten. Wie leben sie? Was sind ihre Interessen?

   _____

   _____

2. Inwiefern sind die Großeltern, an die Sie denken, „alt"? Inwiefern sind sie für Sie nicht „alt"?

   _____

   _____

▶ **25:12–30:30**

B. Drei Generationen. In diesem Videobeitrag sehen wir Bilder aus dem täglichen Leben von drei Generationen einer Familie. Schauen Sie sich das Video ohne Ton an und machen Sie sich Notizen über das, was Sie sehen. In welcher Reihenfolge kommen die folgenden Bilder vor?

_____ Jana sitzt im Wohnzimmer und spricht in die Kamera.

_____ Werner sitzt im Wohnzimmer und spricht in die Kamera.

_____ Brigitte und Elard sitzen am Computer.

_____ Brigitte spielt Blockflöte.

_____ Iris arbeitet am Schreibtisch.

_____ Iris und Werner sitzen an einem Tisch im Garten.

_____ Elard spricht in die Kamera.

_____ Jana klopft an die Tür.

_____ Jana macht die Küche sauber.

_____ Jana und Iris sprechen im Büro miteinander.

_____ Iris sitzt allein im Garten und spricht in die Kamera.

_____ Brigitte sitzt auf dem Sofa und spricht in die Kamera.

C. Iris und Werner beim Kaffeetrinken. Ein Bild aus dem täglichen Leben ist das Kaffeetrinken. Schauen Sie sich das Videosegment an und listen Sie mindestens sieben Dinge auf, die Sie sehen.

einen Tisch _____   _____

_____   _____

_____   _____

_____   _____

D. Die erste Generation. Die Sprecherin erzählt vom Ehepaar Würtz. Brigitte, 81, und ihr Mann Elard haben sich vor drei Jahren ihr erstes Notebook gekauft. Brigitte und Elard sprechen über das Internet und erzählen von ihrem Verhältnis zu jungen Leuten. Durch das Internet haben sie Kontakt zu vielen jungen Leuten zwischen 25 und 40 Jahren. Sehen Sie sich den Videoabschnitt mit Ton an und ergänzen Sie ihre Aussagen mit den angegebenen Wörtern.

Bekanntenkreises	Gewinn
Defizit	junge Leute
festgestellt	Kontakte

BRIGITTE: Also, zunächst ist es plötzlich eine Möglichkeit, _____

zu knüpfen mit Menschen, die sonst völlig außer dem Bereich des

_____ sind. ... Ich hab nicht gesagt, ach, jetzt will

ich unbedingt _____ kennen lernen. Das ist gar

kein _____ bei mir. Aber ich hab plötzlich

_____, dass ich da junge Leute kennen lerne und

das ist wirklich ein _____.

Briefen	früher
Denken	Sprache
ergänzen	verstehe
fremd	

ELARD: Und da lernen wir – aus den _____ lernen

wir jetzt die neue moderne _____, die uns an

sich als alten Leuten _____ ist. Und wir lernen

das _____ der jungen Leute. Und die wiederum

fragen; wie war's denn _____ mit euch? Und so

weiter. Und so _____ wir uns, und das, möchte

ich sagen, _____ ich unter Generationskooperation.

🎧 ▶ **26:41–29:18**

E. Die zweite Generation. Iris, die Tochter von Brigitte und Elard Würtz, war 50, als sie mit ihrem Sohn eine Agentur für Partnervermittlung via Internet gründete. Die Sprecherin sagt: In drei Jahren hat sie sich in einer Szene durchgesetzt, in der sonst nur 20- bis 30-Jährige arbeiten. In der Familie herrscht Aufbruchstimmung, denn ihre Mutter Brigitte startete mit 50 auch eine neue Karriere als Porträtmalerin. Iris' Mann Werner ist zwölf Jahre älter als sie und ist schon in Pension. Damit ist er dem Alter schon ein Stück näher. Sehen Sie sich das Video mit Ton an und wählen Sie die richtige Antwort auf die Fragen.

_____ 1. Wofür ist Iris' Mutter ein sehr positives Beispiel?

_____ 2. Was sieht Iris, wenn sie ihre Mutter ansieht?

_____ 3. Was ist das Jugendliche an ihrer Mutter, das Iris spürt?

_____ 4. Welchen Effekt hat es, dass Iris so eine jugendliche Mutter hat?

_____ 5. Zwischen jung und alt ist rein körperlich und optisch ein Einschnitt, meint Iris. Was macht sie jetzt als 53-jährige Frau zum Beispiel nicht mehr?

_____ 6. Was sagt Werner über das Älterwerden?

_____ 7. Was sagt Werner über den Tod?

a. Das ist eine Phase, die mit dem Tod endet.
b. Es nimmt ihr ein bisschen das Erschrecken um das Alter.
c. Sie ist auch faltig.
d. Wie man wirklich schön alt werden kann.
e. Sie geht nicht mehr im Bikini ins Schwimmbad oder am Strand lang.
f. Das bedrückt schon, weil es natürlich auch Melancholie ins Leben hineinbringt.
g. Es ist Brigittes jugendlicher Geist.

🎧 ▶ **29:19–30:03**

F. Die dritte Generation. Jana arbeitet bei ihrer Mutter in der Agentur für Partnervermittlung. In der letzten Zeit denkt sie über das Altwerden nach. Sehen Sie sich den Videoabschnitt an und wählen Sie die richtigen Antworten auf die Fragen. Eine Frage kann auch mehr als eine Antwort haben.

_____ 1. Warum denkt Jana über das Altwerden nach?
   a. Sie wird jetzt dreißig.
   b. Ihr Großvater hat einen Schlaganfall gehabt.
   c. Ihre Mutter sieht jetzt viel älter aus.
   d. Ihr Vater ist in Pension gegangen.

_____ 2. Was sind für Jana die Konsequenzen des Älterwerdens?
   a. Man ist begrenzt in dem, was man machen kann.
   b. Menschen haben Angst vor dem Tod.
   c. Menschen müssen Abstand von Sachen nehmen, die ihnen Spaß gemacht haben.
   d. Man vereinsamt eventuell auch ein bisschen.

_____ 3. Janas Vorbilder, was das Älterwerden betrifft, sind ihre Großeltern. Was hat sie von ihrer Großmutter gelernt?
   a. im Internet zu surfen   c. dass man sich auch im Alter keine Grenzen setzen muss
   b. Blockflöte zu spielen   d. Porträts zu malen

G. Diskussion

1. Wer von den Personen aus dem Beitrag gefällt Ihnen am besten? Beschreiben Sie die Person. Wie sieht sie aus? Was macht sie alles? Was finden Sie an dieser Person besonders beeindruckend?

2. Ist Altwerden für Sie ein Thema? Warum (nicht)?

3. Wie möchten Sie im Alter gerne sein? Warum?

H. Rollenspiel. Jana Filmer wird in ein paar Tagen 30 und sie ist ein wenig melancholisch. Sie denkt über das Älterwerden nach und hat auch ein wenig Angst davor. Sie unterhält sich mit ihrer Großmutter Brigitte Würtz darüber. Spielen Sie die Szene.

▶ Wichtige Wörter

der **Abstand** distance; **Abstand nehmen** to refrain from
die **Agentur, -en** agency
das **Alter** age; old age
an·tun (a, a) to do something to someone
die **Aufbruchstimmung** spirit of initiative
aufgeweckt bright, sharp
bedrücken to depress
beeindruckend impressive
begrenzen to limit
der **Begriff, -e** concept, idea
der **Bekanntenkreis, -e** circle of friends
der **Bereich, -e** area
beruflich professional
betreffen (i; traf, o) to concern
bevorstehend approaching
die **Blockflöte, -n** recorder
sich durch·setzen to establish oneself
durch·starten to rev up
der **Einschnitt, -e** decisive point (in life)
die **Einstellung, -en** attitude
empfinden (a, u) to feel
der **Enkel, -/die Enkelin, -nen** grandson/granddaughter
die **Entwicklung, -en** development
erben to inherit
sich ergänzen to complement one another

erreichen to attain
das **Erschrecken** fright, shock
erwachsen adult
eventuell possibly
faltig wrinkled
fertig werden (i; u, [ist] o) to come to grips with
die **Freude, -n** joy, pleasure
der **Geist** spirit
die **Gelassenheit** composure
der **Gewinn, -e** profit, gain
gründen to establish
herrschen to prevail
hinein·horchen to listen in
infizieren to infect
der **Internetanschluss, ⁻e** Internet connection
jugendlich youthful
knüpfen to strike up
die **Kontaktfreudigkeit** sociability
körperlich physical
die **Lebenskonstante, -n** fact of life, constant value
oll (*North German word*) old, worn out
optisch optically, visually
die **Partnervermittlung** dating service
Pension: in Pension gehen to retire
die **Pensionierung** retirement
der **Porträtmaler, -/die Porträtmalerin, -nen** portrait painter

rücken to move
Sagen: das Sagen haben to have the say
sauer machen to annoy
der **Schatz, ⁻e** treasure
der **Schlaganfall, -anfälle** stroke
schlechthin as such, per se
selbstbewusst self-confident
die **Spur, -en** trace
spüren to feel
der **Strand, ⁻e** beach
die **Überraschung, -en** surprise
die **Überschaubarkeit** clarity
unbedingt absolutely
ungewöhnlich unusual
verblassen ([ist]) to fade
verdrängen to repress
vereinsamen to grow lonely
das **Verhältnis, -se** relationship
der/das **Virus, Viren** virus
völlig complete
das **Vorbild, -er** model
die **Wehmut** melancholy; nostalgia
Welt: aus aller Welt from the whole world
die **Zaubertüte, -n** magic bag of tricks
zunächst first of all

Thema 9 Stereotypen

9.1 Typisch deutsch, typisch türkisch

Worum geht es hier?

Wir benutzen das Wort „typisch" sowohl im positiven wie auch im negativen
Sinn. Was uns vertraut ist, nennen wir im positiven Sinne typisch. Wenn wir
etwas Fremdes als typisch bezeichnen, ist das oft negativ gemeint. Solch
stereotypes Denken führt dann zu Vorurteilen. In Deutschland leben Deutsche,
Türken und andere Ausländer zusammen. Wollen sie das friedlich tun, müssen
sie die Vorurteile abbauen, und das heißt, einander kennen lernen. In einer
Sendung zum Thema Stereotypen stellt *ML Mona Lisa* die Fragen: Was ist
typisch deutsch? Was ist typisch türkisch?

Der Videobeitrag beginnt mit Bildern von Deutschen und Türken zusammen.
Damit die Deutschen die Türken besser kennen lernen, versucht die Sendung
drei typische Vorurteile gegenüber den Türken zu entkräften: 1. Arbeitsplatz,
2. Islam (Religion), 3. Frauenrechte.

A. Einstieg

1. Welche Eigenschaften sollen für Ihre Landsleute typisch sein? Nennen Sie zwei positive und zwei
    negative Eigenschaften.

    _____

    _____

2. Glauben Sie, dass die Eigenschaften in Frage 1 wirklich typisch sind? Warum (nicht)?

    _____

▶ 30:39–31:23

B. Typisch deutsch, typisch türkisch.
Die Moderatorin nennt einige Eigen-
schaften und Gebräuche und stellt die Frage, ob sie typisch deutsch oder
türkisch sind. Raten Sie, ob die Moderatorin die folgenden Punkte für deutsch
oder türkisch hält. Markieren Sie **d** für deutsch und **t** für türkisch. Sehen Sie
sich dann das Video mit Ton an. Haben Sie richtig geraten?

_____ 1. Ordnung   _____ 6. ständiges Anklagen

_____ 2. Gemütlichkeit   _____ 7. Frauen mit Kopftüchern

_____ 3. Neuschwanstein   _____ 8. Vorliebe für Sauerkraut

_____ 4. Pünktlichkeit   _____ 9. geknechtete Analphabetinnen

_____ 5. in Großfamilien leben

▶ **31:27–32:01**

C. Stereotype Bilder. Deutsche und Ausländer leben in einem Land zusammen. Das bedeutet aber nicht, dass die Ausländer ihre ursprüngliche Kultur verleugnen müssen. Das Aussehen, die Hautfarbe, die Kleidung, die Gebräuche – all das erinnert an ihre Herkunft. Sehen Sie sich das Video ohne Ton an. Welche Dinge und Menschen würden Sie als „deutsch" und welche als „ausländisch" kennzeichnen? Markieren Sie die folgenden Punkte mit **d** für deutsch und **a** für ausländisch.

_____ 1. die Fahne

_____ 2. Verkäuferin in der Bäckerei

_____ 3. Verkäufer von Ledersachen, mit Turban

_____ 4. Verkäuferin mit schwarzem Kleid und Kopftuch

_____ 5. blonder Mann in dunkler Jacke

_____ 6. junger Mann mit Weste

_____ 7. blonde Frau mit Brille

_____ 8. tanzende Frauen

_____ 9. ältere Frauen mit grauen Haaren

_____ 10. Fachwerkhäuser

_____ 11. zwei Männer mit Shorts, am Tisch beim Biertrinken

_____ 12. Mann im T-Shirt mit Aufdruck Italia

_____ 13. Kind mit Baseballmütze

_____ 14. zwei Männer nebeneinander

　　　_____ a. einer mit dunklen Haaren und Schnurrbart

　　　_____ b. der andere mit beigem Hut, Jacke und Krawatte

D. Vorurteile. Die Sendung beschäftigt sich mit Vorurteilen gegenüber den Türken und illustriert sie anhand von drei Beispielen: Arbeitsplatz, Islam und Frauenrechte. Lesen Sie die Fragen und die Auswahl der Antworten. Sehen Sie sich das Video mit Ton an und wählen Sie die richtigen Antworten auf die Fragen.

▶ **32:29–32:58 • Arbeitsplatz**

_____ 1. Was meinen viele Deutsche zum Thema Arbeitsplätze?

_____ 2. Welche Arbeit machen die Ausländer oft?

_____ 3. Warum sucht die deutsche Wirtschaft in vielen Bereichen nach qualifizierten Arbeitskräften?

▶ **32:58–33:34 • Islam**

_____ 4. Wie erscheint manchen Deutschen die Ausübung des islamischen Glaubens?

_____ 5. Was befürchten viele Deutsche?

_____ 6. Welcher Prozentsatz von Moslems in der Bundesrepublik geht in Moscheen?

_____ 7. Wie viele der Moslems sind Fundamentalisten?

▶ **33:35–33:57 • Frauenrechte**

_____ 8. Was ist ein gängiges Vorurteil türkischen Frauen gegenüber?

_____ 9. Inwiefern sind junge Ausländerinnen anders als die Frauen der älteren Generationen?

ANTWORTEN:

a. Sie entfernen sich immer mehr von den alten Geschlechterrollen.

b. Sie haben Angst, dass das Land von religiösen Fanatikern terrorisiert und Kirchen von Moscheen verdrängt werden.

c. Für die weniger schönen Arbeiten sind die Deutschen nur schwer zu begeistern.

d. Als akute Bedrohung.

e. Ausländische Frauen werden unterdrückt.

f. Die Ausländer nehmen ihnen die Arbeitsplätze weg.

g. 20 Prozent.

h. Mit Deutschen allein kann der Bedarf an Arbeitskräften nicht mehr gedeckt werden.

i. Nur wenige Prozent. Und es gibt auch in der christlichen Kirche Fanatiker.

E. Diskussion

1. Dieter Oberndörfer, Vorsitzender des Rates für Migration, sagt am Ende des Videosegments [33:58–34:25], dass Deutschland ein Geburtendefizit hat und auf dem Weg ist ein Altersheim zu werden. Durch Ausländer könnte das Land ein bisschen jugendlicher, bunter und weniger dröge werden. Was meinen Sie? Braucht ein Land Immigranten? Braucht Ihr Land Immigranten? Warum (nicht)?

2. Durch diesen Videobeitrag sollen die Deutschen die Türken besser kennen lernen und Vorurteile abbauen. Glauben Sie, dass das Video dieses Ziel erreichen kann? Warum (nicht)?

F. Rollenspiel. Bilden Sie eine Zweiergruppe. Sie sind eine Ausländerin/ein Ausländer, die/der zum ersten Mal Ihr Land besucht. Erzählen Sie von Ihren Eindrücken. Ihre Partnerin/Ihr Partner reagiert darauf, indem sie/er ein bisschen mehr dazu erklärt. Denken Sie an die folgenden Bereiche: 1. Leben an der Uni, 2. Freundschaften und 3. Familienleben. Spielen Sie die Szene.

▶ Wichtige Wörter

ab·bauen to reduce
ab·hängen to depend on
ab·lehnen to reject
aktuell current
das Altersheim, -e retirement home
der Analphabet, -en, -en/die Analphabetin, -nen illiterate
an·gehören to belong to
anhand von by means of
die Anklage, -n reproach
an·passen to adapt
die Arbeitskraft, ¨e worker
der Aufdruck, -e saying on T-shirt
sich auf·regen to get upset
die Ausübung practice
der Bedarf need
die Bedrohung, -en threat
befürchten to fear
begeistern to make enthusiastic
bei·tragen (ä; u, a) to contribute
der Bereich, -e area
die Bereitschaft readiness
sich beschäftigen to deal with
beweglich agile-minded
bunt colorful; varied
christlich Christian
dabei at the same time
decken to cover
dröge (*North German*) boring
dynamisieren to make dynamic
die Eigenschaft, -en characteristic
das Einschmelzen fusion
sich entfernen to distance oneself
entkräften to weaken; refute
das Ergebnis, -se result
erinnern to remind, recall
erledigen to do
das Fachwerkhaus, -häuser half-timbered house
die Fahne, -n flag
der Familienbericht, -e report on families
die Frage: in Frage stellen to question
das Frauenrecht, -e women's right

der/die Fremde (*noun decl. like adj.*) foreigner
friedlich peaceful
gängig popular, current
der Gebrauch, Gebräuche custom
das Geburtendefizit, -e negative birthrate
gegenüber towards
geknechtet oppressed, enslaved
die Gemütlichkeit coziness
die Geschlechterrolle, -n gender role
der Glauben belief
händeringend wringing one's hands
die Hautfarbe skin color
die Herausforderung, -en challenge
die Herkunft origin
hin·nehmen (nimmt; a, genommen) to accept
jugendlich youthful
sich klammern to cling to
der Knick, -e crease
das Kopftuch, ¨er headscarf
kräftig strong, loud
die Landsleute fellow countrypersons
die Langeweile boredom
die Ledersachen (*pl.*) leather goods
die Leitkultur dominant or governing culture
messen (i; maß, e) to measure
die Messlatte, -n gauge
die Moschee, -n mosque
der Nerv: auf die Nerven gehen to get on one's nerves
Neuschwanstein castle in Bavaria, famous tourist attraction
die Ordnung order
der Prozentsatz percentage
die Pünktlichkeit punctuality
der Rat, ¨e council
rund um die Uhr round the clock
der Schnurrbart, ¨e mustache
schrecklich dreadful

das Schwarzwaldmädel, - woman in costume of Black Forest (tourist attraction)
die Selbstverständlichkeit obviousness
der Sinn sense; **im Sinn** in the sense of
das Sofakissen, - sofa cushion
das Stadtviertel, - section of the city
die Stammtischparole, -n watchword of group meeting regularly for drinks
ständig constant
steigen (ie, [ist] ie) to rise
stets always
die Tatsache, -n fact
tödlich deadly
sich tun: sich schwer tun to have problems with
unauffällig unobtrusive
unheimlich frightening, eerie
unterdrücken to suppress
ursprünglich original
verdrängen to replace
die Vergangenheit past
verleugnen to deny
vermeintlich supposed
die Verschiedenheit, -en difference
versinken (a, [ist] u) to sink
vertraut familiar
Vertrautes something familiar
verunsichern to make insecure
die Vielheit variety
die Vorliebe preference
der/die Vorsitzende (*noun decl. like adj.*) chairperson
die Weise, -n manner
weitgereist well-traveled
weltoffen cosmopolitan
der Wert, -e value
die Weste, -n vest
zahlreich numerous
zudem furthermore
die Zuwanderung immigration

Thema 9   Stereotypen

9.2 „Ich bin stolz ein Deutscher zu sein.“

Worum geht es hier?

„Ich bin stolz ein Deutscher zu sein“ ist ein typischer Slogan der Rechtsradikalen in Deutschland. Für sie sind Menschen, die in Deutschland leben,
aber anders aussehen und andere Bräuche haben, keine Deutschen, auch wenn
sie in Deutschland geboren sind. In diesem Beitrag lernen wir den schwarzen
Deutschen Christian kennen, der den Slogan „Ich bin stolz ein Deutscher zu
sein“ stolz auf seinem T-Shirt trägt. Er macht das im Rahmen einer Kampagne,
die den Rechtsradikalen ihre Slogans nehmen will und darauf aufmerksam
machen will, dass in einem multikulturellen Land alle akzeptiert werden
müssen und dass Deutschland aus vielen verschiedenen Gruppen von
Menschen besteht, die auch auf ihr Land und ihre Nationalität stolz sind.

A. Einstieg

1. Welche Minderheiten gibt es in Ihrem Land?

   _____

2. Ist es in Ihrem Land typisch oder untypisch, dass Menschen mit unterschiedlicher Hautfarbe und
   unterschiedlicher ethnischer Herkunft Staatsbürger werden? Warum ist es typisch oder untypisch?

   _____

3. Suchen Sie auf der Landkarte auf Seite 185 die Stadt Marburg. In welchem Bundesland liegt
   Marburg?

   _____

▶ **34:33–35:42**

B. Christian zu Hause.
Als wir Christian in seiner Wohnung besuchen, treffen
wir ihn bei Fitnessübungen. Er macht Sit-ups. Schauen Sie sich das Video ohne
Ton an und kreuzen Sie an, was Sie sehen.

_____   1. einen Perserteppich

_____   2. einen Bauchtrainer

_____   3. Gewichte

_____   4. ein T-Shirt mit dem Aufdruck „Ich
           bin stolz ein Deutscher zu sein.“

_____   5. Poster

_____   6. Bilder

_____   7. einen Stuhl

_____   8. einen Schreibtisch

_____   9. einen CD-Ständer

_____   10. einen Fernseher

_____   11. einen Computer

_____   12. eine Gitarre

_____   13. Bücher

_____   14. eine Uhr

_____   15. Frühstück auf dem Tisch

Kaleidoskop: Das Video **Thema 9**

C. Christian. Was erfahren wir über Christian? Sehen Sie sich das Video mit Ton an und wählen Sie die richtigen Antworten auf die Fragen.

_____ 1. Wie alt ist Christian?
    a. 23   b. 25   c. 29

_____ 2. Wo ist er geboren?
    a. in Marburg   b. in Berlin   c. in Hamburg

_____ 3. Wo lebt er jetzt?
    a. in Marburg   b. in Berlin   c. in Hamburg

_____ 4. Was ist er von Beruf?
    a. Lehrer   b. Musiker   c. Investmentberater

_____ 5. Wie heißt er mit Nachnamen?
    a. Klein   b. Kleinschmidt   c. Er sagt es nicht.

_____ 6. Wie kämpft er gegen stereotypes Denken?
    a. Er ist Teil einer Aufklärungskampagne gegen Rechtsradikale.
    b. Rechtsradikale sind seine Freunde.
    c. Er komponiert Rapsongs.

D. Stereotypen. Christian spricht über das stereotype Bild, das manche Deutsche von ihm haben. Warum glauben diese Deutschen nicht, dass Christian Deutscher ist? Sehen Sie sich das Video an und schreiben Sie die Fragen und Kommentare der Deutschen auf.

1. _____

2. _____

3. _____

_____

E. Maßnahmen gegen stereotypes Denken. Christian sagt, wie Menschen gegen stereotypes Denken vorgehen könnten. Sehen Sie sich das Video an und ergänzen Sie seine Äußerungen mit den fehlenden Wörtern.

Beitrag   nicht so wie wir
der breiten Masse   sehen anders aus
Deutsche

Das heißt, man müsste natürlich erst mal diese Möglichkeit finden, _____

zu erklären, es gibt hier wirklich Menschen, die _____, die sind

_____, aber sie sind genauso _____ ...

leisten genauso ihren _____ hier in dieser Nation.

F. Diskussion

1. Welchen Eindruck haben Sie von Christian? Finden Sie ihn sympathisch? Würden Sie ihn gerne persönlich kennen lernen? Warum (nicht)?

2. Wie sehen Sie Christians zukünftiges Leben?
   a. Wird er wohl glücklich sein? Warum (nicht)?
   b. Wird er wohl in seinem Beruf erfolgreich sein? Warum (nicht)?

3. Einige Deutsche, die Christian trifft, können nicht glauben, dass er Deutscher ist. Was für Vorstellungen haben diese Menschen von einem „typischen" Deutschen? Was glauben Sie?

G. Rollenspiel. Bilden Sie eine Zweiergruppe und spielen Sie ein Treffen im Fitnessclub zwischen Christian und einer anderen Deutschen/einem Deutschen, die/der ihn für einen Ausländer hält. Sie sind Christian, Ihre Partnerin/Ihr Partner die andere Person.

▶ Wichtige Wörter

sich an·fühlen to feel
der Aufdruck, -e saying on T-shirt
die Aufklärungskampagne, -n informational campaign
aufmerksam: aufmerksam machen auf to draw attention to
der Bauchtrainer, - incline bench
behalten (ä; ie, a) für sich to keep to oneself
der Beitrag, -̈e contribution
bereit ready
bestehen (bestand, bestanden) aus to consist of
der Brauch, Bräuche custom
bunt colorful; varied, diverse
der CD-Ständer, - CD tower
durchaus complete
erfolgreich successful
ethnisch ethnic
die Fitnessübungen (pl.) working out, physical exercises

genauso the same as
die Gewichte (pl.) weights
die Hautfarbe skin color
herkommen: Wo kommen Sie her? Where are you from?
die Herkunft origin
der Investmentberater, -/die Investmentberaterin, -nen investment advisor
die Kampagne, -n campaign
der Kommentar, -e comment
komponieren to compose
leisten to do, accomplish
die Masse, -n masses; **die breite Masse** the bulk of the population
die Maßnahme, -n measure, step, action
die Minderheit, -en minority
der Nachname, -ns, -n surname
die Nähe proximity
der Perserteppich, -e Persian rug

der Rahmen, - frame; **im Rahmen** in the framework
der/die Rechtsradikale (noun decl. like adj.) right wing radical
die Sicherheitsgründe (pl.) reasons of security
die Sitte, -n custom
der Staatsbürger, -/die Staatsbürgerin, -nen citizen
der Teppich, -e rug
unterschiedlich various, different
völlig complete
vor·gehen (ging, [ist] gegangen) to proceed, to act
die Vorstellung, -en idea, picture
wieso why
sich wundern to be surprised, to wonder about
zukünftig future

Thema 10 Umwelt

10.1 Der deutsche Wald

Worum geht es hier?

Können die Deutschen in ihrem Wald bald nicht mehr spazieren gehen? Wegen des sauren Regens nimmt das Waldsterben in Deutschland weiter zu und es geht dem Wald immer schlechter. Dieser Videobeitrag zeigt, wie wichtig der Wald für die Umwelt und den Menschen ist.

A. Einstieg

1. Wie stark ist das Problem des sauren Regens

   a. in dem Ort, wo Sie wohnen?

   _____

   b. in Ihrem Land?

   _____

2. Was wird in Ihrem Land gegen den sauren Regen getan?

   _____

3. Über welche Umweltprobleme sollten die Medien Ihrer Meinung nach mehr berichten?

   _____

 ▶ **35:59–38:22**

B. Der deutsche Wald in Bildern. Die Bilder in diesem Videoabschnitt haben alle etwas mit dem Wald zu tun. Schauen Sie sich das Video ohne Ton an und schreiben Sie die Dinge auf, die Sie sehen (Minimum 6).

1. _____

2. _____

3. _____

4. _____

5. _____

6. _____

C. Funktion der Bäume. Eine Aufgabe der Bäume ist es die Luft zu erneuern. In diesem Videoabschnitt wird das genauer erklärt. Sehen Sie sich das Video mit Ton an und ergänzen Sie die Sätze, die Sie hören.

aufgebraucht	Sauerstoff
Bäume	unbegrenzter Menge
Blättern	wandeln ... um
Kohlendioxid	

Beim Atmen verbraucht jeder Mensch _____. Sauerstoff ist aber nicht in

_____ in der Luft vorhanden. Er würde langsam aber sicher

_____, wenn kein neuer Sauerstoff produziert würde. Diese Aufgabe

übernehmen die _____. Mit winzigen Öffnungen auf ihren

_____ atmen sie genau den Stoff ein, den wir ausatmen – das

_____ – und _____ ihn in Sauerstoff

_____.

D. Aufgaben des Walds. In diesem Segment hören wir, welche weitere Aufgabe der Wald hat. Sehen Sie sich das Video an und ergänzen Sie die Sätze, die Sie hören.

Bäume	Erde
Bergen	weggeschwemmt
Boden	Wurzeln

Außerdem hält der Wald den _____ zusammen. Bei einem ausgiebigen

Wolkenbruch kann es vorkommen, dass der Boden _____ wird. Besonders

leicht passiert das in den _____. Wenn der Boden sich hier erst einmal

bergabwärts bewegt, reißt er immer mehr _____ mit sich. Die

_____ können solche gefährlichen Bergrutsche verhindern, denn sie halten

mit ihren _____ den Boden wie mit einem Netz zusammen.

E. Waldsterben. Die Sprecherin beschreibt, wie aus einem gesunden Wald ein kranker Wald wird. Sehen Sie sich das Video an und markieren Sie die Vorgänge in der richtigen Reihenfolge. Was kommt zuerst? Was passiert dann?

_____ Immer mehr Blätter bekommen braune Flecken und fallen ab.

_____ Zuerst erkranken die Blätter.

_____ Riesige Wälder sind durch diese Krankheit schon vernichtet worden: das Waldsterben.

_____ Die Krankheit, an der die Bäume leiden, erkennt man erst nach und nach.

_____ Wenn die Krankheit schlimmer wird, sterben ganze Äste ab.

🎧 ▶ **37:42–38:09**

F. **Die Hauptursache für das Waldsterben.** Die Sprecherin erklärt die Hauptursachen für das Waldsterben. Sehen Sie sich das Video an und verbinden Sie die Satzteile, die zusammen passen.

_____ 1. Die Hauptursache für das Waldsterben

_____ 2. Die größten Umweltverschmutzer

_____ 3. Aber auch Fabriken und Kraftwerke

_____ 4. Diese Schadstoffe

_____ 5. Der Regen

_____ 6. Mit seinen Wurzeln

a. saugt der Baum den sauren Regen auf, und deshalb wird er krank.
b. werden vom Regen aufgenommen.
c. sind die Autos.
d. ist die Umweltverschmutzung.
e. wird sauer.
f. pusten täglich riesige Mengen Schadstoffe aus ihren Schornsteinen.

🎧 ▶ **38:10–38:23**

G. **Lösungen.** Die Sprecherin nennt zwei Dinge, die gemacht werden müssten, um weniger sauren Regen zu produzieren. Sehen Sie sich das Video an und schreiben Sie die zwei Dinge auf.

1. _____

2. _____

H. **Diskussion**

1. Für welche Zielgruppe ist dieser Videobeitrag gedacht? Begründen Sie Ihre Meinung mit Beispielen aus dem Video.

2. Können Zuschauer jeder Altersgruppe von diesem Video lernen? Warum (nicht)?

3. Halten Sie solche Beiträge über Umweltprobleme für wichtig? Glauben Sie, dass die Menschen dadurch mehr Umweltbewusstsein entwickeln?

▶ Wichtige Wörter

ab•fallen (ä; ie, [ist] a)   to drop off
ab•sterben (i; a, [ist] o)   to die
die Altersgruppe, -n   age group
anders herum   the other way around
der Ast, ⁻e   branch
der Atem   breath; Atem weg-bleiben   not to be able to breathe
atmen   to breathe
auf•bringen (brachte, gebracht)   to summon up
die Aufgabe, -n   function
auf•nehmen (nimmt; a, genommen)   to absorb
auf•saugen   to soak up
aus•atmen   to breathe out
ausgiebig   large
bergabwärts   downhill
der Bergrutsch   landslide
die Besserung, -en   improvement
sich bewegen   to move
ein•atmen   to breathe in
ein•bauen   to install
erfüllen   to fulfill
erkranken   to become sick
erneuern   to renew

der Fleck, -en   spot
gelangen   to reach
die Hauptursache, -n   main cause
das Kohlendioxid   carbon dioxide
das Kraftwerk, -e   power plant
leiden (litt, gelitten)   to suffer
die Medien (pl. of das Medium)   media
die Menge, -n   amount
nach und nach   little by little
das Netz, -e   net
die Öffnung, -en   opening
pusten   to puff
reißen (riss, gerissen)   to pull
riesig   huge
sauer   acid
der Sauerstoff   oxygen
der saure Regen   acid rain
der Schadstoff, -e   pollutant
der Schornstein, -e   smokestack
die Sicht   sight
übernehmen (übernimmt; a, übernommen)   to take over
um•wandeln   to transform
die Umwelt   environment
das Umweltbewusstsein   environmental awareness

der Umweltverschmutzer, -/die Umweltverschmutzerin, -nen   polluter
die Umweltverschmutzung   pollution
unbegrenzt   unlimited
sich verändern   to change
verbrauchen   to consume
das Verhalten   conduct
verhindern   to prevent
vernichten   to destroy
der Vorgang, ⁻e   step in a process
vorhanden   available
das Waldsterben   dying of forests
weg•schwemmen   to wash away
winzig   tiny
der Wolkenbruch, ⁻e   cloudburst
die Wurzel, -n   root
die Zielgruppe, -n   target audience
zu•nehmen (nimmt; a, genommen)   to increase
zusammen•halten (ä; ie, a)   to hold together
sich zusammen•setzen   to consist of

Thema 10 Umwelt

10.2 Ein Umweltprojekt

Worum geht es hier?

Die Sendung *drehscheibe Deutschland* berichtet in diesem Beitrag über ein Umweltprojekt der Stadt Güstrow. Die historische Stadt Güstrow liegt mitten in einem Wassergebiet, das aus dem Fluss Nebel, vielen Kanälen und Sumpfwiesen besteht. In den letzten zehn Jahren hat die Stadt alle Kanäle renaturiert und die Sumpfwiesen so reguliert, dass sie nicht austrocknen oder bei starkem Regen unter Wasser stehen. Neben dem interessanten Umweltprojekt ist Güstrow auch wegen des Güstrower Schlosses eine Reise wert. Das Schloss ist das bedeutendste Renaissancebauwerk in Norddeutschland. Im Video benutzen die Sprecher viele technische Ausdrücke, aber keine Angst, es macht nichts, wenn Sie nicht jedes Wort verstehen.

A. Einstieg

1. Was für Wasserprojekte gibt es oder hat es in Ihrem Land gegeben?

   _____

2. Welche von den Wasserprojekten in Frage 1 sind erfolgreich? Welche sind eher schlecht für die Umwelt?

   _____

3. Inwiefern spielt Wasser heutzutage auf der ganzen Welt eine immer wichtigere Rolle?

   _____

4. Suchen Sie Güstrow auf der Landkarte auf Seite 185. In welchem Bundesland liegt Güstrow?

   _____

▶ **38:32–39:30**

B. Güstrow: Die Landschaft. Was sehen Touristen, wenn sie sich die Umgebung von Güstrow anschauen? Sehen Sie sich das Video ohne Ton an und wählen Sie die passende Beschreibung.

_____ a. Ein kleiner Fluss fließt durch den Wald. Am Fluss steht ein Häuschen mit Garten (mit Blumen und Gemüse). Ein Radfahrer fährt auf dem Waldweg.

_____ b. Ein großer Fluss fließt in einen See. Am See steht ein Wochenendhaus. Zwei Männer fischen im See. Ein Kind spielt neben ihnen.

_____ c. Ein kleiner Fluss fließt vor einem Schloss. In der Nähe ist eine Sumpfwiese. Ein kleines Gebäude, ein Wasserwerk, steht an einem Kanal. In dem Wasserwerk sind Turbinen in Betrieb.

Kaleidoskop: Das Video **Thema 10**   **239**

C. Güstrow: Die Stadt. Was sehen Touristen, wenn sie die Stadt besuchen?
Schauen Sie sich das Video ohne Ton an und ergänzen Sie die Sätze.

1. Güstrow ist eine _____ Stadt.
   a. kleine   b. große

2. Im Stadtzentrum gibt es _____.
   a. Geschäftshäuser   b. Wohnblocks

3. In der Szene sehen wir _____ Leute.
   a. über zehn   b. weniger als fünf

4. Die Leute _____.
   a. kaufen Blumen auf dem Wochenmarkt   b. haben Einkaufstaschen in der Hand

5. Es gibt _____ Verkehr.
   a. wenig   b. viel

6. Ein _____ spielt am Brunnen.
   a. Junge   b. Mädchen

D. Das Umweltprojekt I. In diesem Videoabschnitt berichtet der Sprecher über
das Wasserprojekt in Güstrow. Lesen Sie die Sätze. Sehen Sie sich dann das
Video mit Ton an und ergänzen Sie die Sätze.

austrocknen	Regen
Bäche	reguliert
Kanäle	zehn Jahren

In den letzten _____ sind hier alle Kanäle renaturiert worden. Selbst das

historische Schneckenschöpfwerk _____ heute wieder den Grundwasser-

stand und sorgt dafür, dass die Sumpfwiesen nicht _____ oder eben bei

starkem _____ unter Wasser stehen. Die _____,

_____ und eben die Nebel – hier in Güstrow ist ein natürlicher

Wasserkreislauf wieder hergestellt worden.

▶ 39:31–40:16

E. Das Umweltprojekt II. In diesem Videosegment erzählt Elke Schütt vom Umweltprojekt Güstrow mehr über das Wasserprojekt. Lesen Sie die Fragen und die möglichen Antworten. Sehen Sie sich dann das Video an und wählen Sie die Antworten auf die Fragen.

_____ 1. Woher kommt das Wasser in Güstrow?

_____ 2. Wie wird das Wasser in der Natur normalerweise gefiltert?

_____ 3 Wo wurde das Gebäude (Aquarium) gebaut?

_____ 4. Was kann man im Aquarium sehen?

a. Im Wasser (im Becken).
b. Es wird aus der Nebel entnommen.
c. Wie es unter Wasser funktioniert mit Fischen und mit Pflanzen eben auch.
d. Es läuft durch bestimmte Erdschichten.

▶ 40:24–40:58

F. Das Elektrizitätswerk. Der Sprecher nennt das ehemalige Elektrizitätswerk ein historisches Kleinod. Er erzählt, welche Rolle das Werk für den Kreislauf des Wassers in Güstrow spielt. Lesen Sie die Fragen und Antworten. Sehen Sie sich dann das Video an und wählen Sie die passenden Antworten.

_____ 1. Was soll die alten Turbinen antreiben?

_____ 2. Aus was ist das Werk eine Kombination?

_____ 3. Woher kommt der Strom für das Elektrizitätswerk?

_____ 4. Wohin fließt das Wasser der Nebel, das übrig bleibt?

a. In den Borgenbrunnen mitten in der Stadt.
b. Aus einem technischen Museum und einem Wohn- und Gewerbehaus.
c. Das Wasser der Nebel.
d. Das Werk deckt seinen eigenen Strombedarf.

G. Diskussion

1. Glauben Sie, dass mehr Touristen wegen des Wasserprojektes nach Güstrow kommen werden? Warum (nicht)?

2. Würden Sie diese Stadt gern besuchen? Warum (nicht)?

3. Welche Dinge sehen Sie in diesem Video, die eher in Deutschland zu finden sind als bei Ihnen?

H. Rollenspiel. Sie und Ihre Partner haben die Aufgabe ein Umweltprojekt zu organisieren, das Ihren Ort auch für Touristen attraktiver macht. Diskutieren Sie in einer Vierergruppe, was Sie machen könnten.

▶ Wichtige Wörter

angelehnt modeled after

die Angst fear, worry; **keine Angst** don't worry

das Anliegen intent

an·treiben (ie, ie) to drive

die Aquaerlebniswelt experiencing the world of water

aus·trocknen to dry up

der Bach, -̈e brook

das Becken, - pool

bedeutendste most significant

betreiben (ie, ie) to drive

der Betrieb operation; **Betrieb aufnehmen** to start operating

bildungsorientiert designed to teach

der Biofilter, - natural filter

der Borgenbrunnen name of the fountain in Güstrow

der Brunnen, - fountain

dar·stellen to show, present

decken to meet, cover

demnächst soon

das E-Werk: das Elektrizitätswerk electric power station

ehemalig former

eher more likely

die Einkaufstasche, -n shopping bag

das Elektrizitätswerk, -e electric power station

entnehmen (entnimmt; a, entnommen) to take from

die Erdschicht, -en layer of the earth, stratum

erfolgreich successful

erhalten (ä; ie, a) to preserve

erklärbar explainable

erlebbar able to be experienced

die EXPO world's fair; Güstrow exhibited its water project at the exposition in Hannover

der Faden, -̈ thread

faszinierend fascinating

filtern to filter

das Flüsschen, - small river

der Grundwasserstand level of ground water

halt (*coll.*) you see

hautnah very close

heimisch indigenous, regional

her·kommen (kam, [ist] gekommen) to come from

her·stellen to establish

heutzutage nowadays

hinein·bauen to build in

hinein·führen to lead in

hinein·gucken to look in

jahrzehntelang for decades

das Kleinod, -e jewel

der Kreislauf cycle

das Kriterium, Kriterien criterion

machen to do; **es macht nichts** it doesn't matter

die Mechanik mechanism

die Nebel name of the river near Güstrow

normalerweise normally

regulieren to regulate

das Renaissancebauwerk, -e structure built in the Renaissance

renaturieren to restore to natural condition

rein into

die Reise, -n trip; **eine Reise wert sein** to be worth a trip

sich schlängeln to wind around, to meander (river)

das Schloss, -̈er castle

das Schneckenschöpfwerk name of works that regulated the water level

der Seitenarm, -e branch

sozusagen so to speak

die Spur, -en trace, track

sprudeln to bubble

der Strombedarf electricity requirement

die Sumpfwiese, -n swampy land

technisch technical

trocknen to dry

touristisch for tourists

trocken·legen to drain

die Turbine, -n turbine

die Umgebung, -en surroundings

umgekehrt reverse, opposite

sich um·schauen to look around

die Umwelt environment

das Umweltbildungszentrum, -zentren center for learning about the environment

unzählig countless

der Urzustand original state

vollautomatisch fully automatic

die Wanderung, -en journey

das Wassergebiet, -e area with water

der Wasserkreislauf water cycle

die Wasserkunst artificial water constructions like fountains

das Wasserwerk, -e water works

weiter·leiten to send on

die Weltausstellung, -en world's fair

das Wochenendhaus, -häuser cottage

das Wohn- und Gewerbehaus, -häuser structure with space for business and living quarters

der Wohnblock, -s apartment building